康 樂 主編 新　　　　橋　　　　譯　　　　叢

新橋譯叢｜33

非正當性的支配
——城市的類型學

著者 / 韋伯
　　　(Max Weber)

譯者 / 康樂・簡惠美

總主編 / 康樂

　　　　　石守謙・吳乃德・梁其姿
編輯委員 / 章英華・張彬村・黃應貴
　　　　　葉新雲・錢永祥

總策劃 / 吳東昇
允晨文化實業股份有限公司
台北市南京東路 3 段 21 號 11 樓

責任編輯 / 曾淑正

發行人 / 王榮文
出版・發行 / 遠流出版事業股份有限公司
台北市南昌路 2 段 81 號 6 樓
郵撥 / 0189456-1
電話 / 2392-6899
傳真 / 2392-6658

香港發行 / 遠流(香港)出版公司
香港北角英皇道 310 號雲華大廈 4 樓 505 室
電話 / 2508-9048
傳真 / 2503-3258
香港售價 / 港幣 83 元

法律顧問 / 王秀哲律師・董安丹律師
著作權顧問 / 蕭雄淋律師

1993 年 10 月 16 日　　初版一刷
2005 年 3 月 1 日　　初版二刷
行政院新聞局局版台業第 1295 號

售價新台幣 250 元
缺頁或破損的書，請寄回更換

YLib 遠流博識網
http://www.ylib.com
e-mail: ylib@ylib.com

新 橋 譯 叢　　非 正 當 性 的 支 配 —— 城 市 的 類 型 學

33　　著者／韋　伯　　　　　　譯者／康　樂・簡惠美

"Die nichtlegitime Herrschaft (Typologie der Städte)"
Wirtschaft und Gesellschaft, Zweiter Teil, Kapitel 9, Abschnitt 7
(《經濟與社會》第二部第九章第七節)

J.C.B. Mohr (Paul Siebeck), Tübingen, 1976

總　序

　　這一套《新橋譯叢》是在臺灣新光吳氏基金會與遠流出版公司合力支持下進行編譯的。其範圍廣及人文社會科學的幾個最重要的部門，包括哲學、思想史、歷史學、社會學、人類學、政治學、經濟學等。我細審本叢書的書目和編譯計劃，發現其中有三點特色，值得介紹給讀者：

　　第一、選擇的精審　這裏所選的書籍大致可分爲三類：第一類是學術史上的經典作品，如韋伯(M. Weber, 1864—1920)和涂爾幹(E. Durkheim, 1858-1916)的社會學著作。經典著作是經得起時間的考驗的；作者雖已是幾十年甚至百年以前的人物，但是他們所建立的典範和著作的豐富內涵仍然繼續在散發著光芒，對今天的讀者還有深刻的啓示作用。第二類是影響深遠，而且也在逐漸取得經典地位的當代著作，如紀爾茲(C. Geertz)的《文化詮釋》(*The Interpretation of Cultures*)、孔恩(T. Kuhn)的《科學革命的結構》(*The Structure of Scientific Revolutions*)等。這些作品是注意今天西方思想和學術之發展動向的中國人所不能不讀的。第三類是深入淺出的綜合性著作，如帕森思(T. Parsons)的《社會演進》(*The Evolution of Societies*)、契波拉 (Carlo M. Cipolla)主編的《歐洲經濟史論叢》(*The Fontana Economic History of Europe*)。這些書的作者都是本行中的傑出學人，他們鉤玄提要式的敍述則可以對讀者有指引的功用。

第二、編譯的慎重　各書的編譯都有一篇詳盡的導言，說明這部書的價值和它在本行中的歷史脈絡，在必要的地方，譯者並加上註釋，使讀者可以不必依靠任何參考工具卽能完整地瞭解全書的意義。

　　第三、譯者的出色當行　每一部專門著作都是由本行中受有嚴格訓練的學人翻譯的。所以譯者對原著的基本理解沒有偏差的危險，對專技名詞的中譯也能夠斟酌盡善。尤其值得稱道的是譯者全是年輕一代的學人。這一事實充分地顯示了中國在吸收西方學術方面的新希望。

　　中國需要有系統地、全面地、深入地瞭解西方的人文學和社會科學，這個道理已毋需乎再有所申說了。瞭解之道必自信、達、雅的翻譯著手，這也早已是不證自明的眞理了。民國以來，先後曾有不少次的大規模的譯書計劃、如商務印書館的編譯研究所、國立編譯館和中華敎育文化基金會等都曾作過重要的貢獻。但是由於戰亂的緣故，往往不能照預定計劃進行。像本叢書這樣有眼光、有組織、有能力的翻譯計劃，是近數十年來所少見的。我十分佩服新光吳氏基金會的深心和魄力，也十分欣賞《新橋譯叢》編輯委員會的熱忱和努力。我希望這套叢書的翻譯只是一個新的開始，從初編、二編、三編，不斷地繼續下去。持之以恆，人文學和社會科學在中國的發展一定會從翻譯進入創造的階段。是爲序。

余英時

1984 年 9 月 5 日

編　序

　　《新橋譯叢》編輯委員會決定編譯瑪克斯·韋伯的經典著作，蓋認爲將這些作品譯成中文，對國內人文與社會科學之研究，當大有助益。

　　編輯委員會經過多次討論，初步決定編譯一套《選集》，分別就政治、宗教及經濟史各層面選譯韋伯作品，俾初學者得有一入手把柄。其次，爲韋伯若干最重要經典之全譯，亦即：《經濟與社會》(包括《宗教社會學》、《支配社會學》等)與《宗教社會學論文集》(包括《中國的宗教》、《印度的宗教》與《古猶太教》)，以便讀者得窺韋伯學術之全貌。藉此兩項工作，《新橋譯叢》希望能將韋伯學術有系統且較完整地貢獻給中國讀者。

　　韋伯學術之博大精妙，其德文原著之艱深複雜，已爲世所公認。編譯小組工作同仁雖務求於傳述原意方面達最可能之精確，格於學力，錯漏之處恐亦難免，至盼學界賢達先進不吝賜正，庶幾國人終能得有一更完善之韋伯譯本。

　　翻譯是一種事業。或者，套個韋伯慣用的辭彙，翻譯更應該是一種“志業”。《新橋譯叢》秉此精神從事譯述，並將成果貢獻給社會。是爲序。

康　樂

1993年7月1日

目　錄

第 **1** 章
城市的概念與類型●

一、城市的經濟本質，市場聚落

　　"城市"此一概念可有許多不同的定義，所有這些定義唯一的共通點如下：城市是個(至少相對而言)密集的"聚落"，而不僅僅是個一些分散的住居的集合體。通常在城市中——當然並不僅限於城市——房子彼此蓋得非常接近，以今日標準而言，差不多都是牆靠牆了。除了上述住居的密集外，另外與"城市"此一名詞相關的概念是純粹**數量性**

●本書原爲韋伯《經濟與社會》一書第2卷第9章〈支配社會學〉的第7節。原標題爲："非正當性的支配(城市的類型學)"，以與前六節所討論的"正當性的支配"作一對比。由於篇幅關係，我們將前六節列入《支配社會學》一書，此節則單獨成爲本書。所謂"非正當性的支配"，可參照韋伯如下的說明。韋伯認爲「即使是那些(所謂的)"自由"共同體，也就是已經完全排除了君主的權力，或者在很大程度上限制了君主的權力，而由其成員在政治上自行建構組織起來的政治團體」，也必須有專門爲此一團體致力工作的人，亦即以政治爲主業的職業政治家，並且也必設置出其得以專注的機構(Apparat)，更遑論其他種類的團體。因爲「所謂這種共同體是"自由"的，意思不是說這種團體可以免於武力強權的支配；這裡"自由"之意，是說由傳統來正當化(在大部分的例子中，在宗教的方式下被神聖化)爲一切權威之不二來源的君主權力，已經看不到了。在歷史上，這類共同體的起源溫床僅見於西方。它們的萌芽，是作爲一個政治團體的城市，也就是城市在地中海文化圈首次出現時的那種型態」(*Wirtschaft und Gesellschaft*, S. 827)。

的：它是個**大聚落**。就此而言，這個概念還算嚴謹。用社會學的說法就是：城市是個巨大的住居密集的聚落(聚落裡各家戶緊密相接)；由於過於巨大，以致**缺乏**在城市以外的鄰人團體裡、居民皆相互認識的特色。不過，如以此一定義爲準，那麼就只有極大的聚落才夠格稱爲城市，至於要大到什麼程度，才會突顯出居民彼此無法熟識的特色，則得看各個文化的特殊條件而定。許多聚落在過去雖具有城市的**法律**性格，卻沒有上述特徵❷。另一方面，今天的俄國有許多"村落"，其居民可達數千人，比起許多古老的"城市"──例如在德國東部的波蘭人聚落，往往只有幾百人──要大得多。因此，僅憑數量上的大小顯然是不足以決定的。

如果我們採取一個純粹經濟觀點的定義，那麼城市就是一個其居民主要是依賴工業及商業──而非農業──爲生的聚落。不過，將所有此類聚落都稱爲"城市"，顯然也並不得當。因爲這在概念上就必須包括常見之於亞洲與俄羅斯的、由經營某種單一(實際上也是世襲性)的工業的氏族團體所構成的聚落──"工藝鄉"。因此經營的工業必須有某種程度的"多樣性"。不過，就算這一點也不見得就適合作爲一個決定性的要素。工業的多樣性可以從兩種途徑產生：宮廷的出現，或是市場的出現。

莊園領主──特別是君侯──的宮廷可以形成一個中心點，其經濟或政治的需求會鼓勵工業生產的專業化、以及貨物的交換。例如，

---

❷中世紀末的日耳曼地區據說約有四千個(具有法律性格的)城市，不過其中(1)人口從一萬到四萬的"大城市"約有三十個；(2)人口從二千到一萬的"中型城市"也不過在二百到三百之間，這兩者加起來還不到總數的十分之一。其餘占十分之九強的城市是(3)人口在二千以下(有時是五百以下)的小城市，這些小城市只不過是因爲君侯承認其具有作爲"城市"的法律上的特權，而實際上它們和"村落"並沒有什麼不同。──日註

一個領主或君侯的"莊宅"(Oikos) ❸, 附帶有一個由(負有賦役與貢租義務的)匠人與小商人所構成的大聚落, 不過, 儘管如此, 我們通常還是不會稱其爲"城市"。雖然有許多重要的"城市"的確是源自此類聚落, 而且供應君侯的宮廷需求, 對於住在此種"**君侯城市**"的居民而言, 長久以來一直是他們收入的重要——如果不是最主要的——來源。即使如此, 我們通常還是不會將君侯的"莊宅"稱爲城市。

當我們提到一個"城市"時, 還必須加上另一個特質: 在聚落內有一常規性的——非臨時性的——**財貨交易**的情況存在, 此種交易構成當地居民生計(營利與滿足需求)中, **不可或缺**的一個要素, 換言之, 即一個**市場**的存在。然而, 同樣的, 並非每個市場都會將其所在地轉化爲一個"城市"。爲了**長途**貿易設置的定期市集及市場(年市), 在那兒, 行商在一定的時間裡聚集, 彼此交易大量或小額商品, 或賣給消費者。這樣的市集或市場經常出現在我們會稱之爲"村落"的地區。

準此, 只有在**地方上的居民**可以從當地市場中滿足其日常需求中、經濟上相當重要的一部分, 並且, 從市場上購得的物品中、相當大的一部分, 是由**當地**的居民或周圍的居民特別爲了**市場銷售**而生產(或從他處取得)的條件下, 我們才能用"城市"一詞——就其經濟層面而言。以此之故, 城市永遠是個"市場聚落"; 它擁有一個市場, 構成聚落的

❸根據韋伯所說, Karl Rodbertus(1805-1875)是最早用此名詞來稱呼古代之"大規模家計"的學者。「需求基本上是以自給自足爲一主要標準, 其方式則透過家之成員或附屬勞動力的服役, 生產的物質手段毋需透過交換方式即可獲得。例如古代世界的莊園及皇室家計, 特別是新王國時代的埃及(1400-1000 B.C.), 家計所需物資大部分皆由徭役或實物貢納的方式來提供, 這是附屬的家計單位的義務。……同樣現象亦可見之於中國與印度, 中世紀歐洲亦曾有過, 即查理曼時代的〈莊園管理條例〉(capitulare de villis), 只是程度較淺。」《經濟與社會》, Vol. I, p. 69。——中註

經濟中心，在那兒，城外的居民及市民——基於一既存的專業生產的基礎——以交易的方式取得所需的工業產品或商品。

城市——不管其與農村有何種結構上的差異——最早通常既是一個莊園領主(或君侯)的居住地，同時又是一個市場聚落，因此可說是兩種類型的經濟中心："莊宅"與市場。通常，除了經常性的地方市場外，城市也可能有為長途行商所舉辦的定期性市集。因此，城市(就我們此處的定義而言)本質上乃是個市場**聚落**。

市場之得以存在，經常是由於得到莊園領主或君侯的認可及允諾予以保護。這些政治權力者之所以願意如此，一方面是他們對於遠商市場所能經常提供的外地商品、工業產品甚感興趣，對於從市場中可以收到的厘金、護送費❹、其他的保護費、市場稅與訴訟規費(市集上常有訴訟事件)也頗為關心；另一方面，他們也期望可以從居住在此一聚落而有繳稅能力的匠人與商人、以及由鄰近市場而興起的聚落所帶來的地租那兒獲益。從這些機會所得收益的重要意義在於，這些都是貨幣收入，可以增加領主的貴金屬窖藏。

城市當然也可以與莊園領主或君侯的居住地沒有任何關係——甚至連地理位置都不接近。這樣的一個城市原先可能是一個位於適當轉運點上的純粹市場聚落，其基礎或許是非當地人的莊園領主或君侯所頒給的特許狀，或者來自利益團體自己所僭取的城市權利。聚落的某個企業經營者或許可以弄到一份特許狀以開設市場並招徠移民。這是西方中世紀常見的城市建設地域的例子❺，特別是在東歐、北歐及中歐，類似的情形偶爾也可見之於其他許多地區與時代。不過，城市並

---

❹中古時期歐洲治安不佳，各地君侯或領主有時會主動(或應行旅要求)派遣衛隊保護行旅的安全，並向之收取保護費。——中註

非一定要附著於君侯的宮廷、或由他頒發一份特許狀才能興起，反之，它也可以由一些團體來建立，這些團體或許是入侵者、航海武士、商人或有興趣扮演中介人角色的原住民；此種例子屢見於西洋古代早期的地中海沿岸，中古初期也有。這樣的城市可說是個純粹的市場聚落。不過，兩者並存——既是君侯或莊園領主的大家產制家計❻，同時又是個市場——的情況，還是較常見的。作為城市經濟支柱的莊園領主或君侯的家計，可以有兩種方式來滿足其需求：或者(主要是)透過自然經濟的方式，利用勞役、實物貢租等加諸當地附屬工匠與商人的賦役來達成；或者(或多或少地)透過市場交易——宮廷可說是當地市場最重要的主顧——來供應。後面一種關係愈是顯著，城市的市場機能就愈居領導地位；以此之故，城市即不再只是君侯之家計的附屬物(緊靠著"莊宅"的一個市場聚落)，而轉變成一個不再依賴大家計支撐的市場城市。一個城市若是源自"君侯城市"，那麼，其規模的擴大與其經濟重要性的增加，通常是伴隨著君侯之大家計、重要封建家臣與官員的家計之逐漸利用市場來解決其需求的趨勢齊頭並進的。

二、"消費城市"與"生產城市"

所謂君侯城市指的是，城市的居民直接或間接地依賴宮廷或其他大家計的購買力維生，此種城市類型相似於另外一些城市，定居在那

---

❺十二世紀之後，歐洲貿易逐漸發達，貿易條件優厚的地點(有時是「全然荒野之地」)即出現許多新城市。——日註

❻有關家產制的內容，參見《支配社會學》。家產制下家計的負擔方式，參見註❸"莊宅"與註㊷"賦役制"。——中註

兒的工匠與商人的營利機會主要也是得看城裡大消費者——即坐食者
(Rentner) ❼——的購買力而定。

這些大消費者的類型相當多，依他們收入的種類與來源而定。他
們可能是官員，在城市裡消費合法或非法取得的收入，也可能是莊園
領主或掌握政治權力者，在城裡消費他們鄉間的地租收入、或其他更
依賴政治力量而來的收入。這兩種例子裡的城市都非常類似"君侯城
市"。在這種城市裡，大消費者的購買力主要是依靠家產制與政治的財
源。北京可說是個典型的官僚城市，農奴制廢止以前的莫斯科則可算
是一個地租收入者的城市。

還有一種城市，表面上看來相當類似上述的這些城市，基本上卻
有所區別。在這種城市裡，**市區**地租——奠基於壟斷市區"黃金地段"
之土地而得的地租，也可以說是間接以城市之工業與商業爲基礎的地
租——是掌握在城市貴族手中。這種類型的城市曾普遍存在於許多地
區，特別是西洋上古時期(從初期至拜占庭時代)以及中世紀。從經濟
上而言，這樣的城市並非一種坐食者城市，而是一個商人城市或工業
生產城市(視環境而定)，至於上述的租金或可視爲一種貢納金，是擁
有房地產者自那些積極從事營利活動者身上榨取來的。不過，儘管這
種城市在概念上有別於上述城市(其消費者的收入不僅來自城市本身
的資源)，我們也不該就此忽略了這兩種類型間的歷史關係。

最後，大消費者也可以是在城市消費其企業收入——以今日而言，
例如證券、專利權或股息收入——的坐食者。其消費能力因此主要乃
是基於貨幣經濟(亦即資本主義)的收入。阿納姆(Arnhem) ❽可說是

---

❼坐食者指依靠地租、資本利息或其他定期收入(不包括薪俸等需要靠實際勞動方能得到
　的收入)生活的人，有"不勞而獲者"之意。——中註

個典型的例子。收入的來源也可能是政府的退休金及公債利息，例如像威斯巴登(Wiesbaden)那樣的"養老城鎮"❾。像這些以及其他許多類似的城市，我們或可稱之為"**消費城市**"，因為在這些城市裡，各種類型大消費者的存在(儘管其收入來源各異)，對當地工業生產者及商人的營利機會具有舉足輕重的地位。

　　相反的，下列城市則可稱為"**生產城市**"：在這些城市——如埃森(Essen)或波鴻(Bochum)❿——裡，人口及其購買力的增加是取決於建於當地(提供城外所需物資)的工廠、製造廠或家內工業而定。這是近代的類型。至於在亞洲、西洋上古與中古的此類城市，工業主要還是手工業形式，產品則運銷外地市場。當地市場的大消費者主要來自居住在當地的企業家，只是他們通常不一定居住在當地；工人與匠人則為大眾消費者；商人與地主則構成另一部分的大消費者，他們本身的生計是間接依賴城市經濟活動的。

　　除了"消費城市"與"生產城市"外，我們另外還可再區分出一種"商人城市"。在這種城市裡，大消費者的購買力來自下列幾種收益：㈠轉運外地產品至當地市場零售，例如中世紀時的衣料商；㈡轉運當地產品(或至少是當地生產者所獲得的商品)至外地銷售，例如漢撒同盟銷售的鯡魚❶；㈢轉運外地產品至另一地區銷售(不管此一過程中是否

---

❽荷蘭城市，位於萊茵河下游的交通要衝。其廣大的郊區是去印度殖民者歸國後所喜好的住處。——日註

❾位於Mainz北方的德國療養勝地，溫泉處處，氣候溫和。——日註

❿埃森是德國西北部魯爾工業區的中心城市，鋼鐵工業尤富盛名。波鴻在埃森的東方，也是工業城，產煤。——日註

❶1230年，盧比克(Lübeck)與漢堡結盟，協議商業合作事宜。其後百年，以盧比克為首的漢撒同盟勢力日漸擴大，完全控制了波羅的海與丹麥海峽，組成一個強大的商業城市聯邦，德國北部重要城市及海港皆為其成員。——中註

涉及本地的交易），此即所謂"中介商業城市"。所有上述活動經常皆混在一起，大消費者即由此獲得他們的購買力。地中海沿岸國家曾經有過的"康曼達"(Commenda)以及"海外貿易公司"(Societas maris)❶、所訂契約要點即在於：外出營商者(Tractator)負責將本地貨物運到東地中海沿岸地區的市場銷售，至於購買本地貨物與海運資金則全部（或部分）由當地資本家提供（外出營商者當然也有可能是空船而往），銷售所得再採購東方貨物回本地販賣，最後的經營所得則由外出商人與資本家依契約條款分享。

因此，商人城市的購買力與稅收，就像生產城市一樣（而與消費城市相反），是依賴當地的**營利**經營。航運、輸送業以及許多大小不等的次級營利經營，是與商人的營利機會緊密結合的；單就當地零售業的情況而言，收益可說完全要依靠當地市場來獲得，不過若涉及長距離貿易，則相當可觀的一部分收益是從海外市場取得的。類似的情況亦常見之於近代城市，近代城市是國內（或國際）金融家、大銀行的所在地，例如倫敦、巴黎與柏林，也可能是大股份公司與企業組合的所在地，例如杜塞爾多夫(Düsseldorf)❸。的確，這種現象在今日比往昔更為尋常，那就是企業絕大部分的利潤所得會流向其他地方，而非生產設施的所在地。另一方面，所得之中愈來愈大的部分是消費在郊區、以及（愈來愈多的）鄉間別墅與國際觀光旅社，而非所得者企業總部所

---

❶詳見本文及《經濟與歷史》，pp. 130-131。簡而言之，即由資本家提供資金，經營者（航海者）執行業務（有時也提供部分資金），最後再根據所定比率分享利潤的一種契約。中世紀時，廣行於地中海沿岸。一般來說，"康曼達"指的是經營者完全不出資的一種契約，如果他出部分資本，則稱為"海外貿易公司"。實際上的用語卻沒有如此嚴格區分。
　　——日註

❸德國西部，萊茵河下游城市，除了工業之外，也是魯爾區的商業、金融中心。——日註

在的大都會中。伴隨著這些發展而來的是，城市會發展成只由商店構成的"商業城"(Citystadt)，或者(大部分)發展成市區。

　　此處我們無意更進一步探討有關概念的區分及具體化的問題——這得要有一套嚴密的城市經濟理論。我們也無須再強調，現實生活裡的城市幾乎往往總是各種類型的混合，因此也只能就個別城市中，居於主導地位的經濟要素來分類。

三、城市與農業的關係

　　城市與**農業**的關係絕非清楚而單純的。曾經有過(現在也還有)"農耕市民城市"(Ackerbürgerstadt)的存在，這樣的城市是個市場中心及典型市區工業的所在地，因此與一般村落截然不同。然而在這樣的城市裡，卻有許多市民生產糧食以供自己消費，甚至供應市場所需。

　　當然，一般而言，城市愈大，其居民就愈不可能擁有足夠的耕地以供應所需糧食，也不太可能擁有一般典型"村落"所有的牧地與林地的使用權。中世紀時日耳曼的最大城市科隆(Köln)，顯然從一開始就幾乎完全沒有"共同用地"(Allmende) ⑭，而這在當時幾乎是任何一個正常村落皆有的。不過其他日耳曼以及歐陸的中世紀城市，至少還有相當面積的牧地與林地可供市民使用。而且愈往南方(或者上溯至古代)，則在市鎮領域(Weichbild)內出現大量農耕地的情況就愈常見，今天我們認為一個典型的"城裡人"就是**不**生產自己糧食的人，如果這

---

⑭Allmende 指不屬於個人所有與個人使用的"共同用地"。凡是森林、牧地、河川、沼澤地皆為 Allmende。中國早期亦有此傳統，早期王朝屢有禁止"封山占澤"的禁令，即因"山澤"本為"共同用地"之故。——中註

個說法正確的話，那麼在西洋上古時期，大部分典型的城市(Polis)的情況正好相反。我們得了解在古代——與中世紀相反——一個擁有完整權利的城市**市民**，正就是基於下列事實：他擁有一塊"份地"(klé-ros，fundus，以色列則稱爲 chelek) **⑮**，一塊具有完全權利的耕地來供養自己。準此，西洋古代的市民實際上乃是"農耕市民"。

大商人擁有農耕地的現象更爲普遍，不管是在中世紀(南歐比北歐更顯著)，還是古代的城市。不管是在古代或中古的城邦，都可以發現大土地所有，有時且散布在極廣大的地域。這些土地有時是在強大的城市自治體之政治(有時甚至是領主制)的支配下，有時則是在個別的上層市民之領主制的控制下。例如米爾泰底家族(Miltiades) **⑯**對克什尼茲半島(Chersonese)的支配，或者像中世紀城市貴族之政治性及領主制的占有，例如熱內亞格里馬爾迪家族(Grimaldi) **⑰**在普洛文斯(Provence，今日法國南部)與海外的領地。

然而，這些個別的市民在城外的產業及其領主權，原則上並非城市本身經濟政策所要考慮的對象。不過，當土地的所有者屬於城市中最有力量的望族團體(Honoratioren) **⑱**、且其獲得及保有這些領地實

---

⑮kléros 在希臘文原意爲"籤"，一般說法認爲最初的共同體係以抽籤來分配土地，引申而爲"份地"，擁有份地乃是成爲完全公民的重要資格。羅馬人則稱之爲fundus。——中註

⑯米爾泰底爲西元前六～五世紀時的雅典政治家，由於遠征小亞細亞的克什尼茲半島，且在此處殖民，而成爲當地的統治者。馬拉松之役擊敗波斯軍的米爾泰底則爲其外甥，後來也統治了克什尼茲半島。——中註

⑰格里馬爾迪爲熱內亞貴族，出身普洛文斯東部的里維拉，除了商業與航海的資產外，也是教皇黨的領導者之一，在政治、軍事上皆擁有強大力量。其家族自十三世紀以降——除了若干時期中斷外——一直統有摩納哥。——日註

⑱Honoratioren 的拉丁文原意爲"那些有名望者"，韋伯用此字來指擁有高度社會威望、且有足夠經濟力量的人或團體。詳見《支配的類型》，第 20 節"名門望族的行政"。——中註

質上也是間接得力於城市的協助的情況下，就會出現一種獨特的混合的關係——這些領地實際上受到城市的保護。反過來，城市的統治團體在這種情況下，也可以分享這些領地的經濟與政治的利益。這種例子在過去屢見不鮮。

四、經濟發展階段之一的"城市經濟"

作為工業與貿易擔綱者之城市，與作為糧食供應者之農村間的關係，構成此一稱為"城市經濟"（Stadtwirtschaft）之複雜現象的一面。城市經濟可以說是介於"自給經濟"（Eigenwirtschaft）與"國民經濟"（Volkswirtschaft）——或者一串類似的概念性的階段——之間、而又與之並列的一種特別的"經濟階段"。不過，在此一概念下，與經濟**政策**有關的範疇是與純粹經濟的範疇混在一起。

之所以採取此一概念是因為，單只聚集一群商人與匠人、且以固定的市場來滿足日常生活所需，**並不就是**個完整的"城市"概念。如果一個密集的聚落與農村不同之處，**僅**在於依賴農產品的程度、或者(並非同一件事)於非農業所得與農業生產的比重、以及市場的存在，那麼我們所談的是工匠聚落、商人聚落等"市場聚落"，而非"城市"。

同樣的，除了住屋聚集在一起外，城市與村落的區別也並不僅在於其之為一個**經濟團體**（Wirtschaftsverband），有自己的地產與收支預算，因為村落也可以有這些，不管其間質的差異有多大。

最後，下述的這個特質也不是只有城市(至少在過去)才有：那就是除了是個經濟團體外，它還是個經濟**統制**團體（wirtschaftregulierender Verband）[19]。因為在村落，我們同樣也可發現經濟的統制：

在強制性的共同規則下耕作、放牧的規定，禁止木材與乾草的運出以及其他種類的規制，所有這些也可說是團體的經濟**政策**。並非只靠有統制這一點，就可以區分過去的城市與其他類型的聚落，我們還得看統制的性質：統制性經濟政策的對象與特有的施政的範圍。

"城市經濟政策"(Stadtwirtschaftspolitik)裡大多數的措施是基於下述事實，此即在往日的運輸條件下，大多數的**內陸**城市都必須依賴其鄰近周邊地區的農業資源(這當然不包括沿海城市，正如雅典與羅馬的糧食政策所證明的)；周邊地區自然也是城裡大多數手工業的市場(雖然並非全然如此)；最後，在這種地區性的自然交易裡，城市也是周邊地區的市場(如果不是唯一的，至少也是尋常的)，特別是糧食的市場。城市的經濟政策還得進一步考慮下列事項：此即其絕大多數的工業生產乃是技術性的手工業，以一種缺乏專業化、無資本(或資本薄弱)的小店方式經營，僱用的職工人數受到嚴格限制、且須具備長期學徒訓練的資格，這樣的經營採取——套個經濟學的辭彙——"計薪"或"計價"的方式爲顧客服務❷，正如當地零售商的銷售主要也是採取顧客預約的方式一樣。

"城市經濟政策"的基本特徵即在於，努力穩固化上述這些城市經濟中自然天生的條件，其手段則是透過經濟統制以確保糧食供應的穩定與便宜、以及工匠與商人的營利機會。不過，我們得了解，經濟統

---

❶「團體的規範節制著所有參與者的經濟行爲，然其組織並未經由直接介入、具體指示(或禁止)而持續性的指導經濟活動。這類團體包括了所有的政治團體、許多宗敎團體、以及其他許多的團體，例如爲了經濟規範而特別組成的漁民或農民合作社」，這是韋伯對"經濟統制團體"所下的定義，詳見《經濟與歷史》，p. 31。——中註

❷所謂"計薪制"，是由顧客提供原料；"計價制"則由生產者自備原料及工具。詳見《經濟與歷史》，pp. 89-91。——中註

制並非城市經濟政策的唯一目標,而且即使曾出現在歷史上某段時期,也不見得就會出現在**所有的**時代, 至少, 其完成成熟的發展僅見之於手工業行會取得政治支配權力的時期。最後, 我們也無法證實它是所有城市發展過程中的必經階段。

不管怎麼說, 這種**經濟政策**並不能被視為**經濟發展**過程中的一個普遍性階段。我們所能說的僅止於此: 城市的地方**市場**代表了一種交換經濟的型態, 恰與"**莊宅**"內部無交換經濟的型態形成對比; 前者有存在於農業生產者、非農業生產者與當地商人間的交易、顧客關係、非專業化且無資本的小店經營; 後者則從附屬的、專業化的生產單位, 透過計劃性的分配取得所需的勞役與貢租, 並由支配者的家計來整合所有這些活動。城市中交換與生產關係的**統制**所代表的型態, 恰與莊宅經濟下、從屬各單位間活動的**組織化**形成強烈的對比。

五、政治—行政的城市概念

在上述的考察裡, 我們用到了諸如"城市經濟政策"、"城市領域"與"市政當局"等等名詞, 這個事實說明了"城市"的概念可以(也必須)從——截至目前為止我們所用的——純粹經濟以外的一些範疇來分折, 換言之, 即**政治的**範疇。

的確, 城市經濟政策的擔綱者也許是個君侯, 而城市及其居民皆在其政治支配的領域內。在此情況下, 如果真的出現了一個具體的城市經濟政策, 那麼, 它是**為**此一城市及其居民設定的, 而非**由**城市本身設定。當然, 城市經濟政策的擔綱者並不一定就是君侯, 就算是, 城市在某個程度上也仍然還是個擁有自律權的團體❹, 一個"共同體"

(Gemeinde)，有其特殊的政治與行政制度❷。

　　在前面討論時所用的**經濟**概念的城市，務必得與**政治─行政**概念下的城市清楚區分開來。只有在後者的意義下，才能與一特別的城市**領域**聯繫起來。一個聚落可以從政治─行政的角度認定為一城市，儘管在經濟意義下不能如此。某些中世紀的聚落雖然具有法定的"城市"的地位，卻有十分之九以上的居民是靠農業維生，遠超過許多法定地位為"村落"的地區。當然，介於此種"農耕市民城市"與消費城市、生產城市及商人城市之間的界線可說是全然模糊不清的。

　　不過，有些聚落之所以與村落有行政上的區別並被視為"城市"，那是因為所有這些聚落的土地所有權性質,通常與行之於村落者不同。就經濟觀點而言，這是因為城市的房地產乃是個特殊的收益泉源：對房屋所有權而言，土地所有權的重要性只不過是附屬性質的。然而，從行政的觀點來看，城市房地產的特殊地位，基本上乃是與城市的**課稅**原則(之與農村有異)相關聯的。

　　然而，對政治─行政概念下的城市具有決定性的要素，是與城市

---

❷韋伯將團體分為(1)自律的(autonom)、(2)他律的(heteronom)、(3)自治的(autokephal)、與(4)他治的(heterokephal)，除了全然自治與自律的團體外，有些團體在不同的情境下會兼具上述的一些性格。──中註

❷Gemeinde 一字普通的用法有兩種意思：(1)在國家之下，而又多少是自治的公共團體，特別是"地方公共團體"；(2)抱持共同信仰的"宗教性團體"。韋伯的用法原則上不外如此。不過，就前一種意思而言，韋伯也將希臘的"城邦"與羅馬初期的"同盟城市"等非隸屬於國家、而本身毋寧就是"國家"的團體，以"共同體"的概念來掌握。這兩者的共通特色是：兩者都具有"團體"的性格，換言之──就城市而言──相對於非市民的"市民"概念的形成，此一團體為包括**全體市民**的構成體；此外，它們擁有完全(但多少也有所限制)的"自律性"與"自治性"。就 Gemeinde 的第二種含意而言，韋伯廣義地用來指一般的卡理斯瑪型支配團體(因此包含軍事的與其他非宗教性的卡理斯瑪團體)，狹義的則指宗教團體。──日註

原有的傳統密切相關的，這一點就與純粹的經濟分析全不相干：此即過去的城市——不管是西洋古代、中世紀、歐洲或其他地區——同時也是一個特殊的**要塞**與**鎮戍**。當今的城市已完全失卻此一特徵，而且，即使在過去，此一特徵也非普遍存在。例如，日本的城市即無此特徵。因此，有人也許會跟拉特根（Rathgen）❷一樣，懷疑在日本根本就沒有行政意義下的"城市"。相反的，在中國，每一個城市都圍有巨大的城牆。只是，在中國，許多從經濟觀點而言具有純粹農村性格的聚落也一直都有城牆，雖然這些聚落就行政意義而言絕非城市；在中國，城市通常即意味著官府所在地，這點我們稍後會再談到。

在地中海某些地區，例如西西里，沒有人住在城牆之外，甚至農人也如此，這是由於數百年來治安不佳的結果。相反的，古希臘的斯巴達城邦則令人注目的沒有城牆，但另一方面，它又是個意義最爲明確的"鎮戍"，他們蔑視城牆，正因爲斯巴達本身就是一個永久且開放的軍營。我們目前尙無法確定雅典人有多久沒有城牆，不過在衞城（Acropolis）❷有一個岩城，或許除了斯巴達外，所有希臘的城市皆有城牆。同樣的，Ekbatana ❷與 Persepolis ❷也是周圍有聚落環繞的王城。城堡或牆，不管什麼樣式的，通常都是東方、古代地中海與中

---

❷Karl Rathgen（1855-?），德國法學者，曾任教於日本東京大學，歸國後擔任馬格德堡（Magdeburg）大學教授。著有多本關於日本的著作：*Japans Volkswirtschaft und Staatshaushalt*, 1891（《日本的國民經濟與國家財政》）；*Die Japaner und ihre wirtschaftliche Entwicklung*, 1905（《日本人及其經濟發展》）；*Die Staat und Kultur der Japaner*, 1907（《日本人的國家與文化》）等。此處韋伯所引的是 Rathgen,"Gemeindefinanzen" in "Verein für Sozialpditik"（1908-10）；*Allgemeine Verfassungs und Verwaltungsgeschichte*, 1911。——日註

❷希臘城邦之核心建於丘壘之上，通常有城牆圍繞，或有城堡。此外尙有神殿、劇場，有時包括行政部門，是城邦政治、宗教中心。城邦的聚居即以此爲中心，大致上可以看出城邦對軍事的強烈關心。——日註

世紀城市不可或缺的一部分。

六、要塞與鎮戍

城市既非唯一、亦非最古老的要塞。在有爭端的邊疆地區以及長期戰亂時，每個村落都會築起城堡。在易北河及奧德河流域一些經常受到攻擊的地區，早先還具有民族風格、沿著道路伸展的斯拉夫人村落，逐漸轉變成四周封閉的村落，這樣的村落只有一個可以上鎖的出入口，到了晚上，牛羊即由此出入口趕到村落中心。另一種形式的要塞──四周繞有壕溝及土堆的丘陵避難所──也遍布世界，例如以色列的約旦河以東地區及日耳曼：無武裝的人們及其家畜可在那兒避難。亨利一世（Heinrich I）㉗在日耳曼東部的所謂"城市"，也不過是有計劃興建的此類要塞。

在盎格魯─撒克遜時代的英格蘭，每一個郡都有個"鎮"（burh），郡名即以鎮名爲準，至於守衛及鎮戍的義務則由某些人或某些土地來負擔，這可說是最古老特殊化的"市民"負擔。如果這些要塞在平時並非空無一人，而是由一支衛戍部隊長期駐守（其成員則以金錢或土地招募來），此一現象即非常接近梅特蘭（Maitland）㉘從盎格魯─撒克遜

㉕古米底亞王國首都，據説王宮有七層城牆，米底亞王國滅亡後，此地成爲波斯帝國的夏都。──日註
㉖波斯帝國的王城，王宮爲要塞所圍繞，西元前330年爲亞歷山大大帝所燒毀。──日註
㉗Heinrich I（c.876-936），神聖羅馬帝國薩克森王朝皇帝（919-936）。即位之初屢受匈牙利人入侵之苦，西元924年與匈牙利人締結九年的休戰協定，利用休戰時期加強東部邊境的防備。一方面訓練騎兵，從而培養出一支強大軍隊，一方面修建各地要塞，這些要塞除了將各地既有的修道院防禦設施予以強化外，並有許多新的建設。──日註

“鎮戍城市”所發展出來的、“鎮民”(burgesses)即居民的理論。bur-gess 此一名稱來自其政治及法律的地位，就像特殊化了的“鎮民的”土地及房產之所有權的法律本質，乃是取決於其所有者有維持及防衛城鎮的義務一樣。

　　然而，要塞城市的最主要先驅，從歷史上看來，並非有柵防的村落，亦非緊急避難時的堡壘，而是**在支配者支配下的城堡**：堡中住有支配者及其武士，武士是以執事或個人扈從的身分從屬於支配者，此外還有家人及奴婢。

　　軍事城堡的興築非常古老，無疑要早於戰車及戰馬的利用。戰車曾於某個時期在世界各處主導了騎士與君主戰爭方式的發展：《詩經》時代的中國，《吠陀經》時代的印度❷，埃及與美索不達米亞，〈底波拉之歌〉時代的迦南及以色列❸，荷馬史詩時代的希臘，以及伊特拉士坎人(Etruscan，古意大利民族)、克爾特人(Celts，古愛爾蘭、蘇格蘭民族)與愛爾蘭人的時代。同樣的，築城及以城堡爲基地的諸侯制(城堡諸侯制)亦遍及世界各處。早期埃及史料中有關於城堡及城堡指揮官的記載，我們幾乎可以肯定這些城堡起初就像許多小諸侯的住處一樣。在美索不達米亞，領土王國發展之前──根據最古老的史料──尚有一個以城堡爲基地的諸侯時代，就像《吠陀經》時代的西印

❷Maitland, F. W. (1850-1906)，英國史家、律師、法學者。重要作品有 *History of English Law before the Time of Edward I* (1895)；*Domesday Book and Beyond* (1899)；*Township and Borough* (1898)。──中註

❷《吠陀經》(*Veda*)是婆羅門教最重要的一部經典，由梨俱吠陀、沙磨吠陀、夜柔吠陀與阿闥婆吠陀四部分構成。《吠陀經》成書年代大約是西元前1500-250年間。──中註

❸〈底波拉之歌〉(Deboralied)，見《聖經·士師記》第5章。大約是在王國出現以前的士師時代(西元前一千年)。──中註

度所曾有過的，最早祆教經典(Gathas) **❸** 出現時代的波斯也可能有
過。在北印度的恆河流域，當政治分裂時期，城堡顯然是遍布各地：
古老的剎帝利階段(kshatriya)——根據資料所述，具有獨特的介於君
主與貴族之間的地位——顯然是以城堡爲據點的諸侯。城堡諸侯制亦
存在於基督敎化時代的俄羅斯(A.D. 988)、圖特摩斯(Thutmose)王
朝時代的敍利亞 **❸**、以色列的聯邦時代(Abimelech) **❸**，從古老的中國
文獻也可相當確定早期此一制度的存在。曾見之於希臘及小亞細亞的
沿岸城堡，無疑也普遍存在於世界各地，正如到處都曾有過海盜一般。
我們幾乎可以確定克里特島上無城堡防衞的王宮是興建於一個極罕見
的、短暫的治安良好的時期。在伯羅奔尼撒戰役(431-404 B.C.)中極具
關鍵地位的提西利亞(Decelea)堡壘 **❸**，原先也是個貴族的城堡。同樣
的，中古時期貴族之爭取政治自主權的發展，在意大利也是隨著"小城
堡"(castelli)的興建開始的，北歐封臣的獨立也是隨著大量城堡的興
築而展開的，馮貝羅(von Below)在其研究中已指出此一現象的基本
重要性。即使是在較近代，日耳曼一帶個別家族是否屬於地方上的貴

---

❸Gathas 在波斯語爲"歌謠"之意。祆敎的經典 *Awesta* 最古老的一部分即是宗敎歌謠的
形式。據考證約成於西元前六世紀左右。——中註

❸圖特摩斯王朝(ca.1540-1300 B.C.)爲埃及的第十八個王朝，在圖特摩斯二世(1479
-1427 B.C.)與四世時(1400 B.C.)，曾在敍利亞進行長期征伐。——中註

❸注意以色列人之聯邦(Bund-, Eidgenossenschaft)的概念通常含有與耶和華之"契約"
(berith)的觀念。Abimelech(亞比米勒)是出現在《舊約聖經·士師記》第九章的士師
時代人物。他以七十舍客勒銀子「雇了些匪徒跟隨他……將他弟兄七十人都殺了」，以此
而取得王位，三年後失去民心，被一個女人以石塊擊碎頭蓋骨而死。與本文有關的是士
師記第九章第六節與二十節出現的"millo"，爲"城堡"之意，Abimelech即"城堡侯"。
——日註

❸提西利亞位於雅典東北方約二十公里處，是阿提喀(Attica)的軍事要衝。斯巴達人在伯
羅奔尼撒戰役時，攻占此一要塞(413 B.C.)，並保有此地直至戰爭結束，伯羅奔尼撒戰
役的最後階段又被稱爲提西利亞戰爭。——日註

族階層，還得看這個家族是否擁有一個城堡而定——就算這個城堡只不過是個破敗的廢墟。的確，擁有一個城堡就意味著對周圍鄉野的支配。問題是誰來掌握城堡？有可能是個獨立的城堡領主，也可能是個騎士的聯盟，也可能是個支配者——他可以派遣值得信賴的家臣、家士(ministeriale) ❸或官員去負責。

七、要塞與市場合一的城市

在其發展為一特殊**政治**組織的初步階段，要塞城市或者本身就是個城堡，或者在其中建有一個城堡，或者是鄰近一個城堡。這個城堡屬於國王、貴族或騎士聯盟。他們或者就住在堡中，或者在堡中駐守一支軍隊——由傭兵、封臣或附庸所組成。在盎格魯－撒克遜時代的英格蘭，在一個"鎮"裡擁有一棟武裝住宅(haw ❸)的權利，是以特權的方式授與鄰近鄉間的某些地主的，正如在西方古代以及中古時期的意大利，貴族除了其鄉間的城堡外，在城中也有房子。"鎮民"——有時是全體居民，有時則僅是其中某個特定階層的人——住在城堡之中或其邊緣，他們對城市的軍事領主負有確定的軍事義務：包括築城與維

---

❸所謂"家士"，是指非自由人出身而被其主人用來擔任重要家職或軍事職務者。他們因為工作的性質，無法參與直接的生產勞動，原則上從主人接受土地("服務領地"，Dienst-land)，由之取得收入。因本非自由人，職務的任免或領地的收還，理論上主人可自由為之。此點——與獨立性強而出身自由人的封建家臣不同——是他們會被任命為某些官吏的緣故。無論如何，他們既被授與土地，即具有領主的地位。當他們的主人是一國之君時，他們所擔任的家職也可能包括宮宰等最高的官職，因此地位逐漸昇到一般自由人之上。到了十三世紀左右，他們更明確的占有下層"貴族"的地位，所謂"騎士"大部分便來自此一階層。——日註
❸haw是源自古英文haga(hedge)一字的中世紀英文，意指有牆壁、防柵圍繞的家。——日註

護、守衛、防禦及其他軍事任務，例如傳令及鎮戍的後勤補給。在此一例子中，鎮民之所以被視爲具有市民身分，乃因（而且也只到此程度）其參與了城市的軍事團體。梅特蘭在有關英國的研究中，極爲明晰的指出這一點："鎮"中的房子是爲一批人所擁有，他們的主要任務則在防守要塞，這點構成了其與村落不同之處。

在國王或領主保證之下，賦予城市市場的"市場和平"，是與軍事性的"城堡和平"並肩而行的。因此，一方面是用來保障和平的城堡與城市之軍事—政治的市場（亦即操場與軍隊——也就是市民——的集合場所），另一方面則是保障城市之和平的經濟的市場，兩者通常是以兩元的方式並存的。兩個場地當然不都是分離的。例如雅典的 pnyx 就比 agora 要晚得多 ❸，agora 原先（可能）既是經濟交易的場所，同時也是政治與宗教活動的場所。然而在羅馬，comitium 與 campus Martius 兩個集會場所一直是與經濟性的 fora 分開的 ❸。中世紀時，西耶拿（Siena）❸ 的 pizza del campo（中古時期騎士比武的廣場，今日仍爲城市各區的競技場），是在市政廳的正前方，與廳後的 mercato 市場分開。同樣的，在回敎城市中，kasbeh（軍營）是與 bazaar（市場）分開的；印度南部的經濟城市也是與政治性的望族城市比肩並存的。

---

❸就語源而言，agora 有"人群之集合"、"人群集合之地"的意思，指的是古希臘城市中心的廣場，既是市場，也是市民日常生活的中心；市民白天群集此處討論政治、學術與閒話家常。pnyx 在衛城西側低丘上，是雅典人集會場所，據說建於克萊斯提尼（Cleisthenes，西元前六世紀，雅典民主政治的創建者）時代。——日註

❸最初 fora 是進行經濟交易之處，其東北方的 comitium 則是人民大會和法庭召開之處。到了西元前三世紀時，人民大會改於 fora 召開，市場則於 184 B.C.遷移到 fora 西南方的 basilica。campus Martius 是羅馬諸小山丘間的一塊平地，爲軍隊集合、訓練的操場，並爲召開軍事會議（comitia centuriata）的地點。——日註

❸西耶拿在意大利中部托斯卡那地區。——中註

　　鎮人（政治性的要塞市民）與從事營利活動的經濟性居民，其間的關係通常是十分複雜的，不過對城市制度史卻有其**根本的**重要性。下述的這些現象倒是十分清楚的：㈠只要有城堡存在，工匠即會來到，或者被招引來，以滿足支配者的家計及其武士的需求；㈡武士家計的消費能力及其所提供的保護，也不斷吸引商人來此；㈢再者，支配者本人也有意吸引這些人來，因爲他們可協助他取得貨幣財源——不管是徵貿易稅或手工業稅，經由投資的方式與他們合作，自己經營貿易，還是根本就壟斷這一切；㈣沿岸城堡的支配者，由於擁有船隻或港口，不管是以暴力劫掠或和平貿易的方式，都可取得其應有的海上利得。支配者的扈從與封臣在他的同意下，也可以分享這些營利機會，此種同意有時是自願性的，有時則是被迫的——因爲支配者得靠這些人的支持。在一個早期希臘城市塞利尼（Cyrene）的花瓶圖案上，描繪著國王正在幫忙秤一種當地的商品 Silphion ❹。此外，最早的埃及資料亦記載著下埃及的法老擁有一隊商船。

　　我們可以在世界各處——特別是沿海地區（不只限於"城市"），因爲那兒的中介商業較易規範——發現一個發展過程，此即定居當地的武士家族對於從貿易獲取收益的興趣會逐漸增加，維護此一利益的權利亦然，最後自然會妨礙到城堡領主或君侯的獨占權（如果有此種獨占權存在的話）。這種情況一旦發生，君侯的地位通常即會被削弱爲"同儕間第一人"（primus inter pares），最後甚至可能降至地位幾乎完全平等的、城市門閥（gentes）之一員，靠推舉產生，任期很短且權力受到極大限制。在此情況下，他得與其他豪族分享城裡土地，共同參與和

❹塞利尼是北非的希臘人殖民城市。Silphion 是當地一種特產植物，其根部的乳汁可作調味品及醫療用物，爲當地重要外銷物品。——中註

平的貿易(以個人身分參與或僅只是投資，在中世紀時通常是透過"康曼達"的形式)，或者索性就從事海盜劫掠及海上戰爭。此一過程——即政治統治者的身分逐漸轉變成只有一年任期的政務官員——出現在從荷馬時代以來的古地中海沿岸城市；同樣的現象亦可見之於中世紀早期。例如威尼斯共和國時期總督制的演變，就其他典型的商業城市而言(那兒敵對黨派的組合變化甚大)，類似的發展則須視城市的領主是個皇家的伯爵、子爵、主教或其他種類的貴族而定。在這些個案裡，我們必須區分城市的資本主義式的商業利害關係者(商業資本家，在古代早期及中世初期，這些人即構成城市的望族階層)，與實際從事商業"經營"的擔綱者(即嚴格定義下的商人，不管是原居本地還是後來才歸化的)。儘管這兩個階層經常有彼此混合的趨勢，概念上的區分還是有必要的。關於這些，我們稍後再論。

在內陸、河道、商路的起點、終點或交會點(例如巴比倫)，也有同樣的發展。在那兒，神殿祭司或城市的祭司長有時會對俗世的城堡領主或城市領主形成挑戰。廣受崇拜的神祇的神殿區，可對不同民族間的貿易提供宗教性的保護(因此是沒有政治保護的)，以此，在其庇護下會出現類似城市的聚落，其經濟的維持得靠神殿的財源，就像君侯城市得靠君侯所得的貢納來維持一樣。

為了取得貨幣的收入，君侯對於授與工匠及商人特權，讓他們尋找脫離其家計**獨立**、而可以繳稅的職業，是會有興趣的；然而此一興趣在何時、以及到什麼程度才能超過他原先的興趣——即，充分利用**直屬的**勞動力來滿足其需求，以及親自壟斷貿易——則得視個別情況而定。當他以授與特權的方式來吸引外地人時，他也必須考慮到定居當地的政治與領主制的從屬者的利益，以及(極其重要的)他們付稅與提供服務的能力。在這些發展變數中還得加上一個，那就是支配團體的**政治－軍事**結構，城市的建立與發展是靠這個團體的。這些因素導致了某些現象，我們得先討論。

八、西方城市的"共同體"性格與"市民"之身分資格，　　東方城市此兩概念之闕如

並非所有經濟性意義的"城市"，或是所有其居民曾擁有政治－行政意義下一種特別身分的要塞，在歷史上都曾經形成一個"**共同體**"。只有在西方，才出現過大量的城市共同體(就此字之完整意義而言)。近東(敍利亞、腓尼基，或者還可加上美索不達米亞)同樣也有，不過只限於一個短暫時期，其他地方有的只是雛形。

要發展成一個城市共同體，聚落至少得具有較強的工商業性格，而且還得有下列的特徵：㈠防禦設施；㈡市場；㈢自己的法庭以及——至少部分的——自己的法律；㈣團體的性格(Verbandscharakter) ❹及與此相關的；㈤至少得有部分的自律性與自主性，這點包括官方的行政，在其任命下，市民得以某種形式參與市政。在過去，此種權利幾乎都是以**身分制特權**的形式出現；因此，在政治性定義裡，城市的特徵就是作為上述權利之擔綱者的、一個特別的市民**身分團體**的出現。

---

❹對外根據一定的規制而被限定或封閉的社會關係，在下列的情形下，稱之為"團體"(Verband)：有一個指導者及視情形而定的管理幹部(Verwaltungsstab)，他們特別是以上述社會關係之秩序的實施為其行動目標，藉此保證秩序之維持。至於此種社會關係是共同體關係(Vergemeinschaftung)或結合體關係(Vergesellschaftung)，則無關緊要。——日註

　　我們得注意，如果嚴格遵守上述的定義，那麼即使是西方中古的城市也只有一部分——至於十八世紀的更只有極小的一部分——夠得上稱爲眞正的“城市共同體”。然而亞洲的城市，除了某些極爲零散的例子外，就我們所知，完全不適合此一標準。當然，它們都有市場，也有防禦設施。在中國(日本則不然)，所有大工商業地區，以及大多數較小的地區，都有防禦設施。埃及、近東與印度的工商業所在地也一樣。在這些國家裡，較大的工商業城鎭經常也有自己的法庭**管轄區**。在中國、埃及、近東與印度，城市經常都是大政治團體的官府所在地。此一論斷，嚴格說來**並不**適用於大多數中古初期的西方城市，尤其是北歐的城市。

　　另一方面，亞洲的城市並沒有像西方那樣有一套特殊的、**適用於**市民的實體法或訴訟法，也沒有由市民自律性任命的法庭。唯一大致類似的情況是在行會或印度種姓制度的例子裡，當一個城市的居民主要(或完全)由某一行會或某一種姓的成員所組成時，他們也許會發展出特別的法律與自己的法庭。不過，從**法律的**觀點而言，這些團體之所以完全集中在城市，純粹是偶然性的。在亞洲，城市基本上沒有自律性的行政；更重要的，城市的**團體的**性格，以及(相對於鄉野人的)城市人的概念，從未存在於亞洲，就算有，也只是些萌芽罷了。中國的城市居民，從法律上而言，只是其氏族(因此也就是其原籍村落)的成員，那兒有他崇拜祖先的祠堂，透過祠堂，他得盡心維護己身所屬的團體。同樣的，在俄國，儘管一個村落共同體的成員已在城市中賺取其生計，從法律角度來看，他還是個“農民”。印度的城市居民，除了上述的限制外，還是他所屬種姓的成員。

　　當然，城市居民通常也是當地職業團體的成員，屬於在城市特定地區的行會及手工業組織。他們同時也是城市行政區——里、坊，市政當局據此劃分市區——的成員，以此身分，他們有明確的義務，有時甚至還有某些權利。城市的里與坊也可能以集體的方式，為居民的安全與其他治安性的目的而負起賦役制(Leiturgie)的責任❷。為此目的，它們也可能形成共同體，有民選的官員或世襲的長老。例如在日本，我們就可發現市場自治行政體系(町)中有一或數個民事的行政人員(町奉行)。然而，亞洲的城市居民並沒有具備類似西方古代與中古的城市**市民權**，亞洲的城市也沒有像西方那樣的法人性格❸。

亞洲的城市，整體而言，的確也構成一個特別的行政區，就如同

---

❷Leiturgie 一詞在古希臘雅典時代(西元前四、五世紀)，指的是由富人(自願或強制性的)提供金錢或勞役來支持一些公共事務的制度。例如"trierarchy"，是由富裕的市民提供資金來建造三層槳的戰艦(trireme)，並須負擔此一戰艦的一切開銷(包括水手、修補等)；另外如"choregia"則是提供酒神祭典所需的合唱團、戲劇等。此外還有其他許多。被提名到的市民如果覺得還有人更有能力負擔，則可提出抗辯，對方可以接下此一職務，也可以拒絕，條件是必須與原被提名人交換財產，要不然就得訴諸法庭。此一制度後來為羅馬所承襲，例如被選為「市議員」(decuriones)者即需負擔當地的公共支出，並負責稅收，不足得補齊。古埃及亦有類似制度。中文辭典一般皆譯為聖禮崇拜，此為後出之義，此處譯為"賦役制"。參見 *Oxford Classical Dictionary*, p. 613; *Oxford English Dictionary*, p. 1642。

韋伯借用此一名詞來說明古代團體——包括家(household)、氏族、家產制國家或者像雅典那樣的古代城邦——解決其公共事務(即國家財政)所採取的手段。其特點為實物貢賦及徭役，然而不同職業、不同身分的人，其義務也各自不同。「此種"賦役"通常是為了統治當局的預算所需，或是為了互助的目的。當這種農民、工匠及商人所必須負擔的徭役及實物貢賦是為了滿足個人統治下的家計時，我們稱此為"莊宅(oikos)實物賦役"；如果是為了整個團體，則稱之為"互助實物賦役"。以此種方式來提供介入經濟活動的團體的預算所需，其原則即稱為"賦役式供應"(liturgical provision)……。在政治組織中，此一制度扮演了近代所謂"財政"的角色；在經濟團體中，由於將主要的家計分攤給一些早已不受共同體維持及利用的人去負擔，這就使得主要的家有了可以分散的可能性。每一小單位有其自營生計，但負有提供中央單位所需的義務，就此程度而言，他們還是從屬於此一中央單位。例如負擔各種徭役及貢賦的農民或農奴，附屬於莊園的工匠以及其他各式各樣的負擔者。」《經濟與社會》，Vol. I, p. 540。——中註

擁有各種不同的功名——與"無識者"(illiterate)的階層分化；賦予
特權的商人行會與工匠職業團體亦出現於此時。然而，在中國，同樣
也沒有"城市共同體"與"市民"的概念。不管在中國還是在日本，"自治"
只是屬於職業團體及村落——而非城市——的特色。在中國，城市是
個要塞及皇權代理人的治所，日本則連這種意義的"城市"都沒有。

在印度，城市也是王城所在地或行政官員的治所，同時也是要塞
與市場中心。我們同樣也可在那兒發現商人行會與種姓制度——在相
當大的程度上——是與職業團體重疊的，兩者皆擁有相當的自律性，
特別是在立法及司法的範圍內。不過，印度社會裡世襲的種姓結構，
以及其在職業上宗教性的隔離，妨礙了"市民"與"城市共同體"的出現。
雖然也有些商人種姓組織、相當多的工匠種姓組織以及無數的次種姓
組織，這些團體卻不可能等同於西方的市民，它們本身也不可能聯合
組成類似西洋中古手工業行會統治的城市，因為種姓的藩籬妨礙了任
何種姓間締結兄弟盟約的關係❶。不過，值得注意的是，當偉大的救
贖宗教(佛教)出現時，事實上我們的確可以在印度發現行會在其世襲
長老(Schreschth)的領導下，在許多城市合併為一個團體；直到今天，
在某些城市還有此一現象的痕跡，例如亞美達巴德(Ahmedabad)❶
就是由一個共同的城市長老來領導的，其地位類似西方中古城市參政

---

❶韋伯將契約關係劃分為"目的契約"(Zweckkontrakt)與"身分契約"(Statuskontrakt)
兩種。目的契約是財貨交易——亦即是市場取向的社會關係——裡最典型的契約類型。
至於身分契約指的是透過某種巫術性儀式，改變人與人之間原有法律地位的關係，而成
為例如父子、夫妻、兄弟、恩主與被護者，以及同志等關係。此種契約意味著簽約者「將
變成在本質(或身分)上不同於前」的人。中國傳統社會中所謂"歃血為盟"即類似此種契
約行為。此處韋伯所謂"兄弟盟約的關係"即指此種身分契約的關係。 ——中註
❶恆河中游的城市，水陸交通要衝。古印度教的聖地。 ——日註

會主席。在大官僚制國家出現以前的一段期間，也有一些城市擁有政治自律權，由一個當地貴族統治，此一貴族出身於那些帶著象在軍中服務的家族。不過，所有這些在稍後即差不多完全消失；宗教性種姓階級障礙的勝利，破壞了行會間的團結；君主官僚制與婆羅門的合作則將所有這些萌芽期的發展一掃而空，僅只在印度西北部還有些殘餘。

在近東與古埃及，城市也是要塞、王宮、官府或擁有皇家市場特權的所在地。不過，在大領土國家支配時期，這些城市並沒有自律性、共同體組織與一個特權的市民身分團體。在埃及中王國時期，我們發現有官職封建制，在新王國時期則有官僚化的書記行政。"城市特權"是賜予在那些地區以封建方式或俸祿方式持有官職權力者(就像授與中古時期日耳曼城市主教的特權一樣)，而非賜予一個自律性的市民身分團體。就目前所知，甚至連"城市貴族"的萌芽都尚未出現。

相反的，在美索不達米亞、敘利亞以及(尤其是)腓尼基，我們可以發現早就有以海上貿易及隊商貿易中心爲基礎發展起來的典型城市王國，有時是宗教性的，不過一般而言還是世俗性的；稍後，在戰車發揮威力的時代，我們則發現——也是典型的——"市政府"(在特萊爾—阿瑪那文書中稱爲bitu ❹)裡貴族勢力的崛起。迦南一帶的城市聯盟，其實就是住在城市的戰車武士階層的聯盟組織(Einung ❺)，這個

---

❹特萊爾—阿瑪那(Tell-el-Amarna)是埃及法老 Ikn-n-Aton(1369-1353 B.C. 在位)的新都 Akhet-Aton 的今名。埃及首都原在底比斯，Ikn-n-Aton 爲了崇拜 Aton 神而遷至此處。Tell-el-Amarna 文書爲十九世紀在此地王宮附近發現的法老外交文書。「在Tell-el-Amarna文書中，可以看到在Ikn-n-Aton時代，除了擁有衛隊、倉庫、武器庫的法老的封臣諸侯與總督之外，在比較大的城市裡，存在著居於bitu支配之下，與埃及中央之支配相抗衡而遂行獨自之政策的城市定居者階層」(Max Weber, *Gesammelte Aufsätze zur Religionssoziologie*, Bd. III, S. 17)。——日註

武士階層透過債務奴隸及主客關係役使農民，就像早期希臘城邦時代
一樣。美索不達米亞的情況似乎也類似，那兒的"城市貴族"——即擁
有土地、且有經濟能力來武裝自己的完全市民——與農民是區分開的，
主要的城市都透過國王的特許狀取得豁免管轄的權利。然而，隨著軍
事王權的擴張，城市擁有的特權也就隨之消失。稍後，在美索不達米
亞再也找不到具有政治自律性的城市、西方式的市民身分團體、以及
一個與王法並行的特殊的城市法。只有腓尼基人還維持有一個在土地
貴族——他們投資貿易——支配下的城邦。帶有 ám sôr 及 ám Kar-
thadast 銘記的腓尼基貨幣，很難用來證明泰爾(Tyre)與迦太基是在
"人民"(demos)支配下的，就算真是如此，應該也是較晚期的事。

在以色列，猶太(Judah)也是一個城邦。然而在國王統治下，早先
負責市政的長老——城市貴族的氏族長——的權力即被剝奪；武士
(gibborim)成為國王的扈從或士兵，而就在大城市——與鄉村相反
——行政開始由國王的官吏(sarim)來負責。一直到俘囚期以後 ⓔ，在
信仰的基礎上，"聚會"(kahal)或"同胞愛"(cheber)才形成一個制度，
然而這時已是在一個祭司門閥的教權制支配下。

然而，也就是在這個區域——地中海沿岸與幼發拉底河流域——
我們首次發現與西洋古代城邦類似的現象，其發展階段接近克勞地亞

ⓔ所謂 Einung 是指同身分者或同職業者之間為了治安的目的，或者城市市民之間依據
誓約協定，所成立的團體，與 conjuration, Schwurgemeinschaft(誓約共同體)大致相
同，原先為中世紀時的用語。——日註

ⓔ俘囚期(586-536 B.C.)，在大衛、所羅門的以色列王國分裂為南北兩個王國後，北邊的
以色列王國於 722 B.C.為亞述人所滅，南邊的猶太王國首都耶路撒冷則於 586 B.C.為巴
比倫人攻陷，大部分的猶太人被俘虜到巴比倫去。俘囚的日子一直延續到 536 B.C.巴比
倫被波斯人征服為止。俘囚期的經驗對猶太人的信仰轉換有重大的影響。——中註

氏族(gens Claudia，西元前五世紀)移入羅馬時，羅馬城邦發展的狀況❷。支配權一直是掌握在城市貴族手中，他們的權力奠基在貨幣財富(首先來自貿易，再轉投資於土地與債務奴隸)，以及騎士戰爭的軍事訓練。貴族經常捲入彼此間的械鬥；另一方面，其氏族也可能分布在幾個城市，而形成地區間的聯盟。這些貴族團體的領袖或許是個國王(其地位則不過是“同儕間第一人”)，或許是個“士師”(schofetim ❸)或“長老”，其地位則類似羅馬貴族領袖的“執政官”(consules) ❹。這些貴族一直擔心會出現一個卡理斯瑪戰鬥英雄(由他個人徵募而來的親衛軍所支持的，例如 Abimelech、Jephthah 與大衛王❺)，攘奪他們的權力並建立僭主制。不過，截至大希臘化時代以前，當地始終未步入此一階段，就算有，也非永久性的。

　　阿拉伯沿海城市在穆罕默德時，似乎曾經步入此一階段；在回教城市裡，只要城市的自律性及其貴族沒有完全爲大領土國家的王權所摧毀的話，此一階段就會持續下去。就算是在回教的支配下，西方古代的與近東的城市狀況，大致上似乎也還維持不變。我們發現此地的城市門閥在面對皇家官吏的情況下，保持著不太穩定的自律權。城市門閥的權力基礎是財富，來自城市的營利機會，通常這些財富又會轉

---

❷根據傳說，阿塔‧克勞地烏斯(Atta Clausus = Appius Claudius)在被國王放逐的六年後，率領他的扈從團自動投靠羅馬，因而被配給農耕地，並且作爲 gens Claudia(克勞地亞氏族)加入羅馬共同體。關於韋伯對此一傳說的解釋，以及羅馬當時的經濟狀況，參見其 Gesammelte Aufsätze zur Sozial-und Wirtschaftsgeschichte, S. 191, 200, 204f., 209ff.。——日註

❸schofetim，韋伯用來指卡理斯瑪戰鬥英雄(有時亦指卡理斯瑪立法者)。——日註

❹執政官爲古羅馬最重要官員，最初稱爲 praetor，有兩名，由貴族選出，任期一年。負責日常政務或指揮軍隊。——中註

❺Jephthah 爲〈士師記〉十一章中具有代表性的士師之一。大衛王(1010-970 B.C.)爲掃羅之後的以色列第二個國王。——中註

投資於土地及奴隸。這些門閥的權力雖然得不到法律的正式認可，君
侯及其官吏在發令時還是得加以考慮，就像中國的道台得顧慮村落氏
族長老、城市商人團體及其他職業團體的阻撓。然而，不管怎麼說，
這種門閥氏族的力量一般而言，並不會導致"城市"凝固爲一個單一且
獨立的團體。實際上，反方向的發展倒是經常發生的。

我們將舉例說明，阿拉伯的城市——例如麥加——在整個中世紀、
甚至一直到近代初期，都還是個典型的門閥城市。根據胡格隆傑(Hur-
gronje) ❻的生動描述，麥加城是被"地區"(Bilad)所環繞著的：被許
多個別的"華族"(Dewis)——阿里(Ali)的子孫、胡笙(Hasanid)氏族
或其他豪門氏族❼——的領主莊園所包圍。不同氏族的"地區"交錯分
布，居住在裡面的有農民、傭客及受保護的貝都因人(Bedouins) ❽。
任何能證明自己爲穆罕默德之"後裔"(Scherif)的氏族即可成爲"華
族"。麥加當地的"長官"(Scherif)自從西元 1200 年以來即由闊塔達
(Qutadah) ❾家族成員出任。雖然在名義上，此一"長官"必須由回教君
主哈里發(Caliph) ❿的總督——通常由奴隸出身，在拉席德統治時期

---

❻Hurgronje, C. S.(1857-1936)，荷蘭的東方學者，主要著作有：*Mekka*, 2 Bde,(1888-9)；
Verspreide Geschriften, 6 Bde,(1923-27)。——日註

❼阿里爲第四代哈里發(A.D. 656-661 在位)，爲穆罕默德堂兄弟。al-Hasan 爲阿里之子。
胡笙氏族爲其後裔。——日註

❽阿拉伯人一般而言可分爲過著定居生活的 hazar 與過營帳生活的 arab, arab 又可區分
爲在沙漠周邊放牧羊群的 shwaja 與深入沙漠飼養駱駝的 badawi。badawi 譯爲歐語即
Bedouins。——日註

❾阿里的後裔，1201-1221 年爲麥加的"長官"。——中註

❿哈里發原意爲"阿拉之使徒的後繼者"，是回教教團(亦即國家)之最高權威者的尊稱。哈
里發最早身兼世俗與宗教的權威於一身，不過到了十世紀時，世俗的權威逐漸轉入蘇丹
手中，爾後即成爲哈里發與蘇丹的教俗兩權分離制。一直要到十六世紀，在奧圖曼土耳
其統治時，才再度統一教俗兩權，而成爲蘇丹—哈里發制。——日註

❻，是個被解放的巴巴爾人奴隸❻——來任命，實際上，“長官”是由住在麥加的“華族”族長從夠資格的家族成員中挑選出來的。以此之故，氏族長（Emir❻）是住在城裡的，一方面也因爲住在麥加城才有機會來敲榨那些朝聖者。在這些氏族長之間通常有某種“結合”，亦即維持和平（治安）與分享上述利得的協定。不過，這種“結合”隨時都可能破裂，由此而引發的械鬥也會蔓延到城郊，由奴隸組成的軍隊也參加。戰敗者則被放逐。儘管有械鬥，存在於敵對氏族之間的共同體利益，由於必須合作對抗外敵，還是保存了下來：勝利者，除非其面臨的是來自本身氏族成員的叛變，否則他得遵守規範，赦免被放逐者之家人及傭客的財產與生命。

　　較爲近代的階段，麥加城內有下列官方權威：(1)土耳其人所設立的合議制行政會議（Medschlis❻），不過只是個形式；(2)實際有效的權威是土耳其的總督，取代了早期“保護主”（以前通常是埃及的統治者）的地位；(3)四個分屬正統教派的卡地法官（Kadis）❻，都出身麥加貴族，由“長官”任命或由“保護主”提名，其中最重要的一個——代表

---

❻拉席德爲阿拔斯王朝（750-1058，即唐代所稱的黑衣大食）的第五代哈里發（786-809在位），其母爲 Berber 人出身的後宮奴隸。拉席德在位時四處征伐，不過對於文化、經濟亦甚爲用心，再創阿拔斯王朝的盛世。——日註

❻分布於尼羅河以西的北非人種。七世紀以後，阿拉伯人控制此地，Berber 人改信回教，又被稱爲摩爾人（Moor）。——日註

❻Emir 爲阿拉伯語，意指具有“命令權者”。具體使用時，則有各式各樣的意義。例如用來指“軍事指揮官”，Emirel-Mu'minin（信徒的Emir）則爲哈里發的稱號。此處則指“氏族長”，特別是阿里一族的族長。——日註

❻Medschlis，阿拉伯語“會議”、“集會”之意。——日註

❻Kadi 是回教國家的法官，特別負責有關宗教法的審判。韋伯認爲這種審判的特色在重視實質上的公道、平等或某些實際的目標，而漠視法律或行政上程序上的合理性。至於所謂“正統教派”則是指 Sunna 派，相對於 Kharijiya 派、al-Murji'a 派與 Shi'ah 派。

薩非學派(Shafi)——數百年來都來自同一家族；(4)"長官"，他同時也是城市貴族的領袖；(5)工商行會，其中最重要的是與朝聖有關的行會，其次則為肉商、穀商及其他；(6)市區及其首長。由於缺乏明確的權限劃分，這些權威當局在許多地方都相互競爭。在訴訟案件中，原告都會選個最有利於他的當局，或者是個能給予被告最大壓力的當局。總督永遠無法防止人民向卡地法官提起訴訟，只要案件牽涉到宗教法，卡地就會全力爭取。"長官"則被本地人視為真正的權威當局，尤其是在涉及貝都因人與朝聖團的事務上，總督完全要依賴他的合作。最後，跟阿拉伯其他地方一樣，在麥加城裡，貴族團體具有決定性的重要地位。

九世紀，當吐魯尼德家族(Tulunids)與薩發利德家族(Dschafa-riden)在麥加城中巷戰時❻，最富有的行會(肉商與穀商)所採取的立場可以決定戰鬥的結果，這使我們想起西方城市的發展。相反的，在穆罕默德的時代，只有高貴的古拉紋(Quraysh) ❼家族所採取的態度才有任何軍事及政治的重要性。雖然如此，麥加從未出現行會的支配。

Sunna 原來是"言行"——特別是先知穆罕默德之言行——的意思。Sunna 派即是承認被公認的六大"傳承"——相傳是先知的言行——的一派，然而其他諸派也承認此類"傳承"，只不過 Sunna 派之所以為正統，除了承認上述"傳承"之約束力外，還承認第一代到第三代哈里發的正統性。此外，Sunna 派也必然屬於四大法學派(即Hanifa, Malik, Shafi, Hanbal)。本文所指四個卡地法官亦即此四個法學派的代表。——日註

❻吐魯尼德家族是以 Tulun 為始祖的一族。Tulun 是阿拔斯王朝第八代(833-842)的禁衛軍指揮官，出身奴隸。Tulun 之子 Ahmad b. Tulun 後來被任命為埃及的知事，握有軍事財政大權，最後終於建立吐魯尼德王朝(868年)，並逐步控制了敘利亞、巴勒斯坦等。薩發利德家族是 Dja'far b. Abi Talib(阿里之兄)的後裔。——日註

❼北阿拉伯 Kinana 族的一個支族。西元五世紀初，在 Qusayy 的率領下奪取了麥加的支配權並定居下來，分為十個氏族而支配了麥加的宗教、政治與經濟。其中以 Umayya 氏族力量最為強大(Umayya 王朝即來自此一氏族)，然而 Hashim 氏族自從出了個穆罕默德以來即不斷擴張勢力，其後此兩氏族的勢力爭奪對回教歷史有重大的影響，阿里家族與阿拔斯家族也都出自 Hashim 氏族。——日註

城市門閥所豢養的奴軍——用朝聖行業所分得的利益來維持——應該
不只一次確保了這些門閥的支配地位。就像中世紀意大利的城市一樣，
權力總是逐漸集中到騎士門閥的手中——軍事力量的擔綱者。

　　麥加從未有過那種可以促使城市結合爲一個法人性格之統一體的
組織，這點形成麥加與西方古代的"聚落城邦"（synoikized poleis），
以及中世紀初期意大利的"城市共同體"（comune）之間最具特色的差
異。然而，儘管如此，我們還是可以認爲這些阿拉伯城市的情況——刪
除掉那些特殊的回教質素，或將之設想爲類似基督教的要素——對西
方的城市而言，特別是共同體組織出現**以前**的海上貿易城市，還是相
當典型的。

　　關於亞洲及近東的、具有城市經濟特徵的聚落，幾乎所有可靠的
資料都指出，通常只有氏族團體——有時也有職業團體——才是團體
行動（Verbandshandeln）的擔綱者，而從未有過類似城市市民團體的
事物。轉換過渡的型態當然是有的，不過此一斷言對於最大的聚落
——數十萬居民，有時甚至上百萬——而言，還是正確的。在中世紀
拜占庭的君士坦丁堡，**市場**——市場同時也提供競技的費用，就像後
來西耶拿的賽馬一樣——的代表是推動黨派形成的擔綱者。查士丁尼
皇帝（Justinian）時的尼卡（Nika）之亂，就是這種地區性黨派分裂的
產物❻。至於在回教統治時期的君士坦丁堡（一直到十九世紀），則商
人的行會與團體爲市民利益的唯一代表者，此外，還有純軍事性的團

❻查士丁尼，東羅馬皇帝（527-565在位）。形式上，他是在叔父 Justinus（518-527在位）死
　後才繼任帝位，實際上早在他叔父統治初期即已掌握實權。爲了對抗前皇 Anastasius I
　（491-518）的單性論，遂反 Anastasius I 優待競技場之"綠黨"的政策，而採取厚待"藍
　黨"的策略，希望後者能支持他的國家政策與教會政策。不過，等到他自己登上帝位，
　即對這些人民組織採取普遍鎮壓的行動。爲達此一目的，他向他們誅求無厭以維持巨額

體(例如 Janissaries 與 Sipahis ❻❾)，以及宗教性團體(例如 Ulemas 與 Dervishes ❼⓿)，卻沒有一個共通性的市民代表團體。

拜占庭帝國晚期埃及的亞歷山大城的情況也大體近似，至少除了互相競爭的支配力量外(大主教依賴其非常堅強的僧侶的力量，總督則有一支小衛戍部隊以爲後盾)，只有各市場的民兵可視爲一個有組織的市民力量。在市場裡，"綠黨"與"藍黨"兩個敵對的競技團體則代表了領導的組織。

的財政支出，人民的不滿自也隨之而起。西元532年一月，綠黨與藍黨送結爲一體於君士坦丁堡發動"尼卡叛亂"。"尼卡"之名來自此一叛亂的口號"Nika"(勝利)。──日註

❻❾Janissaries 是奧圖曼土耳其的軍隊，原義爲"新軍"。最初由被迫改信回教的戰俘所組成，自 1360 年之後改成在新領地的基督徒中強制徵集少年組成。不過，由於 Janissaries 享有極多的特權，因此土耳其人也爭相送自己子弟進入軍隊，強制徵集遂不再。Sipahis 在阿拉伯語中爲"軍隊"之意，是一種武士采邑的受封者，享有特權地位。──日註

❼⓿Ulema 是阿拉伯語"學者"之意，具有回教神學、法學等學識之學者的總稱，無論其是否擁有官職。卡地、Mufti(其解釋具有約束力的法學者)、Iman(宗教上的指導者)等職位，爲 Ulema 所獨占。Dervish 原爲"貧者"之意，不過並不單指物質上的匱乏，另有"神恩之追求者"、"信心深厚者"之意。他們在修道院中過著集團生活，靠施捨與托鉢維生。──日註

第 **2** 章
西方的城市

一、土地法與人的法律地位

　　西方中古的城市恰與亞洲的情況形成強烈對比，特別是阿爾卑斯山以北的城市，其發展型態最為接近理念型。

　　正如亞洲與近東城市一般，歐洲的城市也是個市場聚落、工商業所在地，同時也是個要塞。兩地的城市皆有商人與手工業者行會，由這些行會成員所制定出來的、自律性的規約，亦可見之於世界各地──差異只不過是程度罷了。同樣的，正如亞洲的城市一般，西方的古代與中古城市──不過對中古城市我們還有若干保留，稍後再詳述──裡，也有"官邸"（Fronhof❶）的存在，這些門閥除了在城市中擁有巨大的產業外，在城外也有莊園，而且隨著他們參與城市經濟活動收益的增加，這些產業也益形擴大。大多數西方中古的城市，都有"保護

---

❶Fron是由古高地德語的fro而來，原來是Herr之意。因此，Fronhof意指Herrenhof。不過，實際上此語慣例是用以指作為莊園經營之中心的"領主公館"。此種意味下的Fronhof是由領主（或者莊官）的住居、僕婢及附屬於直營地的勞動者之住處、家畜小屋及倉庫等構成。此外，Fronhof制是指領主積極參與農業經營的領主經營形式，具體而言則為古典莊園或Gutsherrschaft。──日註

主"的存在，以及外面政治支配者所派來的官吏，他們在城市中可行使某些權威，只是大小不一。

最後(這點跟世界其他大多數地區一樣)，適用於城市住宅的法律，在某些方面與適用於農村土地的法律大不相同。不過，在西方中古城市，**土地法的此種差異**構成一個基本的特徵，而且除了某些轉型期外，此一特徵幾乎一直存在。城市裡的地產，原則上永遠可以自由轉讓、繼承、不受封建義務所束縛，或者只需要支付固定數額的貢租，至於農民的土地則永遠都受到多重權利關係的束縛，這種權利關係可能來自村落共同體(包括馬克體)，也可能來自莊園，或者兩者兼具。城市與農村這種顯著的、土地法的差異，在亞洲與西方古代世界並沒有如此的規則性。

如果說土地法的此種差異僅是相對性的，那麼，兩者之間人的法律地位的差異，可說是絕對性的了。

不管是在早期中古、西方古代世界、近東或遠東，城市之興起都是基於外來人群之匯集，而且由於當時下層階級的衛生狀況極差，此一聚落的持續只有依賴農村人口的不斷流入。這樣的城市自然包含有最為複雜化的社會分子。在東亞的城市裡，官職侯補者、官員與被貶為下流的無識者、(極少數)不淨的職業者，同住在城裡。印度的城市中也有許多不同的種姓。近東以及古代地中海的城市裡，住有門閥氏族與無土地的手工業者，早期中世紀的城市裡，除了被解放的奴隸、農奴與奴隸外，還有莊園領主及其家臣、僕人、家士、傭兵、主教與教士。城市裡可以出現各式各樣的"官邸"，整個城市也可以完全屬於一個支配者的莊園；至於城牆的修補與防衛則可能委諸一個"鎮人團體"(Burgmannen)，並賦予他們"鎮戍采邑"(Burglehen)或其他的特權❷。古代地中海沿岸的城市居民，是以非常強烈的身分差別方式來劃分階層的；西方中世紀早期的城市也一樣，只是程度遠沒那麼強烈，俄國一直到現代初期——即使在農奴制廢除之後——仍然如此。俄國的城市移民在法律上仍被緊縛於其原籍所在的村落，"密爾"亦可藉取消其通行證的手段，強迫其返回鄉里。

的確，非城市的身分秩序，到了城市後多少都會有點調整，這點不管在哪兒都一樣。以印度為例，特殊的城市行業出現後，就會導致新種姓的形成，此一種姓雖然沒有法律地位，實際上卻是城市所特有的。在近東、西洋上古、中世紀早期以及(農奴制廢除之前的)俄國，居住在城市的廣大的奴隸或農奴階層，實際上僅需支付貨幣貢金予其主人(雖然也同樣並未立即得到法律的承認)，在其他方面則可加入擁有經濟獨立的市民階級，與其他擁有法律自由的市民並無區別。城市之為一個市場，具有利用工商業來賺取貨幣的、相對而言較為穩定的機會，此一情況誘使許多主人將他們的奴隸與農奴當作賺取定期金的資源來利用，而不作為在自己家中或企業經營的勞動力。這些奴隸與農奴被訓練成手工業者或小商人，允許他們到城市謀生，而向他們抽取人頭稅；有時(例如在西洋上古時期)，主人甚至提供他們經營的資本。因此，我們可以在雅典的公共建設工程裡，發現奴隸與自由人受僱於同樣論件計酬的工作。在羅馬時期，我們亦可發現自由人與不自由人並肩經營手工業或小商業，並且同屬於某個秘教團體❸，這些不

---

❷ Burgmannen 為城塞守備兵，通例是由一名稱為 Burggraf 的指揮官來統率。Burgle-hen 是為供養這些守備兵而授與的采邑。普通是由城市之外的土地所構成，並且是世襲的，不過不能再下封給下級封臣。Burgmannen 不同於一般的封臣，他們只駐守於城塞、擔當城塞的防備，原則上並不負擔出陣於城塞之外的義務。——日註

自由人可能是其主人的代理人(institor) ❹或奴隷，以其"特有商品"
(merx peculiaris) ❺營業，就像任何完全獨立營業的小市民一樣。由
於有可能贖回自由，刺激了這些人在經濟上的努力，尤其是那些不自
由的小市民；因此，在西洋上古時期與俄國，透過理性的、持續的工
商業經營首次累積的財富，大半會集中在被解放奴隷的手上，絕非偶
然之事。以此，在西洋上古時期(俄國也一樣)，西方城市就已經是個
可以透過貨幣經濟的營利手段、**從隷屬身分上昇至自由身分的場所**。
中古的城市更是如此，尤其是內陸城市。與我們所知的其他地區的城
市發展形成強烈對比的是，西方城市的市民基本上是完全意識清楚的、
以身分**政策**爲其追求標的。

　　在中古早期經濟機會尙屬充裕的時候，城市的居民對於充分利用
這些機會具有共通的興趣，移民所帶來的人口成長被視爲一種擴大每
個人銷售與利得之機會的方式。基於同樣理由，某個隷屬民只要能在
城市發跡，所有市民都會認爲他的主人除了向他要求一筆贖金外，實
無權再要求他至家中服務。一直到十八世紀的西里西亞貴族(俄國則一
直到十九世紀)，此一現象仍常發生。

---

❸羅馬有許多宗教社團，其中以喪葬社團(Collegium funeraticium)最爲有名。這雖然是
　個以按月收費方式收取喪葬費爲目的的社團，但同時也是下層階級唯一的社交俱樂部，
　奴隷亦可加入。有個說法是：早期的基督教徒也是藉著此種形式來團結。——日註
❹根據古羅馬法律，業主可以指派某個 institor(通常是個奴隷或與其具有patria potestas
　之關係的人)代其料理業務，他可以代表業主簽訂合同，只是業主仍然得負連帶責任。
　——中註
❺在羅馬法裡，唯有家長具有財產所有權力，家長權服從者(家子、奴隷)所取得的財產，
　全都歸家長個人所有。然而事實上，在父親或主人的財產中，有特定的財產是委之於家
　子或奴隷來自由管理與收益的。此一慣習自帝政時代以來即漸次受到法律的保障。此種
　委託給家子或奴隷管理、收益(後來包括處分)的財產，稱之爲特有財產(peculium)。
　——日註

　　以此，市民層即逕自瓦解了領主的支配權；這個偉大的——實際上可說是**革命性**的——變革，使得中世紀的西方城市與所有其他城市截然有別。在中歐及北歐城市則出現了著名的"城市空氣使人自由"(Stadtluft macht frei)的原則❻，此即在一段時間——長短不一，不過通常都相當短——之後，奴隸或農奴的主人即喪失支配的權利。此一原則能貫徹到什麼程度，當然還是個問題；實際上，城市經常被迫承諾不接受非自由人，而且隨著經濟機會的逐漸減少，市民有時似乎也頗為歡迎這樣的限制。不過，基本上這個原則還是大體貫徹了。城市中身分的區別終究是消失了——至少僅就一般意義下的"自由"人與"非自由"人之間的區別而言是如此。

　　另一方面，在北歐許多城市中則崛起了一個望族階層，這些城市的居民原先即擁有政治上的平等權利與自由選舉市政官員的權力；這些市議會門閥(Ratsgeschlechter)，由於擁有獨立的經濟地位與權力，輕易壟斷了市政官職，而在身分上逐漸與其他市民分化開來。再者，南歐的許多城市以及某些富裕的北歐(包括日耳曼)城市，我們發現(就像西洋上古時期一樣)從一開始城市中即有"騎士"(equites)或"廄舍者"(Constaffel)與一般市民的區分❼；所謂"騎士"或"廄舍者"即是指能供養一間廄舍的人(今天說來即是一間"賽馬廄舍"，因為養這些馬的目的本來就是為騎士競技用的)。前者構成一個特殊的城市貴族層，

---

❻此一原則是指：移居到城市裡的人在一定期間後(最通常的是一年又一天)就可以不再受其主人權力行使的限制，而成為在城市裡平穩過活的"自由"市民，其主人亦即此喪失領主權。——日註

❼Constaffel 源於拉丁文 comes stabuli(中古拉丁文constabularius)，原來為廄舍長之意。與英文的 constable 及法文的 connétable 同屬一系。此處是指"擁有廄舍"之意。基於此義而用以指"城市貴族"者，是在史特拉斯堡與蘇黎世。——日註

這顯然是一種身分的分化。

　　然而，此一身分分化的發展仍受到另一發展的制約，此即城市的市民層——不管是否貴族——仍希望能加強身分的一致性，以對抗非城市的貴族。直到中世紀末期爲止，至少在北歐，城市豪族的貴族資格不再爲鄉村的騎士貴族所承認，因爲他們參與了營利事業，而且（這點特別被強調）又跟行會的成員比肩同坐於市政府。以此，城市豪族被拒絕參加騎士競技、聖堂參事會、與貴族通婚，以及進入封建關係持有采邑的權利（日耳曼擁有特權的帝國城市，其市民則曾一度被允許持有采邑）。

　　在這兩種趨勢——一種傾向身分之齊平化，另一則傾向身分之分化——中，一般而言後者終究還是占了上風。到中世紀結束時（以及近代的初期），幾乎所有意大利、英國、法國以及日耳曼的城市，只要還沒變成（像在意大利境內那樣的）君主制的城邦，都在參議會貴族或市民法人團體的支配下，這種法人團體對外而言具有排他性，對內而言則是在望族的支配下；就算這些望族——根據過去行會支配時期的傳統——仍須在某一行會中持有形式上的會員資格的情況下，仍是如此。

　　切斷與鄉村貴族間身分上的聯繫，在北歐的城市團體執行較徹底，至於在南歐，特別是意大利，情況正好相反；隨著城市力量逐漸強大，幾乎整個貴族都搬進城裡。同樣的現象在西洋上古時期更爲顯著，實際上，古代的城市本來就是貴族的居停。就此意義而言，古代的城市與中世紀的南歐城市（程度較不強烈），恰好形成亞洲與北歐城市類型之間的一個過渡階段。

　　儘管有上述這些差異，西洋上古的城市與典型的中世紀城市之間，決定性的共同特徵乃在於，一個屬於人民的、擁有一些特殊職務之機構的**制度化的團體**，這些人民在"市民"的身分下受到一種**特別法律**的約束，也只有他們才能適用此一法律，他們因此也形成一個具有法律自主性的"身分團體"。"城邦"或"城市自治體"(comune❽)的這種特殊身分團體的性格，就我們所知，除了地中海沿岸與西方城市外，在所有其他的法律體系裡，最多也只有初步的萌芽。最有可能出現的地區(其存在與否或許可由進一步的研究證實)，大概是美索不達米亞、腓尼基與巴勒斯坦，時代則大約是在以色列誓約同盟與迦南的城市貴族戰爭的時期(士師時代)；在其他地區與時代的沿海城市或許亦可發現，例如克魯克桑克(B. Cruickshank)與稍後之柏斯特(A.H. Post)所描述的、非洲黃金海岸之番地(Fanti)族人的城市，城市的君主只不過是"市議會"的議長，同儕中之第一人而已，市議會的成員掌握了司法權與行政權；這些成員包括：(1) Kabossirs，亦即各門閥的氏族長，是否為門閥是根據財富與其身分性之生活樣式(待客之道與奢侈)來判定的；(2)市場選舉產生的首長，市場是以軍事團體的方式組織起來，由長老及選舉產生的首長指揮，市場彼此獨立自主，事實上彼此還常發生械鬥；(3) Pynine，市場的世襲治安長官。類似上述之城邦與城市自治體的組織，或許亦可見之於亞洲與非洲其他地區，然而，身分性的"城市市民權"卻未之有過。

---

❽ comune 的名稱首先用於北意大利的米蘭(1057年)，以及稍後法蘭德斯的 Cambrai (1070年)，後來即廣為意大利與法國各地的城市所使用。韋伯藉此概念來思考誓約共同體運動，以及藉此運動而成立的"城市comune"。在後一義下，特別是固有的法庭與法律、團體的性格、自律與自治、市民身分等等，成為"comune"的標幟。——日註

二、兄弟盟約之城邦的出現

相反的，西洋古代與中古發展成熟的城市，則構成(或被視為)一個**兄弟盟約**的團體，而且通常會有個屬於市民團體信仰的宗教性象徵：城市神或城市聖徒，只有市民才能崇拜。中國的許多城市的確也有其特有的神祇(通常是個神格化的官員)，不過，在萬神殿中他仍保持著一個功能神的性格。

在西方，像這樣的城市共同體組織擁有並能控制其**財產**，至於阿里一家與共同體之間關於"法達克之園"的著名爭論 ❾──導致什葉派(Shi'ah)分裂的最早的經濟因素 ❿──乃是氏族財產與共同體財產的爭執，哈里發的代表以"共同體"的名義要求取得上述土地，然而，此一共同體乃是個回教的宗教共同體，而非麥加城的政治"共同體"，這

❾法達克(Fadak)為靠近海拔爾(Khaibar, 參地那附近的城塞都市)的一個村落。法制史家阿布-約書弗於八世紀末所著的《租稅之書》(Abu-Yusuf, *Kitab al-kharaj*. Bulag, 132 A. H.)中，有如下的記載：穆罕默德征服海拔爾時，接受當地居民的乞求，在兩則條件下──以收穫的一半繳納租稅，保留將不適宜的住民逐出並收回其土地的權利──承認他們的占有。法達克的居民在風聞此事之後，也在同一條件之下與穆罕默德作成協定(前引書, p. 50, 1. 22～p. 51, 1. 3; *Le levre de l'impot foncier*, trad. et annote par E. Fagnan, Paris, 1921, p. 78)。穆罕默德死後，由於遺產繼承的問題，其女婿阿里與回教共同體之間發生爭論，對象即為上述法達克椰棗栽培園地的徵收。──日註

❿Shi'ah 在阿拉伯文中意指"一夥"、"黨派"。什葉派相對於正統的桑尼派(Sunni)，為"阿里黨"(Shi'at'Ali)的省略形。此派不承認第一到三代哈里發的正統性，認為穆罕默德的堂弟──亦即其女兒法蒂瑪(Fatima)之夫──阿里(桑尼派的第四代哈里發)才是穆罕默德所指定的真正繼承人，他才是第一代的伊瑪姆(Imam, 教主)。什葉派並且認定唯有阿里的後代，亦即身上流著阿里與法蒂瑪之血的人才有伊瑪姆地位的繼承權，並且由各伊瑪姆來指定其繼承人。什葉派在伊朗尤具龐大勢力，這是由於第三代伊瑪姆・胡笙(Husain, 阿里的次子)娶了伊朗薩珊王朝最後一任君主亞茲塔吉爾德三世之女夏巴努(Shahr Banu)為妻，生下第四代伊瑪姆・阿比丁(Zain al-'Abidin)之故。──日註

樣的一個政治共同體根本就不存在。城市聚落擁有"公共用地"的情況
也可能存在於(歐洲以外的)其他地區，就像村落共同體擁有此種用地
的情況一樣。君侯有時也會有特殊的城市稅源。不過，見之於古代與
中世紀城市的自治性質的財政管理，在其他地區——就算有的話——
頂多僅處於萌芽階段。

導致地中海城市(不管哪個時代)與亞洲諸城市截然有別的決定性
因素之一，乃是亞洲城市居民深受巫術及泛靈論的種姓與氏族的制限、
以及隨之而來的禁忌的束縛，至於地中海城市的自由市民則免於這些
拘束。這些制限在中國是實行族外婚與族內分房制的氏族，在印度(自
從家產制君主與婆羅門獲勝以後)，除了氏族之外，還有實行內婚制與
排外性的種姓(以及各種的禁忌)，這些使得城市居民絕無可能融為一
個城市市民團體——一個奠基於宗教與法律之平等權利、通婚權、同
桌共食權及面對其他非市民成員時之凝聚力的團體。由於種姓的封閉
性受到禁忌的保護，上述情況在印度比在中國還更嚴重：印度之所以
有百分之九十以上的人口，從法律觀點而言，屬於農村居民，部分也
就是基於此一因素，至於中國的城市則扮演一個遠為重要的角色。對
印度城市的居民而言，一個共同體的祭典聚餐是不可想像的，中國的
城市居民由於有氏族組織，再加上無比重要的祖先祭祀，根本就不需
要有任何其他的共同體聚餐。然而，也只有受到禁忌束縛的民族，例
如印度人與(程度輕淺一些)猶太人，會極端到甚至連私人性質的同桌
共食皆被排除。在印度，情況嚴重到就算只是一個種姓外人的一瞥，
就足以弄髒自己的廚房。

的確，在西洋上古時期，氏族的宗教性祭典也是不許外人參加的，
這點跟中國的祖先祭祀並無不同。然而，早在古城邦時期，根據希臘

人的傳統，下述現象即已成爲(眞實或虛構的)"聚居"(synoikismos)程序中重要的一環：此即，參與成立一個城邦的各個共同體原先的 prytaneion(聖餐)被廢止，代之以一個共同的城邦的 prytaneion ❶。這種聖餐原先乃是城邦不可或缺的一個特徵，象徵著城市各氏族在締結兄弟盟約之後的同桌共食。

儘管如此，表面上古代城邦仍然是以氏族或更高一級的共同體──這種共同體的成員(至少宣稱)來自共同的祖先，並形成一個嚴格排外性的祭祀團體──爲基礎而組成的。成員的組合是純粹血緣性的，而非地域性或職業性。古代市民認爲──這種觀念自然也有其實際影響力──他們的城市乃是起源自某些團體在自由意志下的結合或聯盟，這些團體有的基本上是氏族性的，有的(例如希臘的 phratriai)則帶有軍事性格，而在城市後來的重新區劃裡，這些團體則在行政技術的觀點下被模式化。準此，西洋古代的城邦，其宗敎性的排外不只是針對異邦人，對內也針對任何一個不屬於聯盟氏族的人──換言之，即平民。也正是因爲如此，這些城邦內部還是根據最初的、極具排外性的祭祀團體來編成。

若就此一特徵而言(亦即，城市乃是一個貴族氏族的聯合)，那麼，中世紀初期的南歐城市──特別是沿海城市──即非常近似於古代城市。在城中，每個貴族氏族皆有其堡壘，要不就是與其他氏族共同擁有一個堡壘。在後者情況下，對於堡壘的使用則有詳盡的規定(例如西

---

❶根據傳說，許多希臘城邦曾有過被稱爲synoikismos(亦即聚住)的建城過程。在某些地區，這可能是個事實；然而在其他地區，根據傳說，在一次合併或隸屬的過程裡，某個原先分屬於數個城邦或其他政治團體的地域逐漸統合在一個單一的核心之下。被歸功於傳說中的英雄 Theseus 所完成的阿提喀的 synoikismos，顯然即是這樣的一個過程。
　　──日註

耶拿的資料所呈現的)。城內貴族間的械鬥，其激烈程度至少與對外戰爭不相上下，而且某些最古老的市場制度(例如 alberghi 的區劃)，似乎也可視爲一種封建勢力範圍的劃分。

然而，與古代城市有別的最重要關鍵是，中世紀南歐的諸城市並沒有任何**宗教性**排外的痕跡，不管是氏族之間或對外地人。這乃是一個重要歷史性事件的影響所致，此即彼得在安提阿與未受割禮的教內兄弟共進聖餐，保羅在其〈加拉太書〉中正確地將此一爭論端上檯面❶。儀式性的排外在古代城市裡已開始式微；無氏族的平民至少原則上已取得儀式性的平等。在中古歐洲，特別是中歐與北歐的城市，儀式性的排外勢力從一開始就較緩和，而氏族則很快即失去其作爲城市之構成要素的重要性。中古的城市成爲一個**個別**市民(家長)的聯合體，城市市民就算身爲城外某一共同體的成員，對城市共同體而言，也沒有任何實際意義可言。

古代城邦在其市民的觀念中，其實也已逐步走向一個制度化的"共同體"❸。然而，在古代，只有在城市被併入龐大的希臘化或羅馬的領

---

❶ 見《新約聖經‧加拉太書》第二章第十一至十九節。與異邦人共食是違反猶太教律法的。在安提阿，彼得曾與異邦人共食，後來遭到猶太人的指責，爲免後患，彼得遂與異邦人斷交。對此，保羅提出救贖乃基於信仰而非依賴律法的理論：「在此並不分希利尼人、猶太人、受割禮的、未受割禮的、化外人、西古提人、爲奴的、自主的。惟有基督是包括一切，又住在各人之內。」(〈哥林多書〉第三章十一節)——中註

❸ 韋伯指出在古代與中古時期，基督教的發展與「城市」有密切的關連。「像早期基督教那樣的一個有組織的教團宗教(Gemeindereligionsität)是極不可能在城市(西方那種城市)的共同體生活之外發展成形的。因爲此種有組織的教團宗教乃是以下列三點爲其前提：氏族間所有禁忌限制的破除、官職的概念、視共同體爲一「機構」(Anstalt)——以客觀目的爲其行事宗旨的組織團體——的觀念。確實，教團宗教本身強化了此種組織結構，並且教團宗教也藉著歐洲中世紀的城市發展使得以上三個觀念(氏族間禁忌的破除、官職的概念、共同體爲一機構)更大爲容易地被再度接受。」(*Wirtschaft und Gesellschaft*, S. 287-8)——日註

土國家時，“共同體”的概念與“國家”的概念才能截然劃分開來❹，只是這時的城市已失去其政治上的獨立性。相反的，中古的城市從一開始就是個“共同體”，儘管在法律上如此的一種“法人”觀念仍是漸次形成的。

三、東方妨礙兄弟盟約之城市出現的因素：禁忌與氏族制其他的巫術性制約；兄弟盟約的前提——巫術性制約的崩解

西方未有類如印度與赤道地帶那樣的禁忌束縛，也沒有伴隨著氏族團體的巫術性圖騰信仰、祖先崇拜與種姓束縛，在亞洲，這些束縛妨礙一個類似兄弟盟約的、統一團體的形成。完整的圖騰信仰與氏族外婚制之決疑論式的貫徹，正好出現在缺乏大規模的政治軍事團體、以及(尤其是)城市組織的地區，只是時代大概也不會太早。在西洋古代的宗教裡，我們亦可發現這些質素(圖騰信仰、族外婚等)，然而只能說是些“殘餘”，或者是未成熟的“萌芽”。

其間緣由，除了特殊的宗教性因素外❺，其他我們只能略作推測。早期的軍事冒險——傭傭兵與海盜生涯——及無數的、內陸與海外殖民地的建立，必然會在異部落(或至少是不同氏族)的人們間建立起一種關係密切且持續性的團體，從而打破上述之氏族排他性與巫術性束縛的力量。雖然在西洋上古，基於傳統之故，氏族的聯結不管在哪兒

---

❹“與國家對立意味下的共同體”，直接的說即是“地方自治團體”。相反的，希臘的“城邦”及羅馬的“同盟市”本身毋寧就是“國家”。另參見第一章註❺。——日註

❺照韋伯的說法，即西方曾歷經“除魅”(Entzauberung)的過程。——中註

都已依據新成立的共同體的劃分、人為的重新編組成氏族化的團體（gentilizische Verband）或氏族（phratriai），城邦的軍事團體——而非氏族團體——已成為基本的單位。

　　民族大遷徙以前及其間、日耳曼人征服戰士團長達數百年的流浪，他們在選舉出來的將領統率下、所從事的異域冒險與征伐，必然也會阻撓了禁忌與圖騰性束縛的出現。雖然傳說中他們是依照真實或虛擬的氏族單位定居下來（且不管這是否有可能），其他形式的團體實更為重要。例如以"百人團"為編制的司法與軍事團體❶，作為賦役基礎的田制（Hufenverfassung）❶，以及稍後與君侯的關係（扈從制與封臣制）❶，這些才是具有決定性的因素，而非某種巫術性的氏族紐帶，或許正是由於這些因素，氏族紐帶才無從發展。

---

❶根據古典學說，日耳曼人在古代時即已形成稱之為 civitas 的政治團體，後來此一 civitas 又再分為數個百人團（Hundertschaft）或 centena，所有的自由人都分屬於某個百人團，此種百人團即其軍制單位，同時百人團的會議即扮演司法集會的角色。關於百人團之成立的緣由，向來有各種不同的假設，而未形成定見，其中又以源於戰士定住共同體一說最為有力。只是，最近的德國學說卻大致明確地論證，至少有關日耳曼古代的古典學說所認為的那種百人團並不存在：那種百人團是在進入法蘭克時代後，學習羅馬的軍事殖民制度（centena）而由國王重新創制出來的。——日註

❶根據古典學說，日耳曼古代的自由農民擁有對家與住宅地的個別所有權、對耕地的個別利用權、對山澤草場的共同利用權（對後二者的所有權握於馬克共同體本身），總括以上三種權利的概念即為 Hufe, manse。因此，所謂 Hufe 即為自由農民一戶分內的整個權利（自由農民的Hufe理論）。不過，至少在德國的學界裡，自本世紀三〇年代以來此一自由農民的 Hufe 理論已被捨棄，所謂 Hufe 制，被認為是一種領地的合理經營的組織，約自七、八世紀以來由領主所新創制出來的（領主制的Hufe理論）。——日註

❶韋伯的扈從（Gefolgschaft）的概念，很清楚的是限定在意指卡理斯瑪的扈從制。「卡理斯瑪支配者的行政幹部並非"官吏"……。這些行政幹部的甄選，並不以身分地位為依據，也不從家族內或私人從屬關係的觀點決定，其基礎在於行政幹部本身的卡理斯瑪稟賦。先知有其使徒，君侯有其從士，領袖則有其心腹。」（Wirtschaft und Gesellschaft, S. 141）封建制，根據韋伯的說法，一方面具有卡理斯瑪扈從制之日常化的性格，另一方面則為家產制之定型化的極端狀況（Ibid., S. 146, 633, 642, 644）。——日註

當基督教成爲這些民族──其傳統已深受動搖──的信仰時，它即摧毀了這些殘留的氏族紐帶的任何宗教性意義；實際上，或許也正是由於這種巫術性與禁忌藩籬之微弱或闕如，這些民族才有可能皈依基督教。教區團體在中古城市的行政組織裡通常所扮演的重要角色，只不過是基督教所具有的這種本質的一個顯例──基督教消融了氏族紐帶、而根本性地形塑了中古城市。相反的，回教從未眞正克服阿拉伯人之部落與氏族紐帶的聯結，這點從哈里發時期的整部歷史即可看出，就其早期階段而言，回教還是個以部落及氏族爲編制單位的征服軍的宗教。

四、氏族對古代與中古城市的意義

讓我們重新檢討一下基本的差異。世上所有城市的一個共通要素厥爲：城市在相當大的程度上乃是一個異鄉者的聚落。中國、美索不達米亞、埃及甚至希臘的軍閥，他們建立城市、遷徙城市，安置在其中的不僅有自願的移民，還有從各處掠奪來的牲口（只要有需要且情況允許）。這個現象在美索不達米亞最爲普遍，在那兒，被迫移民者首先得開掘運河，有了運河，城市才有可能在沙漠中出現。由於這些君侯及其官僚管理機構在當時仍維持著絕對支配者的地位，沒有任何城市**團體**可以發展，頂多也只有貧弱的萌芽。

城市移住者通常維持著部落認同，彼此之間互不通婚，如果不是這樣，至少他們也還保持著原先鄉里團體與氏族團體的成員身分。中國的城市居民通常都還是他們祖籍所在鄉里團體的成員，希臘化時代東方的非希臘城市居民大抵也如此。以此，《新約聖經》論定拿撒勒人

(耶穌)是生在伯利恆，因為他父親的氏族在那兒有產業(Hantgemal，九世紀的德文則譯為 Heliand)⓳。所以，根據傳說，他們必須回到那裡接受戶籍檢查。移入城市的俄國農民的處境，直到晚近也還差不太遠：他仍保有對土地的權利，同時也有義務分攤(在村落共同體的要求下)其原籍鄉里的公共負擔。在此環境下，沒有任何城市**市民權**(Stadtburgerrecht)可以發展，而只有一種屬於城市居民(他們碰巧住在那裡)的、為了分攤負擔與特權而成立的團體。

希伯來人的聚落也是以氏族為基礎。以斯拉(Ezra)與尼希米(Nehemiah)之重建耶路撒冷城，也是根據傳統，以氏族為基礎的；換言之，即將所有擁有充分政治權利的農村的氏族代表聚居一處，只有無氏族可憑依、無政治權利的平民，才依其出生地來編組⓴。雖說在古代希臘與羅馬的城邦裡，市民的確是各別的個人，然而他之所以能取

⓳當耶穌出來傳道時，一般人都只知道他出身加利利的拿撒勒城，而根據傳說，先知是不可能來自加利利的。「基督豈是從加利利出來的麼。經上豈不是說，基督是大衛的後裔，從大衛本鄉伯利恆出來的麼。」「你且去查考，就可知道加利利沒有出過先知。」(〈約翰福音〉第七章第四十至五十二節)因此《新約聖經》特別在〈路加福音〉第二章第一至七節裡，強調當耶穌降臨前夕時，恰好羅馬統治者下令天下人民都「各歸各城，報名上冊」，耶穌的父親約瑟即「從加利利的拿撒勒城上猶太去，到了大衛的城，名叫伯利恆，因他本是大衛一族一家的人」。──中註

Hantgemal 原來意指"家徽"(Hausmark)，在《薩克森律鑑》(一卷五一之四、三卷二六之二、二九之一)裡，用以指參審自由人(Schoffenbarfreie，具有Graf法庭之審判人資格且具采邑受封能力之自由農民中的最上層身分)所擁有的"世襲財產"(Stammgut)，在本文中即指後者而言。Heliand 即 Heiland(救世主)之意。在九世紀初路易一世時代，一首以古薩克森語寫成的救世主詩歌裡，耶穌基督被描寫成強大的日耳曼人之王，而使徒則為其貴族扈從。──日註

⓴以斯拉為西元前五世紀猶太人的祭司、律法學者。尼希米亦為同時代猶太人，在當時波斯君主亞達薛西手下任官。他們倆人取得亞達薛西的允許，率領囚禁在巴比倫的猶太人返回故里，重建耶路撒冷(大約在西元前450年)。相關資料可參見《舊約聖經》，〈以斯拉記〉與〈尼希米記〉。有關分辨氏族定居之事，參見〈尼希米記〉第七章與第十一章。──中註

得市民的資格，最初也還是因為擁有氏族成員的身分。所有希臘與羅馬的聚落、以及所有西洋古代殖民地的征服，其形式──至少根據傳說──皆類似耶路撒冷的重建；市民層依據氏族(gentes)、以及範圍更大的 phratriai 與 phylai ──易言之，皆為純粹人格性的祭祀團體──來編組；民主制最初並無法動搖這些組織，而且必須依賴間接的手段來防止這些實際上在貴族支配下的團體形成政治上的威脅。

在雅典，只有出身於擁有一個祭祀中心(祠堂, Zeus herkaios)的氏族的成員，才能出任"正當的"(legitimen)官職❷①。根據羅馬的傳說，有許多城市是因當地土著與外來部落群居而形成的；並以祭典的方式來鞏固這種兄弟性的結合，從而形成一個宗敎性的共同體，在神殿中供奉聖火與神祇；不過，在此同時人民也被編組成氏族、curia(等於希臘的 phratriai)與 tribus(等於希臘的 phylai)。這種編組可說是任何一個古代城市都有的特徵，而且從很早開始即具有一種人為塑成的色彩(這些團體的數目都是可除數，例如以 3 為基數的 30 或 12)，其目的則在分攤公共負擔❷②。雖然如此，屬於這樣的一個團體，仍然是一個完全市民的主要標幟，他因此可以參加祭祀、有資格出任任何必須與神明打交道的官職(在羅馬，例如執行"神占"auspicia)❷③。這樣的一種團體身分，是參與**祭典**所不可或缺的。因為一個宣稱具有**正當性**的

---

❷①Zeus herkaios 意指"作為家之守護神的宙斯"。能夠參加氏族對此神的祭祀(亦即為氏族─門閥的成員)方具就任官職的資格，此時，必須說出舉行祭祀的地方。──日註

❷②多利安人的城邦劃分為三個 phylai、二十七個 phratriai，愛奧尼亞人的城邦劃分為四個 phylai、十二個 phratriai，羅馬則分為三個 tribus、三十個 curia。──日註

❷③auspicia 為羅馬人為預知神意所進行的占卜。普通是以鳥的數目、姿勢、飛行鳴叫或食餌的方式來進行判斷的鳥占，亦有以其他動物或自然現象來占卜的情形。私人的 auspicia 很早就消失了，只有政務官具有這種權利(ius auspicorum)。──日註

團體，只能將其基礎置於傳統型的、以祭典為取向的團體型態上，例如氏族、軍事團體、以及政治性的部落組織，或至少必須以虛構的方式創造出這樣一個基礎來。

　　所有這些皆與中世紀建立的城市——特別是北歐的城市——有極大差異。個人，至少在此一新的基礎上，可以以個人身分加入市民層，並以個人身分宣誓❷。他以隸屬城市某一地域團體的成員資格來保障他作為一個市民的法律地位，而非以部落或氏族的成員資格。同樣的，城市在建設時，往往會將異鄉人也包括進來，有時甚至連異族的商人都加入。這種例子至少會出現在建立新城時：建城者會將市民特權賦予所有外來者；不過，如果城市是由舊聚落轉變而來，外來者要得到市民權的機會就要減少許多。例如，根據科隆的資料，商人從整個歐洲——南起羅馬，北至波蘭——被吸引到此地來，只是他們並無法成為誓約共同體（1112年成立）的成員，這是因為此一共同體是由當地的富裕階層所建立的。儘管如此，有時候即使是個全然陌生的外來者也能獲得市民權。

　　猶太人則在歐洲中世紀的城市裡佔有一個特殊的、類似亞洲之"客族"（Gastvolk）的地位❸，這個事實本身相當有意思。在一份上萊茵河地區的資料裡，的確有個主教強調他之所以招致猶太人到其城市，乃

---

❷為了締結市民的兄弟盟約或結成市民 Einung，亦即為了設定城市共同體（Gemeinde），故舉行此種宣誓。新加入者在加入既有的城市共同體時即須進行市民宣誓。並且，城市共同體成立之後的一定期間內也會再舉行全體市民的市民宣誓。——日註

❸在古代，異族人民皆被視為敵人——hospes（外人、客）= hostis（敵人），一切權利皆被否定。不過他們為了生活安全之故，不得不要接受某一在地人（例如王或首長）的保護。某一民族或部族集體地以此種方式處於另一部族的保護支配之下過活，韋伯稱之為"客族"（Gastvolk, Gaststamm）。——日註

是「爲了擴大城市的榮光」[26]。十二世紀科隆教區資料的不動產轉讓登記，也顯示出猶太人所擁有的土地與基督徒的土地犬牙交錯。儘管如此，猶太人與非猶太人之間、基於禮俗因素的不相通婚(在西方一向沒有這種問題)、以及實際上的不同桌共食，尤其是欠缺聖餐共同關係，決定性地妨礙了兄弟盟約的形成。究其實，中古的城市還是個祭祀團體。城市的教堂、城市的守護聖徒、市民共同享用聖餐、以及公開慶祝教堂的聖日，所有這些都是中古城市的顯著特徵。只是**氏族**卻已被基督教剝奪了一切宗教性的意義，因爲基督徒的教團本質上就是一個個別虔誠信徒的信仰團體，而非氏族的祭祀團體。以此，猶太人從一開始就沒能進入市民團體。

　　儘管如此，中古城市就像古代城市一樣，是個世俗的創設物，雖然它仍須要一個信仰的紐帶，教會的教區也經常(或許一直)還是城市的構成要素之一。然而教區的行爲**卻不像個**教會團體，也不像個教會代表；透過其團體的**俗人幹部**(他們與城市裡純世俗的審判人團合作[27]，有時還包括城市的商人行會)，教區代表市民參與了**法律上**具有決定性的行動。在中古城市，擁有一個教會團體的充分的成員資格，乃是取得市民資格的先決條件，就像在古代城市，出身氏族才有資格參加某些祭典一樣。最初，歐洲中古城市與亞洲城市的差別並非那麼絕對。古代近東城市的地方神即相當於中古城市的守護聖徒，市民的祭

---

[26] 這是 Rudiger of Speier 主教在 1084 年所說的。——中註

[27] 審判人團(Schoeffen)一般是指 Graf 及 Zentenar 的法庭裡的判決發現人(Urteilsfinder)，此處是指城市君主的城市法庭(Burggraf及Vogt的法庭)的判決發現人。起初，他們是城市君主的官員，由城市君主在有力的市民當中選出任用；由於城市法庭中所適用的法律是異於一般(農村的)地方法的城市法，所以他們很早就發揮出代表市民利益的機能。在城市共同體成立之際，他們即站在市民的立場上扮演重要的角色，故而當城市共同體成立之後，審判人團便轉化成共同體的機關。——日註

祀共同體也是所有這些城市不可或缺的要素之一。然而，征服君主的
強制移民的政策，顯然摧毀了存在於祭祀共同體與城市之間的聯結，
並將城市轉變成一個純粹的行政區，在此行政區中，所有的居民——不
問其部族或祭祀的成員身分爲何——皆分享同樣的生活樣式與機會。
此一結論的證據可見之於巴比倫俘囚期間猶太人的命運：只有國家官
職不能出任，因爲這些官職須要懂得書寫，同時顯然也必須具備主持
祭典的資格。

　　類似中古城市之"共同體官員"的事物，似乎未曾存在於近東諸城
市。各式各樣的外來團體，正如俘囚期的猶太人一樣，保留著自己的
長老和祭司——換言之，他們還是"客民"。在俘囚期前的以色列，"外
僑"(metoikos, gerim) ❷是處於祭典共同體之外(原先他們並沒有被
要求接受割禮)，幾乎所有的職工都屬於外僑。這些人就像印度的客族
一樣，在印度，種姓禁忌阻撓了城市居民形成任何祭典的兄弟盟約。
在中國，每個城市皆有其地方神(通常都是此一城市以前的官員，後來
成爲祭祀的對象)。不管怎麼說，在所有亞洲的城市(包括近東地區)，
共同體的現象要不就完全闕如，要不就僅有初步的萌芽；再者，就算
有萌芽，其型態永遠也都是出之以超越城市範圍的氏族團體。反之，
猶太人的信仰共同體，在俘囚期之後，則是以一種純粹神權政治的方

---

❷metoikos 意指"投靠在某人之下的人"，亦即"客民"的希臘語。在雅典及其外港
　Priaeus，此種外僑尤多。他們在某個雅典人出任保證人的情況下被登錄於名冊，繳交
　人頭稅，並被課以兵役及其他負擔，然而並不被承認市民權、不具參政權，並且不得擁
　有不動產的所有權。他們從事雅典市民自己不願從事的事情，譬如體力勞動和工商業，
　成爲雅典的經濟的主要擔綱者。除此之外，優秀的學者與藝術家中也有不少的外僑，例
　如亞里斯多德即爲典型的例子。ger(複數爲gerim)爲 metoikos 的希伯來語。關於他們
　的地位，參見 M. Weber,*Gesammelte Aufsaetze zur Religionssoziologie*, Bd. III, S. 32 f.
　und Anm. 1, 34ff.。──日註

式來治理。

五、西方誓約共同體的兄弟盟約，其法律與政治的結果

　　西方的城市，特別是中古的城市，是目前我們注意的焦點。它不僅只是個經濟上的工商業所在地、政治上（通常）的要塞或鎮戍、行政上的法庭所在地，除此之外，它還是個誓約共同體的**兄弟盟約**。此種兄弟盟約的象徵，在古代雅典即為 prytaneis 的共同選舉㉙。中古的城市則是個誓約的"自治體"（comune），在法律上具有**"法人團體"**的地位，雖然此一概念也是逐漸發展而來的。哈薛克（Hatschek）曾指出，遲至 1313 年英國的城市還無法得到"市政特權"（franchise），因為──套個現代術語──它們並不具備"法人性格"；城市首次呈現出法人團體的特徵，是在愛德華一世統治時期（1272-1307）㉚。

　　不管哪兒（絕不僅限於英格蘭），新興城市的市民團體最初皆被政

㉙prytaneis 為首長、支配者之意。若具體言之則此語有諸多意涵，在克萊斯提尼（Cleisthenian, 西元前六世紀末）以後的雅典，此語意指議會（prytan）的議員之中的"輪值議員"。所謂輪值議員，是指將五百名議會議員（十個phylai各選出五十名）分為十班，每班五十名（各五名phylai的議員）輪流當值十分之一年，職司議會的議事準備及召集議會與人民大會。他們每天齊集於稱為 Tholos 的圓形建築物中會食，並且由其中的三分之一日夜駐守於此。另參照 M. Weber, *Gesammelte Aufsaetze zur Sozial-und Wirtschaftsgeschichte*, S. 123, 137f.。──日註

㉚英王愛德華一世（Edward I, 1272-1307 在位），平定威爾斯及蘇格蘭，奠定議會政治的基礎。據哈薛克的說法，確實是在愛德華一世時代，城市為一法人團體的看法首次呈現出來（Julius Hatschek, *Englische Verfassungsgeschichte bis zum Regierungsantritt der Koenigin Viktoria*, 1913, S. 269），不過在本文中又指出，至 1313 年時（愛德華二世時代）城市的法人性格又遭到否定，是故"城市法人團體"的概念絕非確立於這個時代（Hatschek, Ibid., S. 113）。韋伯在其〈法律社會學〉裡談到歐陸的法人（koerperschaft）概念在英國的發展是很晚近的事，並且探討了社團法人概念的發展何以在英國較為落後的問題（*Wirtschaft und Gesellschaft*, S. 448ff.）。──日註

治權力──城市君主──視爲被動的、由城市地主組成的賦役團體，
這些地主擔負有特別的義務，也享有特權：市場獨占權、強制互市權、
工商業的特權與禁制權、參加城市法庭、以及服兵役與賦稅的特殊待
遇。再者，就一形式的、法律的觀點而言，這些特權中經濟上最爲重
要的幾項，一開始時並非市民團體的既得物，而是城市之政治的或莊
園領主的財產。形式上，是領主──而非市民──擁有這些重要的權
利，實際上，市民則是在經濟上直接獲利的；至於城市君主則透過向
市民徵稅而取得其間接的財政利益。例如在日耳曼最早的例子裡，這
些權利是由國王賦予主教的 ❸，在此特權的基礎上，主教可以(他的確
也如此)將其城市的居民視爲特權階層來處理。有時(例如盎格魯─撒
克遜時代的英格蘭)，定居市鎮的許可權乃是完全掌握在鄰近莊園領主
的手中，他只授與自己的隸屬民這種權利(而不授與其他領主的隸屬
民)，以換取稅收。

　　城市的法庭乃是個國王的法庭，要不就是個領主的法庭；審判人
或其他法庭的執事並非市民的代表，而是支配者的官吏(就算他們是由
市民選舉出來的也一樣)，因此他們是根據支配者的法令來審判。因此，
所謂"全體市民"(universitas civium) ❸──此一名辭很快即遍及各

---

❸此即所謂"奧圖諸帝的教會政策"(ottonische Kirchenpolitik)：薩克森王朝大大地授
與教會與修道院特權，使得教會與修道院的勢力比世俗貴族來得大，另一方面，國王再
將其強大的支配權加之於教會與修道院之上；由於牢牢把握住此種被強化了的教會與
修道院，王權的實力基礎便獲得鞏固。國王將城市有關的特權──特別是築城權與市場
開設權──授與主教，並使主教獲得"城市君主"(Stadtherr)的地位，這也是上述"教會
政策"的其中一環。──日註

❸universitas civium 意指"市民的總體"或"全體市民的集團"。日耳曼城市之使用此語，
殆始於十二世紀末左右。universitas 在羅馬法的概念上意指"法人"，但 universitas
civium 之出現並不必然直指作爲法人之市民集團的成立。──日註

地──最初乃是他律性與他治性的，被編入其他政治的、（通常爲）莊
園領主的團體之中。不過，這種情況並沒能持續很久。城市最終還是
轉變成一個具有自律性與自治性的（雖然程度各有不同）、機構化的團
體，一個能動的地域團體；城市的官吏（全部或部分）也轉變成此一機
構（Anstalt）的官吏。

　　在中古城市的發展中，下列的事實具有極大的重要性：從一開始，
市民的特權地位也是他在面對外來第三者時、個人的一種權利。這可
說是古代和中古城市皆有的、一種以"人"爲法律考量重點的結果，在
這種法律觀點下，團體的成員──基於其**身分**資格──被認爲擁有一
種"主觀的"權利，即使是服屬於一個共同的"客觀的"法律，這種權利
仍應被列入考量。市民這種地位（特別是在中古世紀）的另一個來源，
正如拜爾（Beyerle）十分正確指出的，可以追溯到日耳曼司法制度的
殘餘，尤其是"司法集會人團體"（Dinggenosse）的概念❸。作爲此一
團體的積極成員（換言之──法庭的審判人），市民以一個自主性法庭
的判決發現人（Urteiler）的身分，自己創造出一種本身必須服從的客
觀性的法律。稍前我們在〈法律社會學〉已討論過這種制度對法律形
成的重要意義❸。在世界上絕大多數的城市裡，那些必須服從法律的

---

❸Konrad Beyerle, "DieEntstehung der Stadtgemeinde Koln", *Zeitschrift der Savigny-Stiftung für Rechtsgeschichte*, Germ. Abteilung, XXXI (1910), 1-67。──日註

❸此即韋伯所謂的 dinggenossenschaftliche Rechtsfindung。Ding 原來是指定期的集
會，特別是定期的司法集會（echtes Ding），後來則用來指稱包括臨時的司法集會（gebo-
tenes Ding）在內的一般司法集會。在此種集會裡，原則上要採取如下手續：召集全體
有資格的司法集會人（Dinggenosse），由議長（法官）敦促集會當中的特定者（判決發
現人Urteilsfinder,審判人）作出判決（此一程序稱爲判決質問Urteilsfrage），當審判人
提出判決（判決發現Urteilsfinden,判決提案Urteilsvorschlag），經由所有其他的集會人
（見證人Umstand）予以承認，最後再由法官宣告之。若是見證人當中有人對判決發現人

人**並沒有**上述的這種權利，(只有以色列可以找到一些痕跡，我們會再討論此一例外出現的特殊環境) ❸ 。

　　就中古城市之發展爲一市民團體的過程而言，下列兩項事實實極具關鍵性：第一，當市民格於經濟利益而不得不向機構化的團體轉變時，**並沒有**受到當時普遍存在的巫術性或宗教性制約的阻撓；其次，城市之上的大政治團體，則**缺乏**一個理性化的行政機構來貫徹並照顧其利益。這些條件只要有一項不存在(例如亞洲的情況)，那麼，就算城市居民具有最強烈的、共同的經濟利害關係，所能達成的頂多也不過是一時性的結合。中古之自主性與自律性的城市的興起，及其在"市長"(Konsul, Majer, Burgermeister)領導下的市政委員會，乃是一個長期發展的過程，就其本質而言，此一過程不但有異於亞洲城市的發展，與古代城邦的發展也大不相同。稍後我們還會仔細討論此一差異，此處只需稍微點出：西洋古代之特殊的城市結構，乃是其之從最初的城市君主與氏族長老的權力，轉變成望族的支配(這些望族來自具有充分武裝力量的"門閥")，愈是典型的例子，這種現象即愈顯著。較之於那些中古的城市，尤其是最有代表性的一些城市，事態確實是大相逕庭的。

的判決提案有異議，他可以對此一判決加以非難(判決非難Urteilsschelte)，在古代當此種情形發生時，是由非難者與判決發現人決鬥來決定何者爲是何者爲非。此外，此種手續並不限於狹義的"司法審判"，其亦爲"法發現"的一般手續。──日註

❸根據韋伯在《經濟與社會》452頁裡的敍述，此處所謂的"痕跡"是指《舊約聖經‧耶利米書》二十六章所說的"耶利米的訴訟"：耶利米預言，由於猶太人不順從耶和華之故，耶路撒冷的神殿將被毀壞；耶利米因此被祭司與先知逮捕，並且於首領與衆民跟前控訴說「這人是該死的」，但首領與衆民卻判決耶利米無罪。至於產生此種民衆參與裁判的原因，譯者雖不知韋伯曾在何處加以陳述，但在其《宗教社會學選集》第三冊269頁裡(*Gesammelte aufsaetze zur Religionssoziologie*, Bd. III, S. 269)，指出了祭司的一敎權制的權力之未確立的情形。──日註

　　只是在分析此一現象時，我們必須小心區分開與法律形式有關的事項及與社會學、政治有關的事項，這種區分在“城市理論”的爭辯中往往被忽視。就一形式法的觀點而言，市民的法人團體及其所擁有的權力，其“正當性”的根源乃來自政治權力──有時則爲莊園領主的權力──所賦予的(不管是眞實的亦或是虛構的)特權。實際的過程的確有部分是符合此一法律形式的模式。然而更經常的、特別是在最重要的一些例子裡，我們卻常發現其權力的根源乃是來自一種──就形式法的觀點而言──革命式的纂奪。當然，並非所有的例子皆如此。我們可以將中古的城市團體區分爲“原始的形成”與“繼承的形成”兩種❸❻。在“原始形成”的例子裡，市民團體可說是市民爲了對抗“正當的”權力──更正確地說，一連串如此的行動下──所形成的一種政治團體的結果。至於擁有正當性權力的當局所予以形式上的承認(儘管此種承認就形式法的觀點而言極爲要緊)，就算有的話，往往也是事後追認的。一個“繼承形成”的市民團體則是透過建城者或其繼承者以契約或法令的方式賦予(或多或少有所限制的)自主與自律的權利而出現的；這種權利的賦予通常可見之於建設新城市時，其對象則爲移民者或其權利繼承人。

　　市民以一種激進的團體──誓約共同體(conjuratio)──行動，“原始性”地纂奪了正當權力，這種形式特別可見之於較大與較古老的城市，例如熱內亞與科隆。不過，兩種類型(原始形成與繼承形成)的結合通常倒是較爲常見的。由於城市史文獻資料的性質使然，其正當

──────────

❸❻此乃權利之“原始的取得”與“繼承的取得”等法律用語的轉用。“原始的取得”是指獨立地取得某種非在他人權利之下的權利。例如占有無主物、拾得遺失物等。“繼承的取得”則是指將他人的權利以繼承的方式──例如買賣或贈與──取得。──日註

性的延續被過分強調，至於上述篡奪性的誓約共同體則通常幾乎完全被忽視，只有在偶然的情況下，才會留下一點記錄。結果是"繼承性"的形成在史料中佔據了過多的分量，至少就那些當市民共同體形成時已存在的城市(而非新建設的城市)而言是如此。只有一條簡單的記事提及 1112 年科隆的"誓約共同體"❸❼。科隆舊市區的司法集會人團體與主要是來自聖馬丁郊區——"商人"(mercatores)的新聚居地——的敎區代表，之所以會出現在文獻記錄上，正因爲他們乃是公認的"正當的"權力當局❸❽。至於城市君主——市民團體的對手——自然是一直在想辦法提出形式正當性的問題，例如(在科隆)指責某些司法集會人沒有宣誓服從❸❾，或者利用類似的藉口抱怨。不管怎麼說，篡奪性的變革正是在如此的事件中正式顯現出來。

　　霍亨斯陶芬王朝(Hohenstaufen)❹⓿壓制城市自主權的各種法令

---

❸❼在藉著"誓約共同體"運動以獲得自治權的例子當中，科隆市的 conjuratio prolibertate 是最有名的其中一個。在科隆，此一運動起因於 1074 年，該市的城市君主——科隆大主敎——微發某個富裕商人所屬的一隻船。藉著此事的機緣，市民起而暴動；但此一暴動並未成功，富商們紛紛逃往或被放逐於市外，留在城內者則被處以重罰，財產均被沒收。不過，翌年，大主敎即召回逃亡者，解除他們的放逐，並歸還他們的財產。此後事態雖暫時回穩，但至 1106 年，市民仍圍結起來投到皇帝亨利四世這邊，並在皇帝的指令下事實上占領了科隆市。以此，大主敎不得不於 1112 年公開承認全體市民的"宣誓兄弟盟約"(名稱爲conjuratio prolibertate)。關於 1112 年的這個盟約，在 Chronica regia Coloniensis 的 1112 年那條裡，只簡單地記載著"Conjuratio Coloniae facta estpro libertate"(成立爲自由之故的科隆誓約共同體)。——日註

❸❽科隆是由自羅馬時代以來的城牆所圍繞的舊市區及其外的數個郊區所構成。聖馬丁區即靠著萊茵河的一個郊區，自古以來即發展成爲商人定居的一個地域。947 年築起圍繞聖馬丁區的新城牆。其後更於 1106 年與 1180 年再建築涵蓋各個擴大地區的新城牆。因此，科隆合計有年代不同的四種城牆，形成各地區分別有不等的數重城牆圍繞的局面。——日註

❸❾由於審判人原來是城市君主的官員，所以必須向城市君主宣誓。另參照下一節末尾本文的敍述。——日註

則採取另一途徑：這些法令並沒有禁止這樣或那樣的個別法條的變革，而是禁止"誓約共同體"的成立**⑩**。這種篡奪性變革**背後的**驅動力到底是來自哪一階層，其實並不難指認；在科隆，甚至一直到更晚時期，"富人團體"（Richerzeche，富人的行會）**⑫**——從正當性的觀點而言，只不過是個富裕市民所組成的、純粹私人性質的俱樂部——成功地掌握了授與市民權的權力，儘管就法律的層面而言，市民權的性質與此一俱樂部的會員身分實毫不相干。最後，法國絕大多數的大城市也是以類似的、市民之誓約共同體的行動，來建立其城市之法制。

六、城市聯盟的社會學意義

1.意大利的誓約共同體

然而，誓約共同體的眞正故鄉顯然還是在意大利。絕大多數的例子裡，城市的法制乃是透過誓約共同體，以"原始性"的方式形成的。就此而言，儘管仍有許多史料難以解讀，意大利還是個確定城市聯盟（Stadteinung）之社會學意義的最佳場所。

---

⑩接續薩克森與撒利安王朝而起的神聖羅馬帝國王朝，最有名的皇帝爲Frederick Barbarossa（紅鬍子腓特烈，1152-90）。此一王朝的統治時期自 1138 至 1254 年。——中註
⑪特別是亨利七世於 1231 年 1 月 23 日所頒布的法令。至於腓特烈二世有名的 Statutum infavoremprincipum（1232年），並非明文記載此一旨趣的規定。——日註
⑫Richerzeche爲"富人"（Richer）的"會社"（Zeche）之意。城市的 meliores（有力市民）自來即扮演著領導的角色，不過藉著 1106 年的事件（見**㊳**）爲機緣，才確立 Richerzeche 的組織。同世紀中葉，證明有 domus divitium（富者之家，亦即Richerzeche的辦事處）存在，至遲在 1179 至 1181 年左右，其領導者即稱爲 magister civium（市民之長）。自十三世紀起，城市市議會的組織確立，而 Richerzeche 事實上即占有城市共同體之最高機關的地位。城市君主也於 1180 年事實上承認 Richerzeche 的指導地位。——日註

　　城市聯盟之一般性的前提條件乃在於西方特有的、支配權力之半封建與半俸祿式的占有。我們得先敍述一下誓約共同體出現之前的城市狀態，儘管細節上以及各城市之間皆有所差異，整體而言，還是相當類似於麥加城所特有的無政府狀態，這也是爲何我們在前面要略費篇幅描述麥加的緣故。無數並肩而立的當局爭相要求支配權，彼此權限重疊，而又經常有衝突。這些權力當局有：兼具有莊園領主以及政治之本質的主教權力；行政司法長官權力與其他政治官職權力之占有，部分是基於特權授與，部分則是篡奪而來；國王與主教的封臣(居住在城裡的大采邑持有者或是capitani❸)；附屬於 capitani 而居住在鄉間或城裡的下級封臣(valvassores)；各種起源的固有的門閥財產的所有者；許多以自己或其他權力者之名義武裝起來的堡壘的所有者；一個擁有大群賓客(clientes)——不管是具有隸屬關係，抑或是自由身分——的特權身分團體，上述這些人都屬之；城市營利階級的職業聯盟；基於莊園法、采邑法、地方法與教會法的各種司法權力——所有這些權力都同時並存於一個城市裡。見之於城裡城外的、武裝團體之間的械鬥，偶爾會爲暫時性的條約——類似麥加門閥之間的"協定"——所打斷。官方而言，具有正當性的城市領主應該是皇帝的封臣，或者(在大多數情況下)是當地的主教；由於同時掌握了世俗與宗教的權力手段，主教通常最能有效地貫徹支配權力。

　　掛上"compagna　communis"❹或其他類似名稱的誓約共同體

---

❸capitaneus(pl. capitani)原來是用來指稱國王(在意大利爲日耳曼皇帝)之"直屬封臣"的用語，至十一世紀左右語義已漸含糊，亦用以指稱"陪臣"中的有力者。valvassor(pl. valvassores)即 vasallus vassarorum(封臣的封臣，亦即陪臣)之意。——日註

❹compagna communis 是個熱內亞的團體，大約起自 1099 年。——中註

——為後來的"城市"政治團體鋪平了道路——似乎是在一個具體目標
之下締結的，或者是有個確定的期限，或者在另行通知以前有效；換
言之，它是可以解散的。最初，同一個城市之內可能同時存在著幾個
這樣的團體，不過，只有當"整個"共同體——換言之，在當時城裡有
效要求並實際擁有**武裝力量**的一些團體——結合成一個誓約團體時，
才有其永久的意義可言。在熱內亞，這種團體最初是每四年要續約一
次的。至於其對手則視各地情況而有所變化。在米蘭，有武裝能力的
城市居民在西元 980 年所組成的誓約團體，其目的乃在對抗主教；然
而在熱內亞，主教與占有世俗領主支配權(後來則轉變成純粹的租稅
權)的"行政司法長官"家族，最初似乎也是城市誓約團體的成員**㊺**，不
過，稍後的"compagne communis"仍然像其他的城市團體一樣，起而
對抗主教與"行政司法長官"的權力要求。

誓約共同體當下的積極目標乃在於團結當地之**土地所有者**，以進
行防禦與抵抗的工作、和平解決內部爭端、並確保司法當局會配合當
地市民的利益。除此之外，當然還有更進一步的目標。其中之一即為
壟斷城市所提供的**經濟機會**：只有誓約共同體的成員才能參與城市的
商業經營。例如在熱內亞，只有這樣的成員才能投資康曼達的海外貿
易。另外一個目標則是限制對城市領主所負有的義務：以一個總額、
或高而固定的年支付額來取代領主任憑己意的誅求。最後，為了擴大
城市共同體的政治與經濟勢力範圍，共同體遂轉變成一個軍事團體。
因此，我們可以看到，在誓約共同體出現之後不過一段短時間，城市

㊺熱內亞的"行政司法長官"(Visconti)家族乃十世紀時 Ydo(曾任vicecomes)的後裔，他
們與主教的聯手始自 1099 年的 compagna，此後即合作對抗神聖羅馬帝國。此一家族
佔有的官職財源有城門、港口、市場的規費以及護照的手續費。——中註

共同體即開始互相爭戰，到了十一世紀初已形成一種痼疾。

在城市之內，市民大眾皆被迫加入誓約共同體。建立此一共同體的城市貴族與豪族會要求所有具備土地所有權資格的市民宣誓，凡是拒絕的只有流亡一途。這種變革並不必然都會立即導致既存官職組織的正式變動。主教或世俗領主通常還是可以保有城市地區首長的地位，並且透過其家士繼續管理，只有市民大會的存在才會讓人稍微感覺到這個偉大的變革。

只是這個情況並沒有持續很久。到了十一世紀最後數十年，每年定期選舉的數名"執政官"(consules)普遍出現；表面上他們是由全體市民、或是一個由望族所組成的選舉人團選出，這些選舉人——通常有十二個或更多——雖然在理論上是由市民選出，實際上卻常是以歡呼同意的方式推舉出來的，他們因此經常實際篡奪了提名官吏的權利。透過這些支薪且有權收取規費的執政官，革命式的篡奪於焉告成。他們奪取了全部或大部分的司法權、以及戰時的最高指揮權，並且負責共同體的一切事務。剛開始時，這些執政官似乎都出身主教或其他支配者宮廷(curia)裡的高級法官，只是現在他們是透過選舉的方式從誓約市民共同體那兒取得職位，而不是由城市領主來任命。

執政官之外，尚有一個由"賢者"(Sapientes)所組成的合議機構，通常稱為"Credenza"，嚴格控制著執政官❹；這個機構的成員有些是以前的司法人，有些則是由執政官或前述選舉人團所指派的望族。實際上則是由軍事與經濟上最有力量的家族首長出任，他們自己分配這些職位。誓約共同體初形成時，還分成封臣(capitani)、下級封臣、家

❹sapientes(sing. sapiens)為"賢者"之意，實質上即望族人士。credenza由homines credentes(可信賴的人、有名望之士)而來，意指他們的會議。——日註

士、城主(castellani)，以及"cives meliores"(有經濟能力負擔軍事義
務的市民)幾個身分團體；官職及議員職位則按比率由這些團體來分
配。

然而，此一(誓約共同體)運動之反封建性格很快即躍上舞臺。執
政官不得接受采邑，也不能"托身"(commendatio)於領主而成爲封臣
⓱；皇帝、主教與領主在城裡的堡壘被拆毀，被遷移到城牆之外(特別
是由撒利安王朝諸帝頒予特許狀的各城市⓲)；此外，並確定了下述的
原則：在城市及其周邊一定範圍內不許興建堡壘，皇帝或其他城市領
主無權在城裡屯駐自己的軍隊——這些都是城市新政權最早取得的政
治成果的一部分，其方式可能是以武力，也可能是向皇帝或主教以強
迫或購買的手段取得特許狀。

城市在法律上獲得的主要成果則如下述：㈠創造出一種特殊的**審
判程序，**從而廢除了非理性的求證方式——特別是決鬥(十一世紀許多
特許狀皆提及此點)；英國與法國的君主在處理涉及市民利益的相關
問題時，也採取同樣的方式⓳。㈡城市居民不得在城市之外的法庭應

⓱采邑制的主從關係(封主—封臣關係)是根據"托身"(commendatio)與"忠誠宣誓"
(Treueid)而設定。所謂"托身"，是一種以手表示託身的禮儀，亦即封臣將自己的兩手
合攏遞出，封主則將自己的兩手合包於其外側的儀式。——日註
⓲Salier 王朝爲自 Konrad II.(1024-1039)至 Heinrich V.(1106-1125)的日耳曼王朝。
——日註
⓳在英國，此處指的當然就是亨利二世的 assisa novae disseisinae(assize of novel dis-
seisin)。例如在 A 被 B 非法地侵占其不動產的案例裡，從來就是以 A 取得權利狀(writ
of right)對 B 提出告訴的方式，證明己方具有遠超出於 B 的權利(本權)，而使得其不動
產必然要被歸還。然而在此訴訟裡，本權的證明——無限地追溯過去的權利關係的證明
——是非常困難的，並且使得原告 A 在訴訟上處於比被告 B 不利的地位，特別是 A 不得
不接受 B 所提出的決鬥要求。亨利二世的 petty assizes，尤其是其中的 assize of novel
disseisin，就是爲了去除此種弊端的新的訴訟方式。在此種訴訟裡，若 A 提出要求，則
選出十二名住在問題土地附近的人來，質問他們在最近(nova)的一定期間內是否有 A

訊。㈢爲城市居民編纂一套特殊的理性的法律，適用於執政官的法庭。

　　以此方式，純粹私人性且暫時性結合的誓約團體，轉化成一個永久性的政治團體，其成員乃是集體性地服屬於一個特別適用於城市市民的身分法。表面上看來，這個新的城市法意味著放棄原先法律上的屬人主義，實際上則是對采邑制團體與身分家產制的一種破壞，只是還沒能達到領域團體之“普遍性強制”的原則。嚴格說來，市民法僅只是一種適用於參加誓約共同體之市民的身分法；個人之所以服屬於此一法律，乃是因爲他是某個身分團體的成員，這個身分團體包括了完全市民及其隸屬民。一直到十六世紀，我們仍可發現在某些地區貴族依舊維持其在城市的支配權力(例如荷蘭的大部分地區)，派往參加地方等級會議與全國等級會議的代表，並不代表城市，而只代表城市貴族。這點可從下述事實反映出來：同一個城市所派遣出來的，除了貴族的代表外，通常還有行會或其他非貴族階層的代表，他們各自投票，而且絕不會與貴族的代表合併成一個共同的城市代表團。

　　此種特殊現象未嘗見之於意大利，不過，基本上情況經常還是相當類似的。儘管正常而言，城市的貴族應該是會與采邑制團體有所隔離的，實際情況絕非盡皆如此。城市貴族除了城裡住宅外，通常在城外都會有堡壘與莊園，因此，除了是個城市共同體的成員外，由於身兼封建領主的身分，他同時也會是其他政治團體的成員。意大利城市

的所有被非法侵奪(disseisina)的事實，如果他們的答案是肯定的，那麼也就不再追究本權關係的問題，即令B歸還A的所有。如此一來，本權關係的問題則回過頭來是以B爲原告而A爲被告的本權訴訟方式來解決。因此，此種 assize 本來即爲預定著另有本權訴訟存在的占有訴訟，實際上藉著此一程序，問題多半被解決，並且漸次去除了本權的訴訟。在法國，第四次拉特蘭大公會議(1215年)即禁止對聖職者的神判，路易九世並於1258年下令全面禁止國王直轄領域裡的比武決鬥。──日註

共同體形成的初期，市政實際上是完全牢牢掌握在一些家族手中，而這些家族卻是過著騎士生活的；儘管在形式上，市民團體或許有其他規定，儘管非貴族出身的階層或許曾經一度得以參與市政，這都毫不相干，騎士在軍事上的重要性保證了他們在政治上的優勢地位。

在北歐，尤其是日耳曼，原有的司法集會人家族所扮演的角色，甚至比南歐的貴族更具決定性，他們在早期階段藉著將官職合併於某個人手中的作法，而正式地──或至少是非正式地──掌握了城市的行政。有時，由於權力分配的關係，城市領主(尤其是主教)原先的代理人──家士──也有可能再度取得部分的市政管理權。特別是在奪權行動較不徹底的地區(這也常發生)，城市領主──通常是個主教──會為其家士取得參加市議會的權利。在像科隆或馬格德堡(Magdeburg)⑩那樣的大城市，主教會(部分或全部)以自由市民出身的司法人(Schöffen)來充當他的行政官員；然而這些人逐漸會從城市領主(主教)的宣誓官吏轉變成城市共同體的宣誓代表者，與誓約共同體的代表共事、合作管理城市的行政。

法蘭德斯、布拉邦(Brabant)及低地國的城市裡，從十三世紀開始，"市長"(Burgermeister)與市議員(Ratsmänner)──或稱為jurati(誓約者)，此一名稱正好顯示出其源自奪權性之誓約共同體⑪──即與伯爵所指派的司法人共同處理市政；這些代表市民階層的管

---

⑩德國東部一邦，其首府亦同名。──中註

⑪jurati為宣誓者(Geschworene)的拉丁文，有廣狹二義；廣義而言是指全體市民，狹義而言是指具有城市共同體的官員地位者。以jurati來指稱全體市民，自然是由於城市共同體本身乃因市民的誓約共同體運動(conjuratio)所產生，而全體市民皆行"宣誓"以成"誓約"之故。Burgermeister一般是指市議會議長(多半為複數)，但也有以此來指稱市議會全體議員的情形。──日註

理者通常會納入與司法人有別的委員會之內，雖然有時也會一起參加大會。他們可說是一個市民兄弟團體的代表，在荷蘭，這種類型的代表一直到較晚期仍以"Vroedschap"團體的形式存在❺❷。

我們必須考慮到在早期階段的極端不穩定性，在權力分配與競爭上幾乎全無規律可言。個人的影響力與關係——由於許多官職皆集中於一人手中——乃是最具決定性的。當時還沒有如今日那樣的、在形式上分離的"城市行政"，有其本身的市政府與特別的政府建築。意大利的情況跟科隆一樣，市民通常在教堂集會，至於執行委員會則可能在私人家中或俱樂部集會。在俱樂部的集會倒是有記錄留下。正如拜爾所正確指出的，科隆在革命奪權的時期(十二世紀初)，"富人之家"(domus divitum)與"市民之家"(domus civium)——換言之，即市政府——似乎即被視爲"同一場所"；同樣的，在相當程度內(當時及稍後)，富人俱樂部的領導者與司法人及其他重要市政官職持有者，也被視爲"同一人物"❺❸。只是科隆並沒有像意大利那麼有力量的城市騎士階層。在英國與法國，商人行會則扮演著領導角色。在巴黎，水運行會的理事團甚至被正式承認爲市民層的代表❺❹。同樣的，在較大與較

---

❺❷vroed 爲荷蘭文的"賢人"之意。因此 vroedschap 相當於 sapientes 一字之意(參見註❹❻)。——日註

❺❸Beyerle, "Die Entstehung der Stadtgemeinde Koln," loc. cit.,64-67.——日註

❺❹自路易六世(1108-1137)時代以來，即有 Hanse parisienne de la marchandise de l'eau (巴黎的水運商人行會)存在。此一行會獨占 Mantes 與 Auxerre 之間的塞納河航運，並負責船道、港灣與堤防的維持，握有龐大勢力。其後擴大權限，擔當起維護城市本身的防備設施、保管城門的鑰匙、維修城市道路與水道設施等任務，以至於事實上掌握了巴黎的市政。其首長以 prevot des marchands 的身分占有官方地位，昔日的市政府即此一行會的會館(maison des marchands)，巴黎市的印璽用的也是此一行會的印璽(scel de la marchandise de l'eau)。被視爲巴黎市市徽的船形圖樣，據說即由此一行會而來。——日註

古老的法國城市裡，城市共同體也是源自於市民——商人與坐食者
(Rentner)——團體的革命奪權行動：這些商人與坐食者的結合對
象，在法國南部爲城市騎士階層，在北部則爲職工行會的兄弟盟約
(confraternitas❺❺)。

2.日耳曼北部的兄弟盟約

上面提到的團體與"誓約共同體"並不相同，不過，它們在城市共
同體的形成中扮演了重要角色，尤其是在北歐。由於缺乏一個城市的
騎士階層，日耳曼北部的誓約兄弟團展現出一種極少見之於南歐諸國
的古風。誓約兄弟團的確有可能是爲了政治結社及奪取城市領主之權
力而創立的；不過，此一革命運動在北歐與英國也很可能會以當地大
量存在的保護行會(Schutzgilde)爲其出發點。

這些保護行會絕不僅只是爲了增加政治影響力而成立的。最初，
它是用來取代在中古早期城市、其成員所經常缺乏的事物——氏族的
支持與保護。這些行會提供了氏族的功能：當行會成員受到傷害或威
脅時的援助；經濟困窘時的援助；以和平調解的方式消除成員間的爭
端；協助成員支付殺人贖金的連帶責任(例如在英國的情況❺❻)；定期
主辦宴會以提供成員的社交需求，這種宴會的根源可追溯到異教時期

---

❺❺confraternitas(pl. confraternitates)爲字義相當於兄弟盟約(Bruderschaft, Verbrue-
derung)的拉丁文。因此，具體而言多有所指，就中特別是用來指稱行會(Gilde, Zunft)
或宗敎性的兄弟團(信心會、兄弟會)。關於其與手工業行會之間的關係，參見下一節。
——日註

❺❻若有殺人的情況，則由加害者支付錢財給被害者，稱爲"人命金"(Wergeld)，若是殺人
以外的違法行爲，則由加害者支付"贖罪金"(Busse)。在英國，諸如亞弗烈王的立法
(Aelfred 27; 27, 1, Liebermann, *Die Gesetzeder Angelsachsen*, I, S. 66-67)。——日註

的祭典；兄弟團負責並參與其成員的喪禮；它們保證其成員的靈魂可因善行而得救，以共同基金爲其成員求取赦免與有力聖徒的保護；毋庸說，這種保護團體也代表著共同的利益，包括經濟利益。

　　北法的城市聯盟基本上乃是一種誓約的、和平的聯盟，除此之外並無其他的行會性格，然而北歐與英國的城市聯盟則通常皆帶有行會的性格。在英國，典型的城市聯盟乃是壟斷城內零售貿易的商業行會；而在日耳曼，大部分的商業行會皆有專業化的傾向，例如極有勢力的布料商行會與零售商行會。此種專業化的狀態導致行會成爲遠距離貿易的組織形式，只是此一問題並非我們目前討論重點**❺⑦**。

　　城市**並非**如許多學者所認爲的那樣——「**源自於行會**」**❺⑧**。說行會**源自**城市倒要更正確些。再說，行會實際上也只在一小部分的城市中取得支配權（主要是在北歐，尤其是英國，例如"summa convivia"**❺⑨**），在城市中最早取得權力的毋寧是"門閥"，而他們並不完全等同於行會。因爲行會並不等同於誓約共同體——亦即城市聯盟。最後，我們得注意，行會絕非城市中唯一的結社形式。除了它們，城市裡還有宗教團體，包含了所有或某些行業的人員；此外還有純經濟性的、按職業編成的手工業行會(Zunft)**❻⓪**。通貫整個中古時期，宗教團體（兄

---

❺⑦滯留在外國的日耳曼商人在他們所居各處成立稱爲"漢撒"(Hansa, Hanse)的行會，此種漢撒原來和Gilde並無不同。漢撒之取得城市同盟的性格，是在十四世紀中葉以後的事。——日註

❺⑧德國史家在十九、二十世紀之交曾激烈爭論過的一個問題。——中註

❺⑨行會在丹麥稱爲gelag：亦即酒宴、饗宴之意。等於拉丁文資料裡的convivium；Schleswig的Stadtrecht(大約西元1200年)裡曾提到summum convivium(亦即最高城市行會)。——中註

❻⓪韋伯根據標準日耳曼辭彙的用法，將Gilde與Zunft區分開來，在Gilde裡商業利益踞有支配性的地位，往往"整個市鎮"只有一個這樣的團體；至於Zunft裡則製造業者較

弟會，confraternitates)的興起，是與政治性的、行會性質或職業身
分性質的團體之興起並肩而行的，而且這兩個運動彼此在許多方面皆
相互交錯。特別是對手工業者而言，宗教結社扮演了一個重要的角色，
雖然隨時代不同而有所變化。日耳曼有記錄可尋、最古老的職工宗教
結社(1149年在科隆成立的床墊工"兄弟會")，比起該行業行會成立的
時間的確要來得晚，不過，單就這點並不能證明職業聯盟——或者更
精確地說，具有特殊職業目的的聯盟——不管在哪兒都是較古老與較
原始的組織形式。儘管如此，單就手工業行會而言，具有特殊職業目
的的聯盟似乎是比以宗教爲目的的聯盟要來得古老些。我們或許可以
假設，自由職工的聯盟——至少在意大利以外地區——是以莊園領主
制裡將負有貢賦義務的附庸職工、區分成有領班的小單位此一制度爲
範例而形成的。

　　不過，在其他例子裡，宗教性的兄弟會卻可能是後來職業性結社
的起點。就此而言，一直到最近一個世代，俄國猶太人工會的成立還
是以購買對一個正統猶太教徒最爲重要的事物——"律法卷軸"(Tho-
rarolle)❻——爲起點的。同樣的，無數以職業爲其基本取向的中古社
團還是會將社會與宗教的關懷端上檯面的，或至少——如果此一團體
是職業性的——要設法取得某些宗教性的認可。這點對於大多數中世
紀的行會以及實際上所有種類的團體皆然，而且也絕非僅只是用來掩
飾強烈的物質關懷。稍後出現的職工團體之最古老的抗爭，不僅是針

爲重要。不過此一區別並非那麼清楚，這點韋伯自己也很小心(詳見下章)。此處將 Gilde
譯爲"行會"，Zunft 則譯爲"手工業行會"。 ——中註
❻thora 在希伯來文裡原來是命令、教示的意思，指的是舊約聖經的"律法"。後來轉而意
指猶太人所遵守的生活原則。 ——日註

對工作環境，同時也針對宗教禮儀的問題，譬如在祈禱遊行時的順序以及其他類似的問題，此一事實再度說明了市民儘管已無氏族可以依憑，其身分評價仍然是強烈受制於宗教因素。不過在此同時，另一個重要問題也開始浮現：此即存在於此種社會狀況與禁忌—封閉性的種姓之間的巨大鴻溝，種姓的封閉性使得任何種類的兄弟團體皆不可能結合成一個共同體。

　　大體說來，上述這些宗教與社會性的兄弟團體(不管它們的起源較之職業性的社團要來得早或晚)，與正式的職業團體——商人行會及手工業行會(其細節我們稍後再談)——僅只在人員的構成上有重疊之處。反過來說，職業性社團本身也並不就都是——如一般人通常所相信的——派生自一個始源性、統一的市民行會(雖然有時的確是如此)，因為有些手工業行會比起最古老的誓約共同體都要來得早得多。我們也不能認為職業性社團就是誓約共同體的前驅者或其早期階段，因為職業性社團可見之於世界各處，甚至是從未出現過市民共同體的地區。所有這些團體的影響基本上都可說是間接性的：它們使得市民習於志願性地形成一個團體以追求共同的利益，並為領導地位之集中於某些人——這些人已從指導上述團體的活動中累積了經驗與社會影響力——手中提供了範例，這些都有助於城市的團結。

　　不管哪兒——北歐也一樣——富有的市民都著眼於城市貿易的獨立性，他們與貴族合作，積極地推動誓約共同體的形成，出錢出力支持此一運動，並迫使市民大眾宣誓加入。這些行動看來皆無可避免，日後的發展也的確證明了這一點。就此而言，科隆的"富人團體"之所以有權授與市民權，顯然也只是此一運動的一個遺跡。然而，就算市民的經濟性團體的確也曾與門閥合作，而在誓約共同體的形成中扮演了重要角色，此一經濟性團體通常也只是商人行會。在英國，我們可以發現到小市民對抗商人階層的鬥爭，遲至愛德華二世時(1307-1327)，他們仍在抱怨那些"有力量者"(potentes)要求他們以及手工業行會宣誓服從，並憑藉此種篡奪而來的權力向他們課稅。類似的例子似乎亦可見之於大多數"原始性"、奪權的城市兄弟團體。

革命奪權行動一旦得勢於某些大城市，建立新城市或授與新特許狀予既有城市的政治領主，基於"競爭上的考量"，都會趁著正式的誓約團體尚未形成之前，趕忙授與其市民大小不等的權利。以此，城市聯盟所獲得的成果乃逐漸普及各地。此一傾向更進一步受到下述事實的推動：經營墾殖運動的企業家、或是志願移民者本身，只要他們具有足夠的力量──基於其財富或社會聲望──以對抗建城者，總是能掙得到一份特許狀，准許他們採用某個老城的城市法❷。準此，福萊堡(Freiburg)的市民獲准採用科隆的城市法，許多南德的城市則獲准採用福萊堡的城市法，至於東日耳曼的城市則採用馬格德堡的法律❸。

---

❷例如在福萊堡建城之初，馮傑林根(Berthold von Zaehringen, 1122年歿)即於1118年對西日耳曼──特別是科隆──的商人發出移民福萊堡的勸告；相應於此一勸告，商人們便於1120年移入福萊堡，同時，馮傑林根與移民福萊堡的商人締結契約，對他們保證種種自由。此一契約是由馮氏及其十二名家士與移民代表所締結，而後者則是由conjuratores fori(市場誓約者、實質上是有力商人)與一名代表其他商人的"自由人"所構成。此種情形不只限於福萊堡，舉凡新城市建立時，城市君主為了確保此一城市的經濟繁榮，無不力圖招聘有力商人來此。在日耳曼東部地方，城市的建立逐漸採取以下這種方式：委託一名或數名建城承包商(locator, 即本文中所說的經營墾殖運動的企業家)來募集想要移民者移居到新城市裡去。──日註

❸以此，各城市之間，透過"母法城市"與"子法城市"的關係，產生了所謂的"城市法家族"(Stadtrechtsfamilien)的關係。除了本文所說的之外，以科隆為母法城市而被授與科隆法的城市尚有 Soest, Luebeck, Hamburg；此外諸如 Mecklenburg, Pommern 以及普魯士的許多城市，是以盧比克(Luebeck)為母法城市；威斯特法倫地區(Westfalen)的Dortmund，以及萊茵河沿岸地方的Aachen，也都扮演了母法城市的重要角色。──日註

要是遇到有爭論的案例，即向母法城市的法庭提起上訴，要求解釋❻。建城者招徠的移民愈是富裕，就會發現自己被迫作更多的讓步。例如福萊堡的二十四名"市場誓約者"(conjuratores fori)——馮傑林根曾向他們宣誓保證維護其新城市中市民的各項特權——所扮演即類似於科隆的富人團體的角色。他們被賦予相當多的特權，由於具有城市共同體之"執政者"的身分，他們最初實際上掌握了城市的政權。

當君侯或莊園領主建立一個新城市並授與城市法、或賦予某城市特權時，市民所得到的最重要的成果乃是：市民可以組織成一個"共同體"，有其自己的管理機構——在日耳曼，以"市議會"(Rat)爲其最高機關，此一機關被視爲城市及其自由不可或缺的一環。市民自認有指派市議會議員的自治權，雖然此一權利並非憑空得來的。遲至 1232 年，腓特烈二世皇帝尚下令，除非得到主教的認可，否則市民不得選任市議會及市長，沃爾姆斯(Worms)的主教也爲其本人或代理人取得該城市議會主席一職，並有權任命議員❻。史特拉斯堡在十二世紀末時，一個由市民代表與五位主教家士所構成的市議會取代了原先主教的行政體系。巴塞爾(Basel)的主教則設法弄來一份皇帝詔令，將市議會廢除，雖然這個市議會的設置，正如黑格爾所言，原先也是由皇帝批准的❻。不過，在許多南德的城市裡，由領主任命或認可的行政長官(Schultheiss)仍然還是城市實際上的首長，市民只有向城市領主購得

---

❻若有法律上的疑慮發生，子法城市可以向母法城市的法庭請求指示。此時，母法城市的法庭稱之爲上級法庭(Oberhof)。——日註

❻Statutum in favorem principum, 1231-1232年，在 Worms 主教 Heinrich 與其他一些主教及君侯的命令下，由 Ravenna 議會所頒布。Heinrich 主教取得一道皇帝詔令以對付其不肯服從的臣民，並在此後幾年內與其城市簽訂條約，從而取得上述的權利。——中註

此一職位，才能擺脫領主的這種控制。幾乎在所有南德城市的文獻裡，除了"行政長官"一職外，我們發現"市長"一職出現的頻率也愈來愈高，而且在最後一般而言皆成爲城市的最高首長。與行政長官不同的是，市長通常皆爲城市行會的代表，因此其職位乃來自奪權鬥爭，而非領主的行政體系。不過，由於日耳曼許多城市的社會結構與意大利城市有所差異，十四世紀時崛起的這些"市長"已是職業性團體的代表，而不像意大利的"執政官"一樣，代表著貴族門閥。就此而言，他乃是屬於一個較晚期的發展階段，至於類似意大利之"執政官"的人物，在日耳曼應該是較早期的"scabini non jurati"與"consules" [67]。

最初，擁有城市土地乃是成爲市民團體之積極成員的前提條件，這些土地必須是可以繼承、可以轉讓的，沒有對領主的力役負擔，也沒有租稅負擔——或頂多只有定額的租稅。不過，這些土地卻負有基於城市本身之目的的租稅。在日耳曼，這種租稅負擔成爲市民擁有土地的一個標幟。稍後，其他種類的財產也成爲城市課稅的對象，特別是貨幣與貨幣材料。最初，未能擁有上述種類之土地的城市居民，不管其出身如何，都只能算是城市之受保護的"客人"。

3.西方城市發展的積極基礎——軍事制度所促成的市民的武裝能力

市民出任城市官職或進入市議會的權利，其間變化甚多，有關這

---

[66]此一黑格爾(Karl von Hegel, 1815-1901)乃是個中世紀城市史研究者，而非哲學家的黑格爾。巴塞爾的市議會在1218年被下令禁止，不過此一禁令似乎並不十分有效，因爲幾年後，市議會仍然存在(或者說又再度恢復)。——中註

[67]scabinus是語義相當於Schoeffen的拉丁文。scabinus non juratus意爲"未經宣誓的審判人"，因此也就是並非市民誓約共同體之代表的審判人(參見註[52])。——日註

些我們稍後再論。然而首先我們得再提出下述問題：究竟是什麼樣的因素導致城市開始在地中海沿岸發展、接著擴及歐洲，而亞洲卻無此現象。答案之一已經提供，此即城市**兄弟盟約**的形成，以及由此而來的城市**共同體**；此種現象在其他地區則受到巫術與氏族團體的阻撓：譬如印度的種姓制度，在中國，氏族則是基本宗教事務——祖先崇拜——的擔綱者，因此是無可摧毀的。印度的種姓則是一種特殊生活樣式的擔綱者，遵守此種生活樣式，乃是個人在來世輪迴的命運所繫；種姓彼此之間因此而有一種宗教性的相互排斥。然而，雖說宗教性的障礙對印度城市兄弟盟約的形成的確是絕對性的，此一論斷並不適用於中國，更遑論近東地區了——那兒氏族的束縛僅僅構成一相對性的障礙。對這些地區而言，我們還必須考慮到另一個截然有異的因素：**軍事制度**——尤其是軍事制度之經濟與社會基礎——的差異性。

在近東與埃及(中國也一樣，只是沒那麼重要)，由於治水工程與灌溉系統的緊要性，導致王權**官僚制**的出現；最初他們僅負責土木工程，然而由此出發，最後終於導致整個行政體系的官僚化。透過此一機器及其所提供的資源，君主即有可能將軍事行政置於其直接的、官僚制的管理之下。"軍官"與"士兵"皆為強制徵發而來，其裝備與給養則由君主的倉庫供應，就這樣構成了軍事力量的基礎。其結果則為兵士與其戰爭手段(武器)的分離，以及一般子民的無武裝能力。在此基礎上，沒有任何一個市民的政治共同體可以獨立於王權之外，因為此處的市民並非軍人。

西方的情況則大相逕庭，在那兒，直到羅馬帝制時期為止仍維持著軍隊**自行裝備**的原則，不管這支軍隊是農民徵集軍、騎士軍，還是市民民兵。這點也意味著服兵役的個人具有軍事的**自主性**。克洛維國王(Clovis)與其武裝扈從者的關係❸，清楚地說明了一個對任何自行武裝的軍隊皆適用的基本原則：此即支配者必須極度依賴士兵的好感，因爲士兵的服從乃是其政治權力的唯一基礎。相對於扈從者中的任何個人、或任何小團體而言，他是個強者；然而，一旦任何較大的團體起而反對他，他就顯得相當的無能爲力。在這種政治結構裡，支配者缺乏的是官僚制的機器——一個由於完全依賴於支配者、因此盲目服從於他的強制性工具。一旦支配者的統治所賴以爲基礎的階層——擁有軍事與經濟獨立性的望族，他們出任支配者的行政職位、擔任朝中大臣或地方官員——聯合起來反對他，除非與他們妥協，否則他即無法貫徹自己的意志。不過在西方，一旦支配者對其有自行武裝能力的子民提出新的**經濟**要求，尤其是要求以**貨幣**來支付時，上述的聯合即會形成。"身分團體"(Estate)之所以在西方——而且也僅在西方——興起，可以從這種關係來解釋，法人團體及自主性的城市共同體之發展亦然。

城市子民的金融力量迫使支配者在必要時得依賴他們、與他們交涉。印度與中國的行會、以及巴比倫的"金融家"，同樣也具有金融力量，這種力量的確也曾迫使當地的君主必須作某種程度地自我節制，以免嚇跑了他們。只是這種力量並無法使市民——不管他們如何富有——團結起來，從而對城市君主形成一種**軍事**嚇阻力量。反之，西方所有的誓約共同體與城市聯盟，早自西洋上古初期開始，即爲一種城

---

❸克洛維(Clovis, Chlodovech)，梅羅琳國王(481-511)。韋伯此處所想的無疑是 Gregory of Tours 在《法蘭克人史》(*Historia Francorum*)一書中所提到的著名的"Soissons之器皿"的故事。克洛維希望將法蘭克人搶劫來的一些神聖的器皿還給敎會，因此要求其軍隊將這些器皿作爲一種額外的份額(extrapartem)——亦即超過其應享有的戰利品份額——交給他。由於有個戰士反對，此一要求只好作罷。——中註

市中之有武裝能力的各個階層的結合。這就是決定性的關鍵所在。

第 **3** 章
古代與中世紀的門閥城市

一、門閥支配的本質

城市中所有的地主——而不僅是居領導地位的望族——都必須參加誓約共同體，在此原則下，市民大會(意大利稱爲"parlamentum")乃被公認爲共同體的最高主權機關。儘管實際上支配權完全掌握在望族手中(尤其是在早期階段)，形式上通常總還是維持著這種主權在民的觀念。然而，出任官職以及進入市議會的資格，很快即在形式上有所限制——只有爲數有限的一些門閥才能有此機會。實際上在許多例子裡，從一開始大家即都了解——就算只是默認——只有門閥出身的人才有資格進入市議會。即使情況並非如此，一個人數有限的統治集團仍會自然形成(英國可說是個最好的例子)，其原因乃在於：只有那些有經濟餘暇的人才能不間斷地參加市民大會，而且(更重要的是)能有時間來**討論**並介入相關的事務。由於參與城市行政不管在哪兒最初總是被人認爲是項負擔，因此只有在其義務界定清楚的情況下，才能爲人所接受。在中古早期，市民必須出席每年三次的正規"集會"(echtes Ding)，至於非義務性的臨時集會(gebotenes Ding) ❶，除非有直接的政治利害關係，否則一般市民都缺乏出席的興趣。事務的**指導權**自然落入某些有聲望的人手中，這些人之所以受尊重，一方面是由於他們的財富，另一方面(我們可別忘了)則是他們的軍事力量，因爲他們擁有**自行武裝**的經濟力。

因此，正如日後有關意大利 parlamenta 之議事過程的史料所顯示的，這種群眾集會除了聚集一群觀眾外，別無其他，因爲他們要不是以歡呼鼓掌的方式通過望族的提案，就是鼓噪反對。就我們所知，在早期階段他們從未以任何持續且堅決的態度、來決定選舉或影響城市行政的各種措施。群眾之中的大多數通常都是在經濟上依賴望族以爲生的人。就此而言，稍後"popolo"(群眾)的崛起，不管在哪兒都是伴隨著廢除烏合的市民大會，代之以一個較小的、由夠資格的市民代表或明確限定的團體所組成的會議，似乎是蠻順理成章的。同樣的，僭主制的崛起及 popolo 制的衰微是以往日之"parlamenta"的復興爲象徵(例如1531年的佛羅倫斯)，似乎也不足爲奇，這點薩凡羅拉(Savonarola)❷早在事件發生之前四十年即已警告過佛羅倫斯的人民。

雖然通常並未形諸法律文字，實際上，城市都是以一個在望族團體——其大小不等——領導之下的、身分制團體的形式興起的，或者很快就會轉變成這樣的一個團體。有關望族階層的特質，我們在別處已經討論過。望族的實際支配可能會轉變成一種在法律上有明確規定

---

❶參見第二章註❸。——中註

❷薩凡羅拉(Girolamo Savonarola, 1452-98)，意大利人，多明尼加修會修道士。反制教會的腐敗與麥迪西家族的專橫，放逐皮婁·麥迪西，建置佛羅倫斯城內一時的神權政治，隨後被教皇處以破門律，在麥迪西家的陰謀下遭火刑處死。——日註

的、對市政的壟斷權，也有可能被一連串的新革命所削弱、或甚至完全摧毀。壟斷市政的望族通常被稱爲“門閥”，至於他們支配市政的時期則被稱爲“門閥支配”(Geschlechterherrschaft)。

　　“門閥”並不就完全都是同質性的。他們的共通之處在於：**土地財富**爲其權力地位的基礎，收入也不來自**工業的經營**。不過，除此之外，他們的性格即有極大的分歧性。在中古時期，外在生活樣式中的**一個特殊質素**——亦即**騎士的生活樣式**——對身分團體的形成具有特殊的意義。由此種生活樣式取得參加騎士比武競賽的資格、采邑的受封資格，以及所有其他一切使他們與非城市的貴族具有同等身分地位的屬性。至少在意大利，不過北歐大多數的情況亦如此，只有具備上述騎士生活樣式之特色的城市階層，才會被列爲“門閥”。除非有特別說明，否則接下來當我們討論到“門閥”時，務必要把這個特色牢記在心，當然我們也別忘了，其間仍有許多變動不拘的過渡階段。

　　在某些極端的個案裡，門閥支配曾導致一種特殊的、城市貴族的出現。尤其是當一個貿易城市受到其海外政策的強烈影響時(例如西洋上古時期)。威尼斯可說是個典型的例子。

二、威尼斯門閥支配的形成——貴族之獨占、閉鎖性的支配

　　威尼斯早期的發展是由下列因素所決定的：一般行政的逐漸地方化，尤其是軍隊的徵集，此一趨勢早自哈德連一朝(Hadrian, A. D. 117-138)即已開始❸，並且由於晚期羅馬帝國與拜占庭帝國國家經濟之賦役制色彩的日漸增強，而得到更進一步的發展。當地衛戍部隊的士兵，逐漸由本地人充任，實際上則是由當地的大

地主(possessore)派遣他們的“部曲”(coloni)來擔任 ❹。軍隊
(numerus)由一個“總督”(dux)及其屬下的軍官(tribuni)來指
揮。tribuni 在形式上成爲一種賦役式的負擔，實際上則是當地大
地主所享有的一種特權——tribuni 皆由他們出任。這種地位就像
其他地方一樣，實際上成爲某些門閥的世襲權利。不過，一直到
八世紀爲止，“總督”一職還是由拜占庭帝國來任命。

這些軍事貴族——控制 tribuni 的家族——即構成最早的城
市門閥的核心。隨著貨幣經濟的衰退以及拜占庭帝國的日漸軍事
化，羅馬時期的地方民政當局——“市議會”(curia)與“護民官”
(defensor)❺——的權力，即完全爲軍事貴族所取代。開啓威尼斯
城市發展之門的革命、與西元 726 年出現在意大利全境的革命一
樣，都是針對當時主張破壞偶像的政府及其官員的 ❻，其所產生
的持久性結果則爲，“總督”(dux, doge)由 tribuni 貴族與教士來

❸哈德連(Publius Aelius Hadrianus, 羅馬皇帝，117-138在位)，對外採取和平政策，專
注於內政，重用法學者，奠定“法學隆盛時代”的基礎，頒布“永久告示錄”(Edictum
perpetuum)，並獎勵文學藝術等等，獲得賢帝的高名。自此一時代以來，羅馬徹底放
棄對外的征服戰爭，隨此而來的是奴隸供給來源的缺乏與軍事制度的變化等各種影響。
——日註
❹coloni 起於晚期羅馬帝國，其身分介於自由農與農奴之間。惟關於其確切性格，至今
仍爲西洋上古史學爭論重點。類似身分之農民亦普遍見於中國中古時期(東漢末至南北
朝)，當時稱爲部曲或佃家。——中註
❺curia 是羅馬地方自治城市的議會，議員來自當地望族，具有相當高的榮譽，然而到了
帝國晚期，由於戰亂頻仍，稅收欠缺，議員之職遂成爲強制世襲，繼續負責稅收工作(不
足時必須自行彌補)。defensor 是帝國晚期城市的官員，原先任務在保護城市下層民衆
以對抗總督的壓迫，逐漸成爲城市的最高官員，握有財政權、警察權及部分的司法權，
選拔自該城市的望族階層。——中註
❻東羅馬帝國皇帝李奧三世於 726 年禁止偶像崇拜，因此東羅馬帝國遂與意大利人陷入
長期的紛爭，最後東羅馬帝國喪失了在意大利的領地(拉弗那總督領Exarchat Raven-
na)。偶像崇拜的問題最終於 842 年的尼開亞大公會議中獲得解決。——日註

選舉。不過，隨即就展開總督與其對手——貴族及大主教——之
間、長達三百年的鬥爭。因為總督希望能將其地位發展成一種世
襲家產性質的城市君主制，而大主教則想要抑止總督發展"私有教
會"(Eigenkirche)的企圖 ❼。總督得到東西兩個帝國(拜占庭與神
聖羅馬帝國)的支持：拜占庭贊許總督任命其子為共同執政，因為
此一用來確立職位世襲的手段完全符合古代的傳統；瓦德拉達
(Waldrada, 神聖羅馬帝國皇帝外甥女)的嫁妝，則使得其丈夫康
迪阿諾(Candiano, 威尼斯總督)有錢擴充其外族扈從、以及(尤其
是)親衛軍——總督的政權自 811 年以來即以親衛軍為基礎 ❽。

　　此一時期的總督支配，如果我們詳細檢討下列的各種特徵，
那麼可說是具有非常清楚的、家產式城市君主制的性格：總督既
是個大莊園領主，同時也是個大商人；他壟斷了(部分是基於政治
的因素)東西方之間的郵政，因為威尼斯為必經之途；西元 960 年
以後，他又利用教廷非難的機會，壟斷了奴隸的貿易；他不顧教
廷的抗議，逕自任免大主教、修院院長與神父；他是司法領主
(Gerichtsherr)，有權任命法官、撤消有爭論的判決，雖然在此層
面上，他的權力多少不免要受到司法集會人團體(Dinggenossens-
chaft)之原則性的約束——司法集會人團體此一概念，在法蘭克
人的影響下已深入威尼斯。總督的行政則借助於家產制官吏與封
臣，此外(尤其是威尼斯人海外殖民地)還有教會的力量。王朝的

---

❼所謂私有教會，是指俗人貴族在其領地裡以自己的經費所建立的教會。此種教會屬於建
立者一家所有，並且在此服務的聖職者也由建立者及其繼承人(私有教會主)自由任免，
教會的收入也就是私有教會主的收入。——日註
❽康迪阿諾家最後一任總督為 Pietro Candiano IV.(959-976在位)。其妻瓦德拉達為神聖
羅馬帝國皇帝奧圖一世之妻 Adelheid 的外甥女。——日註

性格不僅可見之於提名共同執政者，在某個例子裡，甚至連統治權都是以遺言的方式來處理，就像處理他的家產一樣——總督的自家財產與公家財產實際上也沒有清楚區分。他以本身資財裝備艦隊、維持僱傭兵，隨己意決定手工業者必須對宮廷提供的服務，有時擅自大幅增加。這種任意誅求的作法，有一次——顯然是由於對外政策的需求日漸增加——終於引發了一次成功的暴動(1032年)，提供給敵對的貴族削弱總督權力的大好機會。當貴族在軍事上能自行武裝時，情況永遠是：總督會比任何**個別的門閥**遠為強大有力，甚至可與大多數的門閥相抗衡，然而他卻無法對抗他們全體。而一旦總督對門閥提出了**財政上**的要求，門閥之間這樣的一種團結即會出現，就像今天的情況一樣。

始於這些事件之後的、威尼斯城市門閥——他們住在利雅特島(Rialto) ❾——的支配，最初採取較為民主的形式。新政權的第一個步驟——被稱為「共和國最初的憲法」❿——就是禁止指定共同執政者，其目的則在防止類似羅馬帝國那樣的世襲制的出現。經過一段"身分制國家"的過渡期——在此期間，權利與負擔是由總督與共同體(comune)協同分攤，就像其他國家是由領土君侯與封建團體合作分攤一樣——後，由每代總督所簽署的"選舉協定"即成為處理一切事務的準則❶；總督的地位被降低為一個嚴格受控制、且包圍於一堆宮廷的繁文縟節而無法自由行動的支薪

---

❾利雅特島在西元 811 年成為總督的官邸所在地。——中註
❿Heinrich Kretschmayr 所用的辭彙，見 *Geschichte von Venedig*(1934),I,148.——中註
❶"選舉協定"是指當選的支配者在就任之時所簽署的官方承諾。特別是 1192 年 Enrico Dandolo 當選總督之際，貴族獲得所謂的"總督的承諾"(promissione ducale)，此後，新當選總督者於就任之際即必須宣誓遵守此一"承諾"。不只如此，總督退任之時，還有

官員，其社會地位也降低成僅只是貴族團體中之"同僚間第一人"。

　　勒能爾(Walter Lenel)下列的觀察相當正確，正如總督權力地位的強化是始自其與國外強權的關係，其之削弱亦始自對外政策的領域，"賢者會議"(sapientes)現在掌控了對外政策的指導權——首次的記錄是在1141年。然而，我們必須要強調的是，在威尼斯(跟其他地區一樣)主要是由於軍事殖民與貿易政策所帶來的財政壓力，才使得門閥的參政無可避免；同樣的，在貨幣經濟體系下，君侯發動戰爭所帶來的財政需求，也開啓了日後內陸身分團體興起的契機。拜占庭皇帝亞力克歐斯(Alexios)在1082年頒布的"金印憲章"(Chrysobullon)，宣告了拜占庭帝國商業支配的終結，並確立威尼斯人對東方商業的壟斷，其目的則在交換威尼斯人海上的保護與財政援助❶❷。威尼斯人將愈來愈多的公共財富、教會財富與私人財富投入拜占庭帝國，他們投資商業、各式各樣的作坊(ergasteria)、承包國家稅收與工程、以及土地財產。爲了保護這些投資所發展起來的軍事力量、又誘使威尼斯人介入拉丁武士(十字軍)的征服戰爭,從而奪得其著名的(拜占庭帝國的)"八分之三"(quarta pars et dimidia)❶❸。在但多羅(Dandolo)簽署法案後❶❹,所有征服得來的殖民地在法律上皆被小心地置於共同體與

"審查委員會"(inquisitori sopra il doge defunto)來考察其任期中的行動，凡有被認爲必要的事項，即將之納入新總督的選舉協定中。——日註

❶❷亞力克歐斯於1082年5月簽署"金印憲章"，授與威尼斯(在拜占庭帝國境內貿易的)免稅權，以交換威尼斯協助對抗西西里的諾曼人。——中註

❶❸在第四次十字軍東征時(1202-04)，基於種種因素(包括想重新獲得"金印憲章"所授與的特權)，威尼斯人設法誘使十字軍攻擊拜占庭的首都君士坦丁堡，君士坦丁堡最後在1204年被攻陷，並建立了一個拉丁帝國，而威尼斯總督的頭銜也就加上如下的字句：quartae et dimidiae partis totius Romanie imperii dominator。——中註

其官員──而非總督──的管轄之下，總督的無能爲力就此確定。

伴隨這種外交政策而來的，無疑是龐大的國家債務與共同體持續的通貨膨脹。這種財政需求，反過來又只能求助於城市門閥才能解決。此時的城市門閥除了原有的 tribuni 貴族外，無疑還增加了一批新貴，這些新貴族由於住在城裡，得以參與城市中累積財富的機會──以康曼達或其他契約的方式投資貿易、以及其他的營利機會。貨幣財富與政治權力遂逐漸集中於這個團體手中。以此，伴隨著總督權力之喪失的乃是，門閥支配下威尼斯城所有政治權力的集中，至於農村地區則逐漸失去其所有的政治權利。直到十二世紀爲止，原先鄉村地區的 tribuni 望族至少在名義上還能出席總督的"會議"(plactia)❶。然而，隨著"威尼斯共同體"(comune Venetiarum，1143年首度見之於文書記載)的形成，此事即不再可能。在此之後，由市民(cives)選舉產生的"賢者會議"崛起，而總督則必須向其宣誓。這個會議的成員幾乎只限於定居在利雅特島上的大地主，他們主要的經濟利益乃是在海外的資本利用。

由望族所構成的、負責決策的"大"評議會與負責行政的"小"評議會之區分，幾乎可見之於所有的門閥城市，在威尼斯則首見於 1187 年。包含所有地主的市民大會實際上已被廢止(其歡呼贊同的形式則一直維持到十四世紀末)，總督由貴族所組成的一個小選舉人團提名；官吏的選拔實際上也局限於一些被認爲適合出任

---

❶Enrico Dandolo 是 1192 年至 1205 年的威尼斯總督。參見註❶。──中註

❶Publicium placitum 或 curia ducis：指公開的宮廷集會，自九世紀末葉以來於總督的王宮裡召開，並由總督擔任主席。──中註

議員職位的家族，最後甚至連名單都正式固定下來(Serrata　del
Gran　Consiglio，　1297年至1315年間形成，　即日後"金冊"〔das
Goldene Buch〕的前身)──所有這些都只不過是上述發展的一
個延續，至於其細節此處暫且略而不論。

　　門閥家族從海外政治與經濟機會中所獲取的巨大無匹的經濟
優勢，有利於他們對權力的壟斷。威尼斯的憲政與行政技術之所
以著名，乃在於他們發展出一種涵蓋廣大陸地與海域的、城市門
閥的家產制專政，同時在貴族彼此間又保持著非常嚴密的互相控
制。此一專政的紀律從未動搖，因為他們就像斯巴達人一樣，設
法嚴密掌控住所有的權力工具，並且對職務機密維持一套監控系
統，其嚴密程度世所罕見。之所以可能如此乃在於，每個分享此
一團體所壟斷的巨大利益的成員，都清楚了解存在於他們對內與
對外利益之間的緊密連結關係。這種利益的連結關係促使個別的
貴族集結為一個實行專政的團體。

　　就技術層面而言，此一團體的專政是以下列方式達成的：(1)
分割而又互相競爭的權力；中央政府的官職權力互相重疊，專業
化行政下的各個部門幾乎都同時兼具司法與行政權，且相互競爭
管轄權的範圍。(2)管理支配領域的官吏間、職權的分割且又互相
牽制；司法、軍事、與財政權永遠分別掌握在不同的官吏手中，
儘管這些官吏都出身貴族。(3)官吏任期短，且在巡察使制度的控
制下。(4)從十四世紀開始，另外設置了一個政治調查法庭──"十
人委員會"；原先此一委員會的設立(1310)，只是為了調查一件陰
謀案件，不過卻逐漸發展成一個專門對付政治犯的常設機構，最
後則將貴族的政治與個人的行動完全置於監控之下，連"大議會"

的決議案都曾不只一次遭此機構的否決，換言之，此一機構實已取得一種類似護民官的權力，由於權力的行使既迅速又秘密，十人委員會最終乃成為共同體的最高權威當局。這個委員會是當時最得平民擁戴的政府機構，只有貴族懼怕它，因為被排除於政治權力之外的平民發現，只有透過這個委員會，才能對貴族出身的官吏施展有效的壓力。就此而言，這個委員會顯然比古羅馬的"肅貪法庭"（quaestio repetundarum）⑯要來得更為有效。

　　跨越廣大內陸領土、且愈來愈依賴傭兵的威尼斯帝國，代表了門閥城市發展中、一個極端純粹且典型的例子。不過從一開始，控制廣大領土的此一權力即集中在一個城市共同體的手中，尤其是此一共同體內部的城市門閥的手中，隨之而來的則為一種非常特殊的現象。共同體巨大的支出，使其不得不依賴能提供資金的城市門閥，這些支出包括軍隊的費用、艦隊以及其他的戰爭物資，此外還有行政制度的根本變革。門閥從他們與總督的鬥爭中，從教會官僚制日益增強的力量中，找到一種西方特殊類型的助力。總督權力的衰退、恰與教會及國家（在主教敘任權鬥爭之後）的分離同時出現，此點絕非偶然⑰；實際上，意大利的城市一般皆將

---

⑯Quaestio repetundarum 是個永久性的法庭（quaestio），根據西元前 149 年的法令（lex Calpurnia）設置，受理有關殖民地與各省區總督虐待（de pecunis repetundis）、或剝削其轄區人民的控訴。控訴若查明屬實，被害人即可得到雙倍的賠償。——中註

⑰1073 年，葛列格里七世（Gregory VII, 1073-85）出任教宗，銳意革新，其中最為重要的就是禁止俗人授職，「明令禁止國王今後授予主教職，並取消所有俗人授予教職之權」。由於"俗人授職"牽涉到俗世封建領主龐大的社會、政治、軍事與經濟利益，並直接針對神聖羅馬帝國而來，遂演變成羅馬教權與神聖羅馬帝國王權孰高孰低的問題，從而激起了中古時期最為激烈的一場政教衝突。在長達數十年的鬥爭裡，葛列格里七世被迫流亡而死，神聖羅馬帝國也分崩離析，最後在 1122 年由教宗 Calixtus II 與帝國皇帝亨利五世

此種束縛的解脫，視爲其利益之所在，此一束縛源自君侯擁有建立及控制自己教會的權利(Eigenkirchenrecht)，並由此而構成其家產制與封建制諸權力的最堅強支柱之一。直到十二世紀爲止，教會與修道院還包辦著威尼斯海外殖民地的行政工作，從而取代了俗世的權力機器(實際上也使得俗世的權力機器沒有存在的必要)；然而教會之被排除於俗世行政工作之外(這是教會與政治權力分離的必然結果)，卻使得一個支薪的、俗世的官吏制度之創設成爲必要，首先當然出現在海外殖民地。此一發展同樣在但多羅的時代告一段落。

　　短任期的官職制度當然是基於政治上的考慮，不過同時亦著眼於儘量讓更多的人有機會出任這些職位；只有貴族出身者才有資格出任官職的限制；首都本身的行政採取的是嚴格的合議制、而非官僚制的——所有這些，對一個眞正職業性的官吏制度之發展而言，皆形成障礙，然而這種障礙卻是望族支配下天生的性格。

三、意大利其他共同體的門閥支配：缺乏閉鎖性與 Podesta 制的採用

　　意大利其他共同體的發展，在這一點上所循的途徑相當不同，即使是同樣在門閥的支配之下亦如此。在威尼斯，城市貴族對行會支配權永久性的獨占與對所有外人的排斥，可說是相當成功的：

簽訂"沃爾姆斯協定"(Concordat of Worms)，皇帝同意不干涉主教之選舉，不舉行授職禮中之宗教儀式，教宗則准許所有主教選舉必須在皇帝或其代表之前舉行，選出的主教可執行世俗權力。"俗人授職"之爭遂暫告一段落。——中註

任何想取得參與"大議會"資格的新家族，最初只有基於其在政治上的功績、以及貴族團體的決議，才有可能被接受，稍後則根本就完全封閉。威尼斯的貴族亦設法禁止其成員間的一切械鬥，此一禁令之所以能成功，乃因貴族了解到其團體所一直面臨的危險處境。

對意大利其他同樣在門閥支配下的共同體而言，所有這些皆不適用。在那個關鍵性的時代裡，再也沒有任何一個地方像威尼斯那樣專心致意於維護其海外貿易的獨占地位，也沒有任何一個地方的貴族像威尼斯的一樣、清楚了解到對於貴族整體的安危而言，每個人都是息息相關的。其他城市的貴族之間連綿不斷的械鬥，則迫使這些貴族──即使他們的支配仍處於牢不可拔的時代──必須若干程度地考慮到非貴族階層出身之望族的利益。最後，大門閥家族間的械鬥及深刻的不信任感，則使得這些城市無從建立一個類似威尼斯那樣的理性的行政體系。幾乎在所有的城市裡，少數的幾個大家族──特別是擁有大量土地與隸屬民、並與許多其他財富較少的家族結成聯盟的家族──總是在進行著長達數百年的鬥爭，費盡心思想把對方(及其盟友)排除於城市的官職與經濟機會之外，甚至──如果有可能的話──把對方完全趕出城市之外。就像在麥加一樣，不管什麼時候，總有一些貴族會被宣布為不適合出任城市官職、或者被流放、甚至(經常)──這點倒是跟阿拉伯人相互之間的"客氣"形成對比──被宣告為不受法律保護，在這種情況下，勝利的一方會沒收敗方的財產；當然，政局一旦有變，彼此的角色自然就會扭轉過來。

隨著此一情況而來的即為地區間利益團體的形成。不過，除了教皇黨(Guelf)與皇帝黨(Ghibelline)的出現**⓲**之外，還必須考慮到神聖羅馬帝國的政策與當時的社會條件：在大多數情況下，皇帝黨人皆來自曾爲皇帝封臣的家族，或者是在這些家族的領導下。只是，就其他更爲長遠的一些因素來看，這些黨派的形成毋寧說是因爲互相競爭的城市之間利益的衝突，或者是城市之內、地區間有組織的貴族團體間利益的互相衝突。這些團體——尤其是教皇黨——可説都是具備有法令規章與動員名冊的永久性組織，這種動員名冊——類似日耳曼皇帝遠征羅馬時的徵兵名冊**⓳**——規定在召集軍隊時、每個城市的騎士團所必須提供的士兵員額。

儘管從任何的軍事觀點而言，勝負的關鍵皆取決於訓練有素的騎士團，然而早在門閥支配時期，由於戰爭**資金的調度**問題，非騎士的市民階層也已經是不可或缺的了。一方面，由於市民階層要求一個理性的司法行政，另一方面，由於貴族黨派間的互相猜忌，使得意大利及其若干鄰近地區發展出一種獨特的制度，此即 podesta 制：簡言之,即一種貴族的職業官吏制度,他們以巡迴的方式在轄區內執行業務。這種官吏取代了早期的"執政官"("執

⓲ 亨利五世死後，王位傳到霍亨斯陶芬家族手中，然而日耳曼境內巴伐利亞的偉爾弗家族(Welf)卻起而挑戰，遂形成激烈黨爭。霍亨斯陶芬王朝採取"意大利政策"，繼續介入教廷事務，日耳曼境內的黨爭也隨之進入意大利。意大利的教皇黨(Guelf,即Welf之變音)與皇帝黨(Ghibelline,來自霍亨斯陶芬家族的一座著名堡壘Wiblin)即由此而來。意大利的這兩派黨爭延續數百年，到後來兩黨的原始意義已完全消失，只變成兩塊"招牌"而已。——中註

⓳ 中古時期日耳曼的身分團體在國王登基時，會提出一份名單，詳載他們所須提供的軍隊數額(稍後則改爲貨幣稅)，以支持國王遠征羅馬(Romerzug)，接受教宗加冕爲神聖羅馬帝國皇帝。——中註

政官"出身當地貴族，形式上由選舉產生，實際上只有少數家族有
資格被提名及競爭此一職位）。

    podesta 制起自意大利各城市共同體與霍亨斯陶芬王朝（日
耳曼皇室，十二至十三世紀）的鬥爭日益激烈的時代，由於鬥爭的
激烈，各共同體迫切需要加強內部的團結與財政負擔的能力。此
一制度在十三世紀的前半葉達於極盛。podesta 是個選舉出來的
官員，在絕大多數的例子裡都聘自另一個共同體，任期短，擁有
最高的司法權力，通常都採取固定薪水的制度（而不是讓他自行收
取規費），因此報酬比起執政官要來得高。podesta 通常出身貴族，
不過以受過大學法律教育者較受歡迎。 podesta 的選拔可由市議
會為之，或者由一個（特別為此目的而設置的）望族所組成的委員
會來選拔，後一方式亦常見於意大利的各種選拔中。招聘 podesta
經常得透過與其出身之共同體的交涉，必須得到此一共同體的認
可，有時甚至由此一共同體來推薦人選。予以認可代表此一共同
體的友好行動，否則即視為敵意的表示。有時我們亦可發現兩個
共同體互換 podesta 的例子。受聘者有時也會要求對方提供人質，
以確保他能受到好的待遇；他們就像現在的教授一樣，到處討價
還價，價碼不合即拒絕應聘。podesta 會帶來自己的騎士扈從，以
及（尤其是）自己的公務人員──不僅是幕僚，還包括法學者、法
庭助理與法庭代理人，換言之，也就是他的整個幹部群；他以自
己的經費來供養這些人。他的基本任務在維持公共安寧與秩序，
尤其是城市內部的和平，這也是為何需要一位外來官吏的緣故。
除此之外，他通常還掌握有軍事指揮權，以及司法權，不過，所
有這些職務的執行皆在市議會的監督之下。他對立法的影響力大

致說來也較受限制。原則上，不但 podesta 的人選經常更換，連招聘的地區也經常（有意地加以）改變。另一方面，派出 podesta 的城市似乎也相當重視此事，並且希望它們的市民能在其他城市儘量取得更多的此種職位。韓瑙爾（G. Hanauer）認為此一政策有其政治與經濟的動機，顯然是正確的。其他城市所提供的高額薪俸，對於本地的貴族而言，無疑是一份相當有價值的俸祿資源（Pfrunde）。

　　這個制度最值得注意的地方在於：第一、一個貴族的職業性官吏制度的產生；第二、podesta 制對法律發展的影響。就前者而言，韓瑙爾曾對六十個城市中的十六個作過調查，在十三世紀四〇年代時，有七十個人曾擔任過兩次的 podesta，而有二十個人曾擔任過六次或六次以上的 podesta 一職。一輩子都在從事此一職位的人亦不罕見。在此一制度全盛時期的百年間，韓瑙爾計算出北意大利大約六十個的城市共同體先後共有 5400 個 podesta。某些貴族家庭連續數個世代皆不斷提供 podesta 的人選。除此之外，還需要龐大數量受過法律訓練的輔助官員。

　　基於其本身的性質，podesta 的行政受到當地輿論特別嚴格的監督，這點除了使得部份的貴族學到如何就事論事地執行其業務外，還有其他重要的影響——亦即上述的第二點。為了讓一個他鄉出身的 podesta 能夠執行司法，適用的法律必須編纂成法典、合理地演繹，而且具有某種程度的超地區性的標準化。意大利以外的地區，法律之標準化所導致的理性地法典編纂、以及（尤其是）羅馬法的普及，主要是由君侯與其官吏、基於本身之利益而推動的，在意大利，則是 podesta 制。

　　若就其最爲典型的例子而論，podesta 制基本上可説只是個地中海區域的現象。不過，某些類似的制度亦可見之於北歐，例如雷根斯堡(Regensburg)從 1334 年開始，本地人即不准出任"市長"一職，而從外面招聘一位騎士來擔任，此後一百年間，市長一職皆由外來者擔任。其結果則爲此一城市享有一段內部較爲和平的時間，在此之前，雷根斯堡由於門閥家族之間的械鬥、以及與被流放貴族之間的戰爭，而經常陷於分裂之中。

四、英國城市的寡頭統治及其所受皇室行政的制約

　　威尼斯城市貴族的形成、與原先顯著確立的望族支配之間，並沒有任何明顯的斷裂現象，至於在其他意大利的城市共同體，門閥支配則標幟著城市發展的開始。相反的，**北歐**封閉的門閥貴族乃是在一個不同的基礎上發展起來的，而且(部分而言)其契機也大相逕庭。**英國**城市寡頭統治的發展代表了一個極端而又典型的例子。

　　型塑英國城市發展的決定性因素乃來自王權,儘管在早期(包括諾曼人征服之後)王權的地位還不如後代那麼穩固時亦如此。即使是在哈斯丁斯(Hastings)戰役之後❷，征服者威廉也沒有企圖以武力來奪取倫敦，因爲他了解到掌握這個城市與否、對英國王位的歸屬問題實爲決定性的關鍵，因此他以締約的方式與市民建立臣屬關係。儘管從盎格魯—撒克遜時代開始,主教以及國王所任命的"長官"(portreeve)即

---

❷1066 年 9 月 28 日,諾曼地公爵威廉率軍 7000 人登陸英格蘭, 10 月 14 日與當時英王哈羅德會戰於哈斯丁斯平原，英軍大敗，哈羅德陣亡，諾曼軍乃直取倫敦。同年聖誕節，威廉加冕爲英格蘭國王，是爲諾曼人王朝在英國的開始。——中註

為此一城市兩個具有"正當性"的權威當局(征服者威廉後來也授與承
認他們此一權威的特許狀)，倫敦貴族的贊成與否，對於盎格魯—撒克
遜國王的選舉，幾乎都具有決定性的影響力。倫敦的市民甚至認為，
如果沒有他們自願性的同意，英國王權的統治範圍即不包括他們的城
市，而且直到史提芬統治時期為止，他們的同意與否的確還是舉足輕
重的❹。儘管如此，征服者威廉在得到市民的臣屬誓言後，即在倫敦
建立了城堡(倫敦塔)，此後，倫敦即與其他的城市一樣，原則上對國
王負有——任憑國王自由裁量的——納稅的義務。

　　在諾曼人統治時期，城市在軍事上的重要性由於國家的統一、外
患的停止與鄉間大封建貴族的興起，而告減低。封建領主開始在城市
之外建立自己的武裝城堡，由此而展開市民階層與封建武力分離之途，
此一現象(正如我們稍後即將論及)乃是意大利以外西方世界的一個典
型特徵。與意大利城市形成強烈對比的是，當時英國的城市幾乎已完
全失去對其鄉間的支配力量，在此之前，城市對其鄉間似乎多少還能
以一種廣泛的城市"邊境"的形式加以掌握。城市現在已成為一種基本
上只追求**經濟**利益的團體。封建貴族——就像其他地區的一樣——也
開始建立自己的城市，並授與各種程度大小不等的特權。不過，我們
在英國從未聽到有任何市民階層對抗國王或其他城市君主的武裝蜂
起，也沒有聽到任何以奪權的方式將國王或領主的城堡破壞、或者(就
像在意大利一樣)迫使他們將城堡遷移到城市之外。我們從未聽說過有

---

❹史提芬(Stephen)為諾曼王朝的第四代國王(1135-1154在位)，征服者威廉之孫，前國王
　亨利一世之外甥。其在位之時一直是以其與亨利一世之女瑪提爾達(Matilda)之間的王
　位之爭為終始。據說瑪提爾達之所以未能獲得王位，是因為未得倫敦市民之協助的緣
　故。史提芬死後，瑪提爾達之子亨利二世繼任王位，是為金雀花王朝(Plantagenet)之
　始。——日註

任何用來對抗城市君主的、市民軍隊的存在，也沒聽說過任何以暴力方式爭取獨立自主的司法權(以自行選拔的官員取代國王指派的法官)，以及編纂適用於自己城市的法典的故事。

透過國王的授權，英國的市民的確也可以擁有自己的法庭，提供給市民一個毋需經過決鬥的、合理的司法程序，而且也擁有足夠的自主權，可以否決某些王室法庭的改革——特別是陪審制。然而立法權本身却仍牢牢掌握在國王及其法庭的手中。國王之所以授與城市特別的司法權，乃是爲了拉攏它們一起對付封建貴族，因此，若就此而言，城市亦可說是封建時期典型鬥爭下的受益者。

然而，比這些司法特權更遠爲重要的乃是財政上的自主權，這是城市經過長期努力才得到的。此一事實本身亦顯示出王權的優越地位。直到都鐸王朝(1485-1603)爲止，從英王的眼光看來，城市主要還是個徵稅的對象。市民的特權——"gratia emendi et vendendi"(買與賣的權利)以及貿易的獨占權——亦伴隨著特殊的納稅義務。只是收稅的工作還是包出去的，而最重要的包稅者，除了有錢的市民外，即爲較富裕的王室官吏。市民逐漸成功地排除掉競爭者，並以一個概括的總額從國王手中取得徵收自己稅捐的權利——此即"包稅市鎮"(firma burgi)。此外，他們還透過對國王特別的捐贈與禮物，而成功地保住一些特權，其中最重要的即爲選舉郡長(sheriff)的權利。

儘管在市民階層裡的確也有滿懷強烈領主性利益關懷的團體，純粹經濟性與金融性的興趣歸根究底還是英國城市的基本性格。歐陸的誓約共同體亦可見之於英國城市，只是它所表現出來的形式却是一種定型的、獨占性的**行會**。誓約共同體並非普遍存在，例如倫敦就沒有。不過在其他許多城市，由於身爲城市財政負擔的保證者，行會乃擁有

舉足輕重的地位。正如科隆的"富人團體"一樣，行會經常也有權頒發
市民權。在非直屬於國王的城市裡，通常是由行會取得獨立的司法權，
只是它的管轄權是以行會成員——而非市民——為其對象。幾乎在所
有的城市裡，行會都是實際上的統治團體，雖然在法律上並非如此。
因為在法律上所謂的市民，仍然是指那些共同分攤對國王之"市民負
擔"——守衛與軍事義務、司法義務、納稅義務——的人。因此，不僅
該城的居民算是市民，連同鄰近所有的地主——鄉紳(gentry)——照
說也都是市民。舉例來說，十二世紀時倫敦共同體的成員幾乎包括英
國所有出身於貴族的主教與官員，因為他們在倫敦——國王與各種官
府的所在地——皆擁有房地產。此一現象倒有點類似共和時期的羅馬，
不過更值得注意的還是它與古羅馬的具體差異之處。任何無法參與分
攤市民團集體稅捐負擔、而採取非定期繳納王室租稅的人，換言之，
即所有的無產者，實際上即被排除於積極的市民階層之外。

　　然而，城市所獲得的這些來自國王與莊園領主之授與的特權，其
解釋却相當自由，這點意大利亦然。不過，在某一點上，英國城市的
發展却走上與意大利截然不同的途徑：英國城市發展成身分制國家之
內、一些擁有特權的法人團體，其機構擁有明確的**個別的**權利，而這
些權利又源自它們所取得的特殊的法律名目，就像個別的貴族或商業
團體透過個別的授與取得他們特有的權利一樣。此一發展出現在法人
團體的概念最終為英國法所接受之後。從特權"公司"(company)到行
會、從行會到城市法人團體的轉變，其間的過程是流轉不定的。英國
市民所特有的法律身分，因此乃是由一叢特權所構成，而這些特權則
又是得之於一個半封建、半家產制的國家團體——而非來自於一個擁
有自己政治支配組織的、自主性團體的成員資格。

　　讓我們再回顧一下其發展的基本軸線。最初，英國的城市乃是個強制團體，對國王負有賦役制的義務——與農村的不同僅只在義務的種類上。稍後，大量的城市相繼建立，具有國王或莊園領主所授與的、經濟與身分的特權，在這些城市裡，所有握有土地的市民基本上權利平等，而城市也擁有某個限度的自治權。私有行會最初是以城市財政義務之保證者的身分而被接受的，並且也得到國王特許狀的承認。最後，城市乃被賦予法人團體的權利。

　　倫敦即如此發展爲一個歐陸意義下的"共同體"。亨利一世(1100-1135)曾授與市民選舉郡長的權利，而從十二世紀末開始，約翰王(1199-1216)也承認倫敦的市民團體爲一共同體；此一共同體有其(跟郡長一樣由)選舉產生的市長，此外還有區長(aldermen)❷——他們從十三世紀末開始，即與同樣數目而由選舉產生的市議員合組成市議會。自從密得爾色克斯(Middlesex)郡長一職爲共同體包下之後，倫敦即取得對鄰近地區的支配權。而倫敦市長自十四世紀以來即帶有"爵士"的稱號。

　　然而其他大多數的城市則仍然維持著強制性團體的身分，擁有某些特權、以及受到嚴格規範的法人團體的自治權，雖然它們的確也曾一度有過政治性共同體的萌芽。手工業行會制的發展稍後再論，不過此處我們可以先提一下，此一制度並未能改變英國城市的基本性格。

---

❷德文用的是"Skivini(Schoffen)"一字：英譯者認爲韋伯此處可能有誤，「只是韋伯此處想到的顯然是二十四個市區的區長，稱爲aldermen(拉丁文資料中則爲alderman-ni)，選出來後任期甚長，甚至到離職爲止。這些區長與每年選出的市長、市議會構成倫敦市政府。至於Skivini實際上乃是倫敦手工業行會的下級官員；市議員的數目也比區長要多得多。韋伯可能受到黑格爾(見第二章註❻)的誤導，而認爲市議員跟區長一樣都是由區來選舉」。——中註

因爲手工業行會與城市望族之間的爭端，主要還是由國王出面調停的。城市繼續負有應付國王稅捐要求的義務，直到身分團體的力量強大到足以在國會中立法、對國王的任意課稅提供一個集體性的保障爲止，在此之前，沒有任何一個個別的城市、或所有的城市加起來，可以依賴自己的力量來對抗國王的此一權力。然而積極的市民權仍然是法人團體成員的世襲性權利，不過也可以透過購買某些團體之成員身分的方式來取得。英國與歐陸城市發展的差異，雖然也可以說只是程度上的不同，其間仍有基本的分別存在：由於法人團體在英國法律中具有一種相當獨特的形式，使得歐陸共同體乃是一種地域性團體的概念、從未能在英國出現。

產生此一差異的緣故乃是，英國王室行政的力量一直沒有中斷、而且在都鐸王朝繼承之後益形擴大，這點構成英國政治及法律統一的基礎。儘管王室行政一直受到身分團體的嚴格監督，而且也必須依賴望族的合作；不過此一事實的結果卻是將望族的經濟與政治利益導向集權的中央政府，而非個別的、封閉性的城市共同體——因爲他們期待一個強大的中央政府來保障他們的經濟機會、社會利益與獨占權，並協助他們防止自己的特權受到侵害。國王由於在財政與行政方面極端依賴這個特權階層，因此相當畏懼他們。不過他所採取的政策基本上是透過中央議會來統治。簡言之，英王只有在關係到他們的議會選舉政策時，才會設法影響城市的基本制度及市議會的成員結構；因此，基本上他們是支持望族的寡頭統治的。至於城市望族則只有在中央政府裡，才能獲得相對於非特權階層的、獨占地位的保證。

由於缺乏自己的官僚機器，而且實際上正是因爲要維持中央集權，國王才不得不依賴望族的合作。英國市民的力量並非來自其本身的武力，而是基於一些**消極的**因素：此即，如果得不到擁有經濟力量的望族的持續支持，封建的行政——儘管在技術上較爲發達——實無法維持對整個國家眞正有效且持久性的支配。單就軍事力量而論，英國絕大多數的城市在中古時期實無多大重要性可言；然而市民却擁有相當可觀的金融力量。只是此一力量是透過特權的、代表城市利益的**身分**團體——出席**國會**的"平民"(commons)間身分制的聯合——以一種集體的方式發揮出來。所有一切超越純粹地區性獨占之利用的利益，皆以此種結合爲主軸而旋轉。此處我們首度發現一個超地方性的、**國家的**市民**身分**團體。市民在國會、以及(透過治安長官來運作的)王室行政裡的勢力日增，而治安長官的力量——換言之，在一個望族國家的體制裡——則防止了**個別的**共同體走上一個強烈的政治獨立運動。並非城市上述那種地方性的利害關係，而是市民之**超**地方性的利害關係，構成了市民階層政治統一的基礎。同樣的發展亦助長了英國城市寡頭統治裡、市民與商人的性格。

就此而言，英國城市的發展——直到十三世紀爲止——頗爲類似日耳曼的城市發展。只是自十三世紀以後，英國即日益走向**"鄉紳"**的支配，而且再也不曾中斷，這點恰與歐陸城市(至少)相對上較爲民主的發展，形成強烈的對比。原先每年必須經過選舉的城市官員，尤其是"區長"一職，逐漸成爲終身職，而且經常是由現任者、或者鄰近的莊園領主來推薦人選。基於上述我們已經說明過的原因，皇家政府支持此一發展，正如古代羅馬政府支持土地貴族在依附城市裡的寡頭統治一樣。

五、北歐市議會門閥與手工業行會的支配

　　北歐城市發展的條件與英國及意大利皆有所不同。在某些例子裡，此一地區門閥的興起乃是基於身分與經濟地位的差異，這種差異早在市民團體成立時即已存在。即使是新建立的城市亦如此：福萊堡的二十四名"市場誓約者"從一開始即享有租稅特權，並擔任城市的執政官。不過，在大多數新建立的城市裡(包括許多北歐沿海城市，它們本質上較傾向商人金權政治)，市議員資格的正式限定在某些家族，還是逐漸發展完成的。這種資格限定的過程，典型而言可有下列數種：(1)現任市議員有推薦繼任人選的權利；(2)在選擇繼任人選時，經常會習慣性地遵從現任市議員的建議；(3)或者僅只是基於候選人的社會份量；(4)客觀上在市議會裡需要一些有經驗的人。這些因素最終則導致實際上由現任議員來遴選繼任人選，換言之，也就是將市議會交到一個由少數特權家族所構成的、封閉性的團體手中。即使是在現代，類似的現象還是很容易發生：例如漢堡議會成員的選任最近即偶爾有此傾向，雖然市民的確擁有選舉議員的權利。此處我們無法細談。不管怎麼說，上述這種傾向到處皆有，唯一的差別僅在於它們落實到法律條文上的程度如何罷了。

　　獨占議會席位的門閥家族，不管哪兒都可以很容易地維持此一局面，只要他們與被排除在外的其他市民之間**沒有**強烈的利害衝突即可。不過這種衝突一旦要是浮現，或者是這些市民的自我評價——由於財富與教育的提昇而——增高，以及他們從事行政工作的(經濟上的)餘暇、已增加到他們再也無法接受被排除於權力之外的這樣一種觀念的

程度時，新的革命即迫在眉睫。革命的擔綱者仍然是市民的誓約聯盟，不過在此聯盟背後則爲**手工業行會**，兩者且曾一度完全合一。在涉及此一時代的討論時，我們得小心不要認爲"手工業行會"主要指的就是由手工業勞動者組成的"職工行會"，或者根本就將兩者視爲一物。反抗門閥家族的運動在其最早階段，絕非一個由職工主謀發起的運動，只有在後續的過程中(稍後會論及)，職工才扮演了一個獨立的角色。在早期，他們幾乎一直都在非職工"行會"的領導之下。"行會"革命的成果大小不一，在最徹底的例子裡(稍後會論及)，會出現一個完全由行會代表所組成的市議會，完整的市民資格也與行會的成員資格合而爲一。

只有"行會"的崛起、才意味著"市民"階級──就此一名辭的經濟意義而言──實際掌握了支配權，或至少是廣泛地參與了支配。不管行會的支配(Zunftherrschaft)是否穩固確立，此一現象倒是符合當時城市對外勢力發展達於巔峰、且對內取得最大的政治獨立的實際狀況。

六、西洋上古的氏族卡理斯瑪王制

上述這種"民主的"發展與西洋**古代**城市的命運比較起來，其相似的程度令人矚目。大部分的古代城市在早期──大約西元前七世紀開始──也曾經歷過類似中古時期的"貴族城市"的階段，而在稍後則出現、伴隨著民主制之發展(或至少是此一傾向)的、政治力與經濟力的昂揚向上。儘管古代城邦與中古城市興起的歷史背景截然不同，這些相似性的確存在。接下來我們即先比較古代的**門閥城市**與中古的門閥城市。

　　希臘本土的邁錫尼文化❷，至少在第倫斯(Tiryns)與邁錫尼一帶
者，採用的應當是一種帶有近東色彩的、基於勞役制度的家產王權制，
雖然其規模比起近東的要小得多。其建築物規模之龐大，在上古黃金
時代以前尙屬僅見，這麼龐大的建築物若非依賴子民大量的強制勞役，
是沒有可能完成的。在當時希臘文化接近近東的邊疆地區，亦即塞蒲
路斯(Cyprus)，似乎存在著一個相當類似埃及模式的行政體系，有書
記從事文書記錄與計算的工作，換言之，即一個家產官僚制之下的倉
儲管理制度。與此形成對比的是，即使是古典黃金時代的雅典，其行
政幾乎仍然完全依賴口頭傳達，而沒有文書記錄。上述的書記制度、
以及實際上整個奠基於強制勞役的文化體系，稍後即完全消失無蹤。

　　在《伊利亞德》的艦隊名單裡，記載著統治廣大領土的世襲君主，
每個君主都擁有幾個——有時甚至是不可勝計的——聚落，這些聚落
有許多後來皆成爲著名的城市，不過在當時僅僅是些城堡❷，像阿加
曼農(Agamemnon)那樣的一個大君主還可以把其中一些當作采邑送
給阿基里斯(Achilles)。在特洛伊有一些出身貴族的老人，由於年紀得
免服兵役，他們扮演國王顧問的角色。赫克特被視爲特洛伊人的戰爭
君主，至於普利安(Priam，赫克特之父，特洛伊王)則負責締結和約。
史詩中只有一次提及文書資料，這實際上可能只是種記號，而非眞正
的文書。不管怎麼說，史詩中所描述的各種情況已排除了一個基於強

---

❷邁錫尼人於西元前 2000 年從北方移入希臘，到了前 1500 年已發展出高度複雜的文明，
　他們有線形文字的泥板記錄，奧林匹亞諸神崇拜亦起於他們。然而，在其他方面，邁錫
　尼文化較類似克里特和其他古代近東社會的文明，而與後來的希臘文明差距較大。他們
　最著名的事蹟即爲圍攻特洛伊城，藉荷馬史詩《伊利亞德》而流傳於世。——中註
❷《伊利亞德》(Iliad)，荷馬兩大史詩之一。韋伯此處提到的艦隊名單詳見，曹鴻昭譯，
　《伊利亞圍城記》，頁26-35。——中註

制勞役的行政體系、以及家產制王權存在的可能性。

荷馬史詩裡的王權乃是基於一種氏族卡理斯瑪。然而史詩也敍述一個非特洛伊出身的人，乙尼斯(Aeneas)，希望能獲得普利安的王位(如果他能殺死阿基里斯的話❷)，因爲王位在當時僅被視爲一種"品位"，而非財產。國王是軍隊的指揮，與貴族一起負責司法審判，代表國人與神祇或外人打交道，並領有一塊特別的王畿。然而他的權力——尤其是見之《奧德賽》的——基本上可說只是種首長的權力，基於個人的影響力，而非制度化的權威。同樣的，對貴族而言，出征——通常是海上的出征——常帶有武士(領導者及其扈從)冒險的性格，而非軍事徵集：奧德修斯(Odysseus)的扈從稱爲 hetairoi，就跟後來馬其頓國王的扈從一樣❷。國王長年不在也不被視爲什麼大不了的問題。奧德修斯在特洛伊征戰時，伊薩卡(Ithaca)根本就沒有國王；他將家室託付給門托(Mentor)，然而門托並不能分享王室的尊嚴。軍隊皆爲騎兵，戰役的勝敗取決於個人的單打獨鬥，步兵則毫無重要性可言。

在荷馬史詩裡某些地方，曾提到一種城市的政治性的"市場"(agora)。伊斯馬羅(Ismaro)雖被稱爲"城市"(polis)，其實很可能只是個"城堡"，然而不管怎麼說，它並非一個個人的城堡，而是屬於西科奈(Ciconians)一族的❷。在描述阿基里斯盾牌上圖畫的一段話裡，擁有財富及軍事力量之氏族的長老坐在市場裡主持審判；群眾則像日耳曼的司法集會人一樣圍繞在旁，爲當事兩造的辯論喝采❷。特勒馬

---

❷前引書，頁 309。——中註
❷hetairoi 原義爲"朋友"，被用來指稱"扈從"。——日註
❷據荷馬史詩《奧德賽》所載，奧德修斯於返國途中曾掠奪西科奈族人的伊斯馬羅城。
　——日註
❷曹鴻昭譯，《伊利亞圍城記》，頁 290。

卡斯(Telemachos)的控訴也是在宣報官的指導下、由擁有武裝力量的望族在市場中討論的❷。

　　根據史詩所述，包括國王在內的貴族皆擁有土地與船隻，駕著馬車上戰場。不過只有那些住在城裡者，才擁有權力。拉厄特斯(Laertes)王住在鄉間別墅，意味著他已退休❸。出身貴族的子弟以扈從(hetairoi)的身分跟隨一個英雄——在《奧德賽》的例子裡則爲王子——冒險犯難，就像早期日耳曼的部落一樣。腓埃基人(Phaaken)的貴族堅持民眾必須跟他們一起分攤贈送給客人的禮物費用❹。荷馬的史詩裡並沒有明言所有的農村居民皆爲隸屬民或是城市貴族的奴隸，不過他也沒提到過自由農民。史詩中對塞西特斯(Thersites)此一角色的描述，不管怎麼說，都證明了即使是個普通的、不駕馬車上戰場的雜役者，有時也敢出言反對其君主，只是這種態度畢竟會被認爲是不遜的❺。另一方面，即使是國王也得自行操作家務，製作寢床、耕種菜園。他的戰友也得自行划槳。購買來的奴隸則希望能有自己的一塊份地；購買來的奴隸與擁有份地的隸屬民之間的區別，此時尚不明顯，儘管在後來羅馬時期的區分相當嚴格。其間的關係是家父長制的：日常的需求皆由家計來滿足。希臘人的船主要用於海上劫掠，他們介入貿易僅是消極性的，當時真正積極的、貿易的擔綱者還是腓尼基人。

　　除了"市場"與貴族的城居性格，還有另外兩個現象亦極爲重要。

---

❷特勒馬卡斯爲奧德修斯之子。由於許多求婚者趁著其父奧德修斯行蹤不明之際紛來糾纏他的母親，因此憤而向民眾提出控訴。參見《奧德賽》第二章所述。——日註

❸拉厄特斯爲奧德修斯之父，於奧德修斯出征之時引退於鄉間。此外，參見 M. Weber, *Gesammelte Aufsaetze zur Sozial-und Wirtschaftsgeschichte*, S. 105。——日註

❹曹鴻昭譯，《奧德修斯返國記》，頁167。——中註

❺曹鴻昭譯，《伊利亞圍城記》，頁19-21。——中註

其一爲"競技"(agon)的制度，稍後則支配了希臘人的整個生活。此一制度自然是源自騎士的榮譽觀念、以及年輕人在操場的軍事訓練。出之以一種有組織的形式則首見之於戰爭英雄──派楚克拉斯(Patro-klos)──的葬禮上❸。此一制度早在荷馬時代即已支配了貴族的生活樣式。另外一個重要的現象則爲一種完全無約束的──雖然帶有某個程度的敬畏之心(deisidaimonia)──與神祇的關係，史詩中對此問題的處理，日後倒是給柏拉圖帶來不少的麻煩❹。這種屬於英雄社會的、缺乏宗教性敬畏之心的現象，只能出現在移民時期(尤其是海外移民)，換言之，也就是當人們已遷移到遠離古老神殿與祖先墳墓的地區時的現象。

雖然荷馬的史詩裡看不到歷史上門閥城市的貴族騎士軍隊，值得注意的是他似乎確曾提及重裝步兵的戰鬥，儘管重裝步兵──將步兵以隊伍的方式有紀律的編組起來──的出現是遠爲晚起的事：史詩中所保留的、各個不同時代的痕跡可爲明證。

在僭主制出現之前的歷史時期，可說是個氏族卡理斯瑪王制的階段，不過除了斯巴達與其他少數一些例子外(例如塞利尼)，我們只能從某些制度的殘餘與傳統上略窺一斑，例如希臘的大部分城市、伊特利亞(Etruria，意大利西部古國)、拉丁姆(Latium)與羅馬。這種具有宗教性權威的、氏族卡理斯瑪王制幾乎都只局限於一個**單一的**城市，對貴族通常也只擁有某種榮譽性的特權(斯巴達與羅馬的傳統算是個例外)，實際上，貴族有時也被稱爲"王者"。前述塞利尼的例子也說明了、國王的權力基礎及其財富同樣來自中介貿易，不管他是自營、還

---

❸前引書，頁351-65。──中註
❹侯健譯，《柏拉圖理想國》，頁64-117。──中註

是利用對貿易的控制與保護而從中抽取規費。國王的獨占權之所以發生動搖，極可能是由於騎士戰術的興起，以及隨之而來的、貴族的軍事獨立性(他們擁有自己的戰車、扈從以及船隻)；尤其是在近東諸大帝國——例如埃及與西台(Hittite)——崩潰之後(大約西元前1200年)、而其他強大王權——例如利底亞(Lydia)——又尚未興起之際，換言之，也就是近東之實施貿易獨占與強制勞役的國家瓦解之後(邁錫尼諸國與這些國家曾有接觸，其文化可說是這些國家的一個縮小版)。或許也正是由於王權此一經濟基礎的瓦解，才使得所謂的"多利安人(Dorians)大遷徙"成為可能❸。這個時期同時也開始了海上騎士往小亞細亞沿岸的移民，在荷馬的史詩裡尚不見有任何希臘人在小亞細亞的殖民地，也沒有任何強大的政治團體存在。希臘人積極的介入商業亦始於此時。

七、沿海地區的戰士聚落與西洋上古的門閥城市

　　西洋上古時期典型的門閥城市可見之於信史時代的初始階段。這些城市皆為**沿海城市**。一直到亞歷山大的時代與意大利的薩曼尼提(Samnite)戰役為止❸，沒有一個城市是距離海岸超過一日以上的路程。城市以外的地區只有村落、以及不穩定的"部族"形式的政治結合。一個自行解體或被敵人所瓦解的城市，即"散居"(dioikisiert)成村落。

❸多利安人原居希臘西北部，西元前1300年開始擴張南下，摧毀了邁錫尼文明，史稱"多利安人大遷徙"。——中註

❸所謂薩曼尼提戰役是指薩曼尼提人與羅馬人之間前後三次的戰爭，分別發生於西元前343-341、328-304、298-290年。至第三回戰爭時，薩曼尼提人徹底被羅馬人擊敗。——日註

反之，城市則源自一種眞正或虛構的"聚居"(synoikismos)——在國
王的命令或自由的協定下，貴族門閥"集合居住"在一個城堡之內或其
鄰近地區。這種例子亦可見之於中世紀：例如戈泰因(Gothein)所描
述的意大利亞奎拉(Aquila)的聚居，以及亞歷桑德利亞(Alessand-
ria)的聚居❸。只是此一行動的基本性格，在上古時期表現得要比中古
時期遠爲清楚。

　　實際上持續地住在一起，並不是那麼絕對重要：上古時期的貴族
就像中古時期的一樣，有一些一直住在鄉間的城堡(例如乙里斯❸)，
或至少除了城市的住宅之外還擁有鄉間的別墅。例如提西利亞(Dece-
lea)就是一個貴族門閥的城堡，許多阿提喀的村落以及某些羅馬的里
區(tribus)也是以這些城堡來命名的。提奧斯(Teos)的轄區則劃分爲
"城樓區"❸。不管怎麼說，貴族權力的核心乃是置於城市。所有鄉村
之政治與經濟的支配者——莊園領主，他們提供貿易融資，且爲農民
的債權人——皆爲"astoi"，意即"住在城市"的貴族❹；鄉村貴族之移
居城市，亦不斷在加速進行中。到了上古的黃金時期，鄉間的貴族城
堡已經沒落，貴族的墓地皆在城市。

❸參見 Eberhard Gothein, *Die Culturentwicklung Sud-Italiens in Einzel-Darstelungen*
　(1886), pp. 162-242. 在此例子裡，所謂的"incasamento"——意大利辭彙，與 synoikis-
　mos 幾乎完全同義——是強制性的；此事發生在神聖羅馬帝國腓特烈二世的統治時期
　(1215-50)。亞奎拉爲意大利中部城市，建立於1253-4年；亞歷桑德利亞城位於北意大
　利，建於 1168 年。——中註
❸乙里斯(Elis)位於伯羅奔尼撒半島西北部。韋伯認爲乙里斯的特色在於其爲"土豪支
　配"(Squirearchie)的城堡。參見 *Gesammelte Aufsaetze zur Sozial-und wirtschafts-
　gechichte*, S. 150,152。——日註
❸有關提西利亞參見註❹。提奧斯在小亞細亞，所謂的"城樓區"大概是指領土內有城堡的
　轄區，或是民兵區(分配人員防守市鎮的城牆)。——中註
❹在阿提喀，貴族被稱爲 astoi——原意爲住在城裡的人。——日註

　　然而，城市興起之真正關鍵性的因素，乃在於——從當時的觀念看來——各門閥氏族依據兄弟盟約而結合成一個**祭祀**共同體：個別氏族的 prytaneion 由一個共同的、城市的 prytaneion 所取代，代表各氏族的 prytan 在此共進聖餐。上古時期的這種兄弟盟約，並不像中世紀一樣，僅只是一個市民的誓約團體——市民在成立一個共同體（comune）時，同時也為城市選擇了一個守護聖徒。上古兄弟盟約的意義遠大於此：它意味著一個新的、區域性的聖餐與祭祀共同體的形成。因為上古時期並不像中古一樣，各處皆有一個共同的教會，而且每個人在城市的兄弟盟約出現之前就已是教會的成員。的確，上古時期除了各地神祇的祭典外，尚有跨地區性的祭典存在；只是對日常生活而言，最為要緊的宗教性活動仍然是個別氏族的祭典（中古時期已不再有），這種祭典不對外人開放，對兄弟盟約的形成自然是個嚴重的障礙。這種氏族祭典就像印度的祭典一樣，嚴格限定只有所屬成員才能參加，而只有巫術性禁忌藩籬闕如之處，兄弟盟約才有可能出現。即使如此，氏族所崇拜的聖靈僅只接受氏族成員所奉獻的犧牲，此一原則仍維持不墜。此種原則對其他氏族以外的團體而言亦然。

　　在透過一種兄弟盟約關係而形成的各種城市祭祀團體裡，phylai 與 phratriai 兩種團體可說是最為重要的，它們的地位在極早時期即已非常顯著，並持續到相當晚期，任何人都必須是這兩種團體的成員才會被接受為市民。phratriai 的出現確定可以追溯到城市興起之初。後來基本上成為一個祭祀團體，不過還帶有其他一些功能，例如在雅典，它們負責評定年輕人的軍事能力、以及與此相關的繼承權。因此它們必然是源自軍事性團體，就像我們前面曾提到過的"男子集會所"（Mannerhaus）一樣；"男子集會所"此一名稱可見之於多利安系的戰

士國家(andreion)、以及羅馬(curia一辭來自coviria❹),作爲軍事團
體之次級組織的名稱,至於這些軍事團體則透過兄弟盟約的方式形成
城市。斯巴達完全市民的餐會(syssitia)❷,此一制度規定負有完全軍
事義務的男子在其服役期間必須離開其家庭而生活在軍事年齡團體
中,男孩也必須接受戰士禁慾的集體訓練──所有這些可說都符合原
生性的戰士團體對其年輕族人所授與的教育的一般類型。

然而,除了幾個多利安人的城市外,這種徹底的半共產主義式的
戰士團體,在進入歷史時代之後即已不再發展;即使是在斯巴達,也
只有在他們打倒了貴族,展開 demos(人民)的軍事性擴張的階段時,
爲了維持紀律與保障所有戰士之身分平等的情況下,才能堅持此一制
度。反之,在其他城市的一般 phratriai 裡,握有支配權的望族階層完
全由貴族門閥所構成,德摩提歐尼太(Demotionidai)碑銘中有關住在
提西利亞城堡的古老門閥的資料,證明了這一點❸。此外,編纂於西
元前 621 年的雅典的德勒科(Draco)法典中也提到,當有殺人事件時、
由 phratriai 裡的"十名賢者"──其實也就是(因爲有錢而)最有權勢

---

❹curia 爲 tribus 的下級單位, 大約相當於希臘的 phratriai。各個 tribus 據說是由十個
　curia 所組成的。curia 一字是由 co-viria 而來, 而後者又是由後來意指男子的 vir 一字
　而來, 因此, curia 原來即意指男子團體(Maennerschaft)。此外, 意指"羅馬市民"的
　Quiris(pl. Quirites)一字亦是由 co-virites 一字而來,意指"男子團體的成員"。──日
　註

❷在斯巴達, 市民皆屬於同進每日正餐、名爲 syssitia 的共食伙伴團體。各個 syssitia 約
　有十五名會員, 會員資格的取得是經由會員的選舉而加以認定。爲了獲得完全的市民
　權, 市民必得成爲某個食桌共同體的成員。 ──日註

❸德摩提歐尼太是阿提喀的 phratriai 之一, 提西利亞則爲其祭祀中心, 考古學者曾在此
　地發現過一塊石碑, 上面刻滿文字, 節錄有關申請加入此一團體的處理過程。在第一份
　記錄裡(日期爲西元前496-495年), 提西利亞的貴族門閥扮演著相當重要的角色, 然
　而稍後的第二份記錄再也沒有提到這個家族, 英譯者認爲由此可以推論在這段時期裡、
　貴族在 phratriai 的地位已經沒落, 不過他也承認此一說法並非沒有爭論。 ──中註

的人——來決定是否要接受贖罪金❹，這點多少也反映出此一狀況。

　　在稍後的城市制度裡，phratriai 被視爲 phylai（羅馬則爲三個古老的人民"里區"）的次級組織，希臘的城市通常都依此劃分。phylai（部族）一辭是用在城市的，至於非城市的"部族"，則使用 ethnos 而不用 phylai。進入歷史時期後，phylai 不管在哪兒都成爲一個人爲的、城市的次級單位，其功能則有下列多項：輪派公共負擔，投票順序，分派官職，軍隊的組織，分配國家企業的收益，分配戰利品與征服地（例如羅德島的土地）❹。它們同時也是個祭祀團體，正如所有早期的團體一樣——儘管其形成是純粹理性的。多利安人的典型的三個 phylai 也是人爲構成的，這點從第三個 phylai 的名稱❹——Pamphylai（「所有部族人的結合」）——即可證實，羅馬傳說裡被稱爲"Luceres"的里區似乎也是這樣形成的❹。phylai 可能是原居地戰士團體與新入侵的

---

❹德勒科爲西元前七世紀雅典的立法者。制定新的國家體制一事，雖在亞里斯多德之《雅典人的國家體制》第四章中有所記載，但這點至今仍有疑問。確實的是，德勒科確曾於西元前 621 年公布一套成文法。除了有關殺人的部分外，此一成文法並未留傳至今。根據其中的規定，殺人事件被區分爲蓄意與非蓄意，前者被判處死刑，後者則被放逐。不過在後一種情況下，被害人這方也被允許以領受贖罪金的方式來解決事件。此時，被害人若無親族，則由被害人的 phratriai 之中選出"十名賢者"（zehn Besten）來決定是否同意領受贖罪金。參見 Ed. Meyer, *Geschichte des Altertums*, Bd. 2, 1893, S. 315。——日註

❹多利安人移居羅德島之際（時約西元前1200年），分別依其三個 phylai 劃地而居，形成三個個別的 polis。當他們於西元前 408 年聚居到 Doris 時，即意味著這三個 polis 結合成單一的城邦。——日註

❹多利安人分別爲三個 phylai: Dymanes, Hylleis, Pamphylai。傳說這三個 phylai 分別爲多利安人始祖 Aigimios 的兩個兒子 Dymas 與 Panphylos 的子孫、和幫助 Aigimios 的英雄赫拉克勒斯之子 Hyllos 的子孫。不過現今 Pamphylia 被試解爲各個部族出身者的結合。——日註

❹羅馬另外兩個里區是 Ramnes 與 Tities，根據傳說乃源自國王 Romulus 與 Titus Tatius，然而早期城市制度裡的第三個里區 Luceres 卻無法跟傳說中的任何一個國王名號連繫起來，傳說中的解釋是：它乃是一個由於軍事同盟而"歸化"的團體。——日註

戰士團體之間妥協下的一個產物；這點似乎也可解釋爲何斯巴達會有兩個位階不等的王族，羅馬傳說中二王制的起源似乎也可作此解釋。

進入歷史時代後，phylai 不管在什麼情況下皆爲純粹的人的團體，而非地域團體，由一個"phylai之王"(phylobasileus)領導，這個國王一開始乃是個世襲性的氏族卡理斯瑪的首長，稍後則爲選舉產生的官員。所有 phylai(或tribus)與 phratriai(或curia)的成員，不管其爲"積極的"或"被動的"市民，皆有權加入市民軍，不過只有貴族門閥的成員才被視爲"積極的"市民——只有他們才能分享城市的官職。因此現在用來稱呼"市民"的這個名辭，在當時可說是(門閥)"氏族成員"的同義字。當時某個家族之是否被視爲貴族門閥，最初——其他地區也一樣——無疑是連繫於其家族之氏族性卡理斯瑪的地區性首長的地位；然而，隨著車戰技術的進展與城堡的修築，貴族門閥的標準似乎即轉變成其是否擁有城堡。在城市王制的時期，新貴族的產生應該相當容易，正如在中古早期，任何能夠維持一種騎士之生活樣式的家族即可進入采邑持有者的團體一樣。然而，進入歷史時代之後，只有門閥成員(patricius, eupatrides)才能以祭司或官員的身分、透過供獻犧牲或解讀神諭(auspicia)的方式、有效地與城市的神祇打交道。個別的門閥家族通常也有他們自己的神祇，有別於城市的神祇，同時也在他們的祖厝奉行自己的祭祀——這點意味著他們的門閥起源比城市還早。

另一方面，與保留給某些特定門閥的氏族性卡理斯瑪之祭司職位同時並存的、還有一種官職性的祭司職位，不過在西洋上古從未出現過類似亞洲普遍存在的、全面性的壟斷與神溝通的祭司職位，因爲城市的官員也有權力與神祇打交道。也沒有獨立於城市之外的一個祭司階層，除了像德爾斐(Delphi)那樣少數的、超地區性的偉大神殿❹；

祭司是由城市來任命的，即使是德爾斐神殿也不是在一個具有獨立組織的教權制的管理之下。最初神殿是在鄰近一個城市的控制之下，隨著此一城市在聖戰中的被摧毀，幾個相鄰的共同體合組成一個鄰保同盟(anphiktionia)，並對神殿施以嚴格的控制 ❹。

　　大神殿扮演著莊園領主、作坊(ergasteria)所有者、貸款給私人、以及——尤其是——國家(國家經常把軍費儲存在神殿裡)、與一般性儲蓄銀行的角色，儘管神殿擁有如此巨大的政治與經濟力量，仍不能改變下列事實：此即，不管是在希臘半島或其海外殖民地，城市不但維持而且還持續擴大其對神祇的財產與祭司的俸祿的支配力。最後的結果則為，希臘的祭司職位是以公開拍賣的方式來填補的。此一發展完成於民主制時期，而軍事貴族的支配對此發展似乎具有關鍵性的影響。祭司的職位、神聖的律法以及各式各樣的巫術規範，到此時都成為貴族手中的權力工具。

　　城市的貴族階層並非絕對封閉性的；西洋上古時期的情況與後來威尼斯的情況一樣，城市貴族也會接納個別外來的貴族(他們帶著隸屬民從自己的城堡遷移到城市，例如古羅馬的克勞地亞氏族)，也有像羅馬的“gentes minores”那樣的大規模昇遷 ❺，雖然這種情況在早期階

---

❹德爾斐神殿在希臘中部的帕納舍斯山(Parnassus)，供奉阿波羅。此一神殿在希臘人之間擁有極大威信，阿波羅時常透過一個女先知——即被稱為“德爾斐神諭”的——來指點迷津，指點的範圍包括極廣，上至軍國大事、小至家產買賣無所不包，西元前480年，雅典人就曾經聽從神諭而在海上擊敗波斯人的入侵。——中註

❹德爾斐是位於希臘中部 phocis 地方的阿波羅神殿所在地。“鄰保同盟”是指古希臘的各個種族或城邦為了友好或安全保障的目的，以同一神的信仰為中心而結成的同盟。以德爾斐為中心的鄰保同盟，是其中最著名的一個。phocis 人於西元前六世紀初、五世紀中葉、四世紀中三度冒犯德爾斐的神殿，也因此爆發了三次“聖戰”。本文中所提的“鄰近一個城市”，指的就是在第一次聖戰中被摧毀的克利薩城(Crisa)。——日註

段也許會比較普遍。貴族階層也不是一個純粹地方性與地域性的共同
體。阿提喀的貴族，例如米爾泰底，即擁有巨大的城市之外的領土，
貴族階層間跨越地區性的聯繫也極爲普遍，就像中世紀的貴族一樣。
根據其經濟發展的性質看來，貴族的財產基本上乃是莊園領主性的。
奴隸、隸屬民與傭客——其類型稍後再論——的貢納，提供了家計所
需。即使是在古老的隸屬與客屬關係皆已消解之後，大多數的財富仍
然維持著地產與農業的形式。巴比倫城市貴族的財產也一樣：從巴比
倫商行(例如 Egibi ⑤)所留下的一份文獻資料看來，城市與鄉村的地
產、奴隸與牲畜等等，有好幾個世代在財產目錄中皆據有最顯著的地
位。

　　然而，典型的城市貴族的經濟力泉源，乃來自直接或間接的經營
貿易與航運，這點不管在希臘、巴比倫與中世紀皆然。這種行業一直
到後代還被接受爲符合貴族身分的行徑，只有羅馬完全禁止元老院的
議員經營此等行業。在古代世界、近東以及歐洲中世紀，人們之所以
住在城市，基本上就是爲了這種營利機會。以此方式累積起來的財富
則用來對農民放高利貸，農民由於住在鄉間而完全被排除於政治權力
之外。大量的債務奴隸即由此產生，最能出息的土地(在阿提喀稱爲
"pedia"，即"平地"之意)是集中在 astoi(城市貴族)的手中，至於山地
("山地黨"的住所)——即沒有出息的土地——則普遍握於農民手中

---

⑤根據羅馬傳説，Tarquinius Priscus 曾經把元老院從一百人擴大到三百人，因此也等於
　擴大了貴族團體。這些新貴被稱爲 patres minorum gentium，他們在元老院投票時得
　排在舊貴族的"父老"之後。古典時代的作者對這些 gentes minores 的出身頗有爭論，
　西塞羅認爲他們出身貴族，Suetonius 則認爲出身平民。——中註
⑤巴比倫"Egibi之孫"的錢莊曾維持了三個世紀之久(從西元前七世紀至三世紀)。——中
　註

❷。以此，城市貴族的領主權有相當大的程度乃是源自城市的利得機會。負債的農民或者仍維持著小佃農的形式，要不即被當作強制性的勞力來使用——與眞正的、固有形式的隸屬民並肩而作，這種隸屬民乃源自莊園領主與人身領主的隸屬關係。購買的奴隸開始具有某種程度的重要性。

不過，不管哪兒——即使是在門閥城市時期的羅馬——自由農民皆未曾完全消失，這點不管是上古與中世皆然，或許上古的自由農民還要更多些。羅馬傳說中出現在門閥與平民之間的身分鬥爭，清楚說明了此種鬥爭並非肇因於普遍的莊園領主制，而是來自一種性質截然有異的衝突。任何人要是不屬於城市的、氏族團體的、以及受過軍事訓練的戰士階層，換言之，也就是所有自由的鄉村居民（包括有agroikos, perioikos, plebeius❸），在經濟上都受到城市貴族的箝制。其原因有如下幾項：他們被排除於所有政治權力之外，這點也意味著他們被排除積極地參加任何的司法事務，而在當時，司法審判尚未採取一種嚴格且固定的程序規範；由於司法審判的此一性質，鄉村居民如果想在法庭上爭取到對自己較爲有利的審判，就必須送禮或與某個城市貴族締結一種被保護的關係；最後則是與此有關的、債權法的苛酷性。然而，在門閥城市的時期，農民卻也擁有相當大的遷徙自由，要在新地方買塊土地也不十分困難，赫希歐德（Hesiod）家族的故事即可證明這點❹。這個情況與後代，即重裝步兵城市時期❺、以及（尤其是）激

---

❷出現在西元前六世紀初期（亦即梭倫改革之後不久）阿提喀一帶的黨派，主要是平原上的地主（pediakoi）、沿岸從事貿易與航海的商人（paralioi）、以及住在 Diakria 山區的激進民主黨的小農（diakrioi）。——中註

❸agriokos, perioikos 爲希臘文，指“農村居住者”、“周邊地居住者”，亦即非城市居住者。plebeius, plebs 爲拉丁文，意指“平民”。——日註

進民主制的時期，恰好形成尖銳的對比。

另一方面，自由的城市手工業者與非貴族出身的商人，其地位則似乎類似中世紀的"被保護人(Muntmannen)"❺⑥。在早期羅馬，國王──只要他還擁有某種實權的話──對其團體似乎擁有某種保護權，其關係類似保護主與被護民之間的關係，正如中古早期城市君主擁有的權力一樣。偶爾我們亦可發現手工業者被編組成賦役制團體的痕跡：例如羅馬軍事工匠的"百人團"(centuria)或許即由此而來❺⑦。我們不清楚手工業者是否曾被編組成"客族"，就像在亞洲及前俘囚期以色列人所採取的方式一樣。不管怎麼說，我們找不到任何類似印度種姓制度之儀式性隔離的痕跡。

---

❺④Hesiod 爲西元前八世紀詩人。其父自小亞細亞移居於 Boeotia，經營海上商業而累積若干財富，爾後以擁有土地的農民身分定居於 Helicon 山麓。──日註

❺⑤重裝步兵是約自西元前七世紀以後希臘城市國家的典型軍隊。在此之前，貴族的騎士軍是軍隊的主要形態，隨著工商業的發展，一方面由於富裕的平民階層抬頭，另一方面也因爲可以比較廉價地購入武器，身著甲冑的重裝步兵(Hopliten)的密集隊遂掌握了戰爭勝敗的關鍵。此種平民軍隊的抬頭，成爲希臘城市國家之民主化的有力槓桿。──日註

❺⑥"Munt"有"家長權力"之意，換言之，除了擁有"支配權"之外，還負有"保護的義務"。在中古日耳曼城市裡，小商人與職工對卡羅琳國王、城市領主(稍後則爲有力量的門閥)乃是處於一種被保護的關係，他們對這些人必須提供某些服務，而在法庭上及其他地方接受他們的保護與協助。──中註

❺⑦centuria 爲一定數額(與百有關的數目)的士兵所組成的軍事單位。羅馬市民依財產額分別成五個階級，各個階級分別提供不等數目的現役兵與補充兵的 centuria：第一階級提供兩個兵種 40 個 centuria，第二到第四階級各 10 個，第五階級各十五個。此外，騎士階級(equites)組成 18 個 centuria，樂士及扈從組成 3 個 centuria，而木匠與鍛工各組成一個 centuria。本文所說的就是最後這一種。再者，centuria 不僅是一種軍隊的單位，也是構成某種人民大會(comitia centuriata)的單位，參見第五章第三節。──日註

八、與中古歐洲的差異

　　古代門閥城市裡，phylai, phratriai 或氏族的數目皆呈定型化，這是其與中古門閥城市最顯著相異之處。這點說明了古代城市的這些組織皆源自軍事與宗教的單位。古代城市**原本**就是以戰士之定居共同體的形式崛起的，上述的劃分即因此而來，正如日耳曼人的"百人團"（Hundertschaft）亦可從軍事團體之定居這一點來理解。古代與中古門閥城市之結構性的差異，正是由於古代城市的此一起源，稍後我們將再論及。城市興起的環境如有不同，其結果自然有異。中古的城市崛起於巨大的家產制大陸國家之內，且與此一國家的政治權力相抗衡，反之，古代的城市則立足於沿海地區，而與農人及未開化民族為鄰；古代城市源起於城市王制，中古城市則從對封建性或主教性質之城市領主的鬥爭中崛起。

　　儘管有如許差異，一旦政治條件有類似之處，兩個時期的城市發展在形式上則亦有其相似性。我們即曾目睹威尼斯的城市君主──一度曾經是真正的、王朝性與家產制性格的君主──如何被禁止指派共同執政者、以及最後如何從一個總督（doge）轉化成一個貴族團體的首長，換言之，即轉變成一個官職持有者。在古代世界，類似的發展則是從城市王制轉變成一年任期的政務官制。同樣的，在上古初期，指定共同執政者的意義也相當重要，蒙森（Mommsen）曾特別強調過此點❸。下述一些現象即可說明這一點：(1)羅馬攝政王（interrex）所扮

❸Theodor Mommsen, *Roemisches Staatsrecht*, I（Leipzig: Hirzel, 2nd ed., 1876）, 204-212。──日註

演的角色❺❾。⑵早期制度的殘餘，亦即由在職者來指定繼承人與同僚的習慣，例如由執政官來指派狄克推多（dictator）❻⓪，由前任者來核定繼任者的資格、並負責選拔——這些都被視爲一個妥當任命的先決條件。⑶至於羅馬共同體大會在選拔官吏時所扮演的角色，最初只限於歡呼贊成，稍後則爲一種有限度的選擇——在政務官提名或（稍後轉變爲）認可的候選人之中來選擇。不過在希臘，從城市王制發展爲一個在貴族控制之下的、任期一年的政務官制，與威尼斯模式之間的差異，在形式上要遠大於威尼斯與羅馬之間的差異。再者，中古歐洲其他城市制度的發展，與威尼斯亦有顯著差異。

貴族支配制全面發展的結果則是，不管在哪兒，見之於荷馬史詩裡的老人會議（由不再適合服兵役的老人所組成）皆爲貴族門閥會議所取代。這可能是個門閥首長的會議，例如羅馬早期由城市貴族所構成的元老院、斯巴達的"長老"（gerochoi）——亦即那些可以收受其隸屬民表示敬意之禮的人——會議、以及阿提喀（雅典）原先的"代表"（prytan）——由組成"naucrary"的氏族選舉產生❻①——會議。中世紀亦

---

❺❾在羅馬王政時期，當國王未及指定繼任者就去世時，國王的權限即歸元老院所有。元老院自動集合，依照抽籤所定出的順序，由各元老院議員輪流擔任五天攝政王，行使國王的權限；第二輪次以後的攝政王則採取指定下一任國王的手續。此一慣習至共和時期仍維持住，當兩名執政官皆出缺時，即由元老院的議員中選出一人爲攝政王，賦予和執政官相同的權限，審查下一任執政官候選人的資格，並爲選舉執政官一事召集人民大會。——日註

❻⓪狄克推多是古羅馬在國家非常狀態時（戰爭、內亂等）所任命的、具有獨裁權力的官員。他不由人民大會選舉，其任命過程是由元老院決定有設置之必要，然後由執政官提名，再由部族會議（curia）通過。產生後，所有政務官即在其治下，集軍事、司法、行政大權於一身，但任期最長不得超過六個月。狄克推多制在羅馬與迦太基之間的第二次布匿克戰爭後（Punic Wars, 216 B.C.）已不再出現。等到蘇拉（Sulla）和凱撒等人再出任狄克推多時，此一制度已有大幅改變。——中註

曾有過此一階段，只是不如古代那麼徹底地規格化，這主要是因為氏族在古代世界具有宗教上的重要意義。要不然就是由卸任官員所組成的會議，例如雅典的"元老會議"(Areopagus) ⑫，以及進入歷史時期的羅馬元老院。中古時期亦有類似現象，只是並不明顯，其形式是准許卸任的市長與市議員列席市政會議。古代政務官(即使是已退休的)一職所具有的軍事與宗敎的性格，其意義遠比中古城市的官員要來得強烈得多。然而，在這兩個時期，權力與官職實際上却一直都掌握在少數相互競爭的門閥手中，有時則是單一個門閥掌控一切，例如在巴奇阿德家族(Bacchiadae)支配時期的科林斯(Corinth) ⑬。包括中世紀在內，曾經在門閥城市裡擔任過官職的人永遠是極少數，這點可說是所有望族支配體制下的共通特徵。只要貴族的支配至少在實質上維持住，例如在羅馬，情況就會一直如此。

　　中古與上古時期的門閥支配還有其他的類似之處。貴族之間的械鬥，失敗者的被流放、及其以武力的強行歸來，還有不同城市間騎士

⑪naucrary 所選出的 prytanis 必須與稍後克萊斯提尼(Cleisthenian)改革後的 prytans 區分開來，後者乃是十個重組之後的 phylai 的代表。而 naucrary 則是前梭倫時期的制度，是四個最早的 tribe 之下的最基本單位，每個 tribe 下轄十二個 naucrary，因此，總共有四十八個。最初，這可能只是個財政單位，負責維持一定數目的戰艦、以及沿岸的防禦，後來則轉變成一般的行政單位，由一個 prytanis 為首。我們對於由這些行政首長所組成的議會所知不多。──中註

⑫雅典的 Areopagus 相當於羅馬的元老院，王政時期為君主的諮詢機構，貴族制時期，由曾任"執政官"(Archon)者──皆出身貴族──擔任此一機構的終身成員，因此成為保守勢力的大本營。到了西元前五世紀中葉，在 Ephialtes 及其他人的努力下，將此一機構的權力轉移到"五百人會議"、"人民法庭"及"人民大會"。──中註

⑬傳說科林斯於西元前 1074 年至 747 年是由亞列德斯王朝所支配，爾後支配權落入征服者多利安人的巴奇阿德家族手中，並建立 Corcyra 和 Syracuse 這兩個殖民地(據說是在 733 B.C.)，強化了海軍戰力。後來巴奇阿德家族的支配被阿格斯的費東(Pheidon of Argos)所顛覆，直到西元前 657 年僭主基普塞洛斯(Kypselos)出現，科林斯才脫離阿格斯人的支配。──日註

階層的戰爭(例如上古時期的勒拉丁之戰❻)，所有這些都是上古與中古時期司空見慣的現象。同樣的，在這兩個時期，鄉村地區皆無權利可言。而且，只要力所能及，古代城市與中古城市一樣都會迫使其他城市臣屬於己：例如斯巴達人所控制的 perioikoi 居住地❻、與後來由"總督"(harmost) ❻所統治的城市，以及臣屬於雅典及羅馬的許多城市，所有這些與威尼斯的屬地(terra ferma)、佛羅倫斯、熱內亞及其他城市所征服並派遣官吏統治的城市，皆有類似之處。

九、古代與中世紀門閥之經濟性格的類似性

從經濟上而言，古代與中世紀門閥最主要的特色厥爲，他們都是**坐食者**。

在這兩個時代，貴族的身分乃是取決於一種騎士的**生活樣式**，而非僅只是其出身。中世紀的門閥包括有以前君侯的家士、自由的封臣與騎士(特別是在意大利)、以及自由的地主(他們在累積到某個程度的財富後，也開始過起騎士的生活)。在日耳曼與意大利，有些門閥還保留著他們在城外的堡壘，作爲跟城市手工業行會交戰時的據點，一旦被逐出城市時，亦可以此爲基地對城市進行長期的鬥爭。在日耳曼最

---

❻西元前七世紀發生在 Euboea 島上的 Chalcis 與 Eretria 之間的戰爭，目的在爭取對勒拉丁(Lelantine)平原的控制權。結果爲 Chalcis 戰勝。——中註

❻斯巴達社會嚴格劃分成三種階級，上層階級是斯巴達公民，約占總人口百分之五至十，他們是統治者與軍人；下層是 helots，人口有前者的十倍之多，他們是束縛於土地的農奴；第三個階級即爲 perioikoi，意爲"居住在周圍者"，亦即鄰人之義，他們從事農業、採礦、經商等等行業，享有個人自由，這是他們與 helots 最大不同之處；不過，他們兩者均無任何政治權利。——中註

❻斯巴達派駐被征服城市的軍事首長。——中註

著名的例子，大概要數雷根斯堡的奧爾（Auer）家族❻。這些構成采邑團體的騎士階層，也就是意大利辭彙裡的"豪族"（magnati）與"貴族"（nobili）。那些沒有自己城堡的騎士家族，在手工業行會奪取權力的當兒，只得被迫留在城內效忠新政府，並爲新政府提供軍事服務以對抗豪族。

接下來的發展有兩個方向可尋，非騎士出身的家族可以透過購買一份貴族產業——通常是個城堡——的方式，從而擠身於貴族，並移居城外；另一方面，住在城裡的貴族則可以進一步地從偶然性的以資本介入貿易、轉變到持續性地經營自己的商業，從而放棄了原先坐食者的性格。這兩種傾向實際上皆曾出現，只是整體而言，前者佔有絕對優勢，因爲它意味著門閥在社會階梯的向上攀登。

當中世紀的政治領主或莊園領主建立新城市時，定居者間有時經常連一戶騎士家族**都沒有**，有時則是明顯被排除於外，特別是在手工業行會與門閥的鬥爭開始之後。我們愈是往東與往北走，換言之，愈是進入經濟上的新開發地區，此一現象即愈普遍。在瑞典，外來的日耳曼商人參與了建城的工作並加入市政府，挪威與東歐的情況也差不多。這些地區的"城市門閥"與商人階層——至少在城市的早期階段——實際上可說是合一的，此一現象的重要意義稍後再論。至於古老城市的話，情況自然不同。然而不管哪兒，我們都可見到一個坐食者階層的發展茁壯，這個階層構成眞正符合原意的貴族，並掌握門閥團體的領導權。在古代世界，眞正具有商人性格的城市貴族則主要可見之於殖民地，例如像伊比丹諾斯（Epidamnos）那樣的城市❻。

---

❻奧爾家族原先控制雷根斯堡，不過在1334年被驅逐出城，市長一職有十年之久皆限定由外來人擔任，頗爲類似意大利的 podesta 制。——中註

　　因此，門閥的經濟性格是相當流動不拘的；唯一能確定的只有其
重心──亦即坐食者的性格。我們必須再一次特別強調，門閥之所以
居住在城市，其經濟因素乃在於城市所能提供的營利機會，因此，不
管在任何場合，城市貴族的經濟力量皆源自利用此等營利機會。然而，
不管古代世界的門閥氏族成員（eupatrides，patricius）、還是中世紀
的城市貴族，皆非商人，更談不上現代概念下（在一個公司裡指導一切）
的企業家。他的確經常參與貿易，不過那也只是以一個船東、一個提
供有限責任的康曼達資金（commenda）或其他海外貿易貸款的出資
人的身分參與其事；實際的工作──例如航海與業務處理──皆委諸
他人，換言之，他只負責分攤風險與分享利潤，雖然偶爾也會像個企
業家一樣的運籌帷幄一番──不過也僅止於此。所有上古早期與中古
早期的重要企業形式──尤其是康曼達與海外貿易貸款──皆以此等
資金提供者的存在為前提；這些人將資金投入具體且一次了結的貿易
中，每個貿易皆有各別單獨的帳目，通常他們會同時投資相當多個這
類的貿易，以分散風險。

　　這當然不是說，城市貴族的生活與商人的經營之間，毫無任何轉
接的可能。從資本家取得（個別貿易之）康曼達資金的旅行商人，自己
也可以開辦一個“公司”，持續性的經營有限連帶責任的投資工作，並
僱用在外的代理人從事實際的貿易。另一方面，貨幣兌換與銀行業務、
乃至船舶業或大批發經營，即使是一個過著騎士生活的城市貴族也不
難計算經營。以此，從一個偶爾將閒錢投資於康曼達的資本所有者、
到一個像企業家一樣持續積極經營的資本所有者，其間的轉換過程自

⓰希臘人殖民地，在今日阿爾巴尼亞沿岸。──中註

然是變動不拘的。

　這種變動不拘的轉換過程對城市的發展而言，的確是非常重要且具有特殊的意義，然而其本身也是其他發展的結果。此一界線之所以模糊不清，經常是出現在手工業行會的支配時期；當時的門閥如果要參與市政，就得加入行會，另一方面，一個市民即使已不再從事企業，也還是個行會成員。意大利的大商人行會之所以被稱為“怠惰者”(scioperati)，正足以證明此點。此一現象的典型發展可見之於英國的大城市──尤其是倫敦。在那兒，積極從事營利活動的市民組成手工業行會以爭奪城市的支配權，他們爭論的目標在於基本的選舉制度：市議會與市府官員到底是該由“區”(ward)或區代表來選出，還是由手工業行會(livery⑲)來選舉；而我們知道，在“區”裡，擁有土地的城市貴族的勢力通常較為強大。手工業行會權力的日益增大，可見之於任何市民的權利皆日漸取決於其是否為某一職業團體的成員而定。愛德華二世(1307-1327年在位)早早即在倫敦確立了此一原則。至於以“區”為單位的自治體議會的選舉方式雖然在1384年前曾數度以武力強制恢復(在1351年以前都是以此方式)，最後還是在1468年永遠廢止，而改採手工業行會選舉的方式。

　儘管每個市民都必須擁有行會成員的身分，連愛德華三世(1327-77在位)也曾列名亞麻甲冑職工行會⑳，然而，在行會內部，真正活

⑲livery 原來意指業者提供的衣服、制服。在英國，特別是倫敦和幾個大城市，手工業行會可說是轉化為一種 livery-company。情形是：唯有自力購入行會制服來穿戴的手工業者，才被承認具有行會成員的資格，而連此種財力都沒有的手工業者，則被排除於行會之外。不過，這也可說是手工業行會轉化成商人或批發商行會的情形，換言之，部分的手工業者轉化為商人或批發商，而其他的手工業者則沒落為薪資勞動者及家庭勞動者，唯有前面這個階層方才構成 livery-company。──日註

⑳linen armourers，以今天的話來說，就是裁縫商行會 merchant tailors。──日註

躍的商人與工匠的重要性卻日益衰微,代之而起的則是坐食者的勢力。
儘管在理論上, 只有通過學徒訓練與入會許可才能取得手工業行會的
成員資格, 實際上則已逐漸轉變成可以世襲與購買, 行會與其名義上
職業之間的關係, 除了極少數例外(例如金匠行會), 大都皆已僅剩一
點痕跡。行會一方面由於其成員之間的社會與經濟衝突而分裂, 另一
方面, 則(通常)轉化成一個僅只負責選舉自治體官員的紳士團體。

在現實世界裡, 正如我們所見, 這些類型相互間實處於不斷流轉
變動的過程。然而, 任何社會學的現象莫不皆如此, 確定類型的工作
也不該因此而放棄。不管怎麼說, 在上古與中古時期, 典型的城市門
閥絕非專業性的企業家, 而是個坐食者與客串性質的企業家。在萊茵
河上游各城市的法規裡, "富貴閒人"(ehrsame Muessigganger)此一
官方用語是用來指門閥會議的成員, 而與手工業行會的成員有所區別。
在佛羅倫斯, 毛織品商人行會(Arte di Calimala)的大商人以及銀行
家, 其身分仍是屬於手工業行會, 而非門閥。

對**古代世界**而言, 企業家之被排除於門閥之外更是完全可以理解
的事。這並不是說, 羅馬的元老院貴族之中絕無任何"資本家"存在
——城市貴族與其他人的差異與此毫不相干。早期羅馬剝削其農民的
城市貴族、以及後來剝削其政治隸屬者的元老院門閥家族, 可說都是
具有"資本家"身分的**放款人,** 他們的活動範圍, 就我們所知, 絕無任
何限制。只不過是身分成規——雖然僅只是偶然得到法律的支持, 而
且有各種彈性——的要求,使得**企業家**的角色難以爲門閥家族所接受,
這點不管是上古或中古皆然。不同時代的、典型的城市貴族所投資的
對象, 當然是形形色色各式各樣的。儘管如此, 其間的區別卻一直都
截然可辨: 在純粹投資與利用資本求取利潤之間, 存在著一條界線,

誰要是太過明目張膽地跨越此條界線，在古代世界即會被視爲一個"匠人"(banausos❼)，在中古則會被視爲一個"沒有騎士風範"的人。中古晚期時，鄉村的貴族經常恥與城市的舊騎士家族爲伍，因爲這些家族的人居然在議會裡與手工業行會的成員——換言之，企業家——平起平坐。然而，這並非基於蔑視"營利慾"此一心理動機；實際上，古羅馬的官職貴族與中世紀沿海大城市的門閥貴族，都滿懷著"神聖的黃金慾"(auri sacra fames)，正如歷史上其他任何的階級一樣。他們所蔑視的毋寧是一種**理性的**、持續的經營，換言之，也就是一種特殊意義的"市民的"營利活動形式，一種有體系的營利活動。

1293年，佛羅倫斯所通過的法典《正義之法規》(*Ordinamenti della giustizia*)，目的乃在瓦解門閥貴族之支配，而其標準則爲：任何一個家族，只要曾經有過成員是個騎士，換言之，即過著騎士生活的家族，其政治權利即完全被剝奪。同樣的標準(亦即生活樣式)，在古代亦曾用來作爲拒絕曾經積極經營企業者出任官職的擋箭牌。佛羅倫斯頒行此一法典的結果乃是，根據馬基維利(Machiavelli)所云，任何想要留在城裡的貴族都得接受市民階層的生活樣式。這就是城市門閥貴族的最基本特徵，正如前面所見，他們乃是以"身分的"特徵爲其主要標幟。

除此之外，我們當然還得再加上所有卡理斯瑪貴族身分所具有的政治性特徵：換言之，曾經擁有某些特定官職與品位之家族的後裔，這些人即因此一緣故而被視爲夠格出任官職。這種現象可見之於麥加的"華族"、古羅馬的貴族與威尼斯的tribuni家族。團體封閉化的嚴格

---

❼banausos原本是意指"經營手工業者"，後來轉而帶有"匠人"、"低賤的"意味。——日註

程度不一；威尼斯就比古羅馬要來得嚴格，在古羅馬，政治上的新人(homo novus)並沒有被正式地排除於官職之外。然而，不管在哪兒，當一個家族是否適合就任市議會或市府官員的資格受到懷疑時，解決的辦法就是設法確定其家族成員是否曾經出任過這些職位，或者如佛羅倫斯法典所規定的，看看他的祖先裡是否曾經有過騎士。一般而言，身分閉鎖性的原則，隨著人口的增加與獨占官職之重要性的日益增大，會日趨嚴峻。

　　從上述這節的討論裡，我們已稍微涉及較晚時期的一些現象：古老的氏族卡理斯瑪貴族已完全(或部分地)被剝奪掉其原有的特殊法律身分，並被迫與其他階級──例如希臘城市的 demos、羅馬的 plebs、意大利的 popolo、英國的手工業行會(livery)與日耳曼的手工業行會(Zunft)──分享權力，從而與這些團體達成身分上的平等。其細節我們下面再談。

第 **4** 章
平民城市

一、以市民的兄弟誓約共同體打破門閥支配

從表面上看來，打破門閥支配的方式，在古代和在中世紀裡是相當類似的。特別是當我們考察中世紀時，若將基準點置於大城市，尤其是意大利的各城市，那麼這點就更加明顯。事實上，意大利各城市的發展，正如同古代諸城市的發展，都是依自己固有的法則在進行，換言之，並沒有來自城市**之外**的權力介入。

在意大利諸城市裡，繼 podesta 制成立之後的下一個決定性的發展階段，是**平民**(popolo)的形成。就經濟觀點而言，popolo 和日耳曼的手工業行會一樣，是由許許多多不同的要素所組成，特別是一方面為企業家，另一方面為手工業者。在與騎士門閥的鬥爭裡，起初是由企業家扮演領導的角色。他們創立並在財政上支持手工業行會的兄弟誓約共同體以對抗門閥，雖然鬥爭裡所必須的人力是由手工業者的行會來提供。由各行會所組成的誓約共同體，為了確保與門閥鬥爭所獲得的成果，往往指定一個人擔任運動的首領。例如蘇黎世，在 1336 年將頑抗的門閥趕出城市之後，即由騎士布倫(Rudolph Brun)與議會

來統治，而議會的組成則爲對等的兩部分，其一爲滯留在城市裡的騎士與廐舍者，及商人、布商、鹽商、金匠等企業家的行會，其二爲小手工業者的行會；在此種統治方式下，蘇黎世市得以對抗帝國軍隊的包圍❶。行會市民的誓約團體在日耳曼多半只不過是一時的特殊誓約共同體〔Sondereinung，並不包括全體成員，而只有部分人〕。直到行會代表得以加入議會，或者包括門閥在內的全體市民皆分別被吸納到各行會裡而使得城市制度產生變革時，這才爲特殊誓約共同體的存在畫上句點。

兄弟誓約共同體，作爲一種永久的組織，且以一種全體市民行會(Gesamtgilde)的形式存在的地方，僅止於低地日耳曼與波羅的海沿岸的一些城市。相對於各職業團體，其爲衍生組織的性格，可由其理事團乃是由各個團體的行會首長所構成而得知。十五世紀時的明斯特市(Münster)，沒有任何人會在未得行會的同意下遭到監禁。因此，全體市民行會也發揮了其爲對抗議會裁判的保護團體的機能。在行政事務上，行會的代表也加入議會——有時是恆常的，有的是僅止於重要的事務；沒有他們的參與，凡事皆不得議決。在意大利，此種對抗門閥的市民保護團體，具有遠爲強大的活動規模。

二、作爲非正當性之政治團體 Popolo 的革命性格

意大利的 popolo 不只是個經濟的概念，同時還是個政治的概念。

❶布倫將城市貴族與上層行會統合在名爲"Constabulary"(Constaffel，亦即"廐舍者"，參見第二章註❼)的組織裡，戰爭時負責提供騎兵。在市議會裡，Constaffel 擁有十三個代表席次，爲數和十三個小手工業者行會的席次相同。——中註

它是城市自治體裡的一個政治的特殊共同體，有自己的官員、自己的財政、和自己的軍事組織。就此字最根本的意涵，實指國家中的國家：第一個完全**自覺爲非正當的**與**革命性的**政治團體。此一現象之所以出現在意大利，原因是：城市貴族在經濟與政治上的權力手段較爲強勢的發展，導致過著騎士生活的門閥定居在城市裡的情形遠比其他地方來得嚴重；其結果，我們勢必時時善加討論。

　　與門閥對抗的 popolo 團體，奠基於諸職業團體(arti, paratici)的兄弟盟約❷；據此兄弟盟約而形成的特殊共同體，在其成立之初(Mailand 1198, Lucca 1203, Lodi 1206, Pavia 1208, Siena 1210, Verona 1227, Bologna 1228)，官方的名稱爲 societas, credenza, mercadanza, communanza，或者逕稱爲 popolo。此種特殊共同體的最高長官，在意大利多半被稱爲人民首長(capitano del popolo, capitaneus populi)，任期短，多半一年選舉一次，支領薪資，並往往按照自治體的 podesta 的模式，由外面招聘而來，此時，他必須帶著自己的官吏幹部一起來。popolo 提供給他一支多半由市區或由行會徵召而來的民兵部隊。就像 podesta 一樣，他通常是住在一個備有高塔的特殊的人民之家──popolo 的要塞。協助他的，特別是在財務行政上作爲特殊機構的，是由各行會按市區別選舉出來的短任期代表(anziani, priori)❸。人民首長所要求的權力包括：在法庭上保護人民、對自治體官方的決議提出異議、向官方提申建議案，並經常直接介入

---

❷ Paratici＝the "paraders"(遊行者)，arti 的同義字，或許是源自行會之舉辦遊行。參照 *Dizionario Enciclopedico Italiano*, IX(1958), 40.──英註
paratici，單數爲 paraticum，是十三世紀時意大利地區用來指稱行會的中古拉丁文。──日註

❸ anziano,-ni, "長老"之意。priore, -ri,意指首長。──日註

立法。不過，最重要的還在於他之共同參與 popolo 本身的決議。

　　至其完全發展之際，popolo 有了自己的法規，自己的租稅體系。有時，popolo 還達到這樣的情況：城市共同體的決議唯有在得到 popolo 的同意時方才有效，以此，共同體的新法律必須同時被載入兩者的法規條文裡。只要可能的話，popolo 便會強制將自己本身的決議納入共同體的法律條文中；在某些情況下，popolo 甚且贏得這樣的原則：popolo 的決議優先於其他一切的法規，當然也包括共同體的法條在內（在布瑞西亞這被理解為破除一切條例的最高者，abrogent statutis omnibus et semper ultima intelligantur in Brescia）❹。與 podesta 之司法裁判權相並存的，是 mercanzia 或 domus mercatorum 所具有的對等權限❺，後者特別是一切有關市場與商業事務上的管理，並因而成為商人與工業經營者的一個特殊法庭。除此範圍之外，此種法庭之取得對於 popolo 一般事務的管轄權，也不是什麼稀奇的事。十四世紀時，比薩的 podesta 必須發誓，他和他的司法官員絕不介入 popolo 人民之間的紛爭，有時，人民首長甚至獲得和 podesta 相媲美的廣泛的司法裁判權，在某些情況下，他甚且可以推翻 podesta 的判決。

　　人民首長往往獲得參加城市共同體各機關會議的權利，可加以監管，亦可將之解散，有時，他還有權召集城市市民、執行議會的決議（如果 podesta 沒這麼做的話）、宣布或解除放逐令、參與監督與管理

---

❹「它們〔亦即popolo的決議〕可使一切法規無效，且應被視為最高指示」，這是 Brescia 指示其 podesta 的一項法令，時約 1250 年。──日註

❺ mercanzia指"商人行會"，domus mercatorum 為"商人之家"，恐怕是指公會辦事處的意思。另參見 M. Weber, *Gesammelte Aufsaetze zur Sozia- und Wirtschaftsgeschichte*, S. 368, 442. ──日註

共同體的財政——特別是被放逐者的財產。在官方序列的順位裡，人民首長是位於 podesta 之下，不過，若如上述的情形，他又是城市共同體的官員，亦即 capitanus populi et communis〔popolo 與共同體之長〕，在羅馬的術語則是 collega minor〔次長〕，然而實質上，他多半是兩人之中較具實力的。他通常還握有城市共同體的軍事力量，並且當軍隊是由僱傭兵所組成時，情形更是如此，因爲傭兵軍隊唯有靠著富裕的 popolo 人民的租稅給付才能夠維持。

三、中世紀意大利城市裡各身分團體間的權力分配

若純就形式上觀之，舉凡 popolo 完全成功之處，貴族便只具有劣勢特權。popolo 人民可以就任共同體的官職，而貴族則不能就任 popolo 的官職。當 popolo 人民遭受貴族的侵害時，享有訴訟上的特權；capitano 與 anziani 監督著城市共同體的行政，而 popolo 本身却不受任何類似的統制。有時，popolo 本身的議決即足以約束全體市民。在許多情況下，貴族明顯地被一時或永久排除於共同體行政的參與之外。最著名的例子，是 1293 年 Giano della Bella 的正義法規。在佛羅倫斯，除了行會的市民軍的指揮者 capitano 之外，還選任了一名任期非常短且純粹爲政治性的非常官吏：gonfaloniere della giustizia〔正義的旗手〕，帶領一支爲數一千人、經由抽籤選出且隨時待命的特殊民兵隊，專門用來保護 popolo 人民、提出與執行對貴族的訴訟、以及監督正義法規的遵守。政治性的司法，連帶著官方的偵察組織、鼓勵匿名的告密、對豪族迅速的偵訊手續、以及相當簡化的證明辦法(根據"醜聞惡名")，是皆與威尼斯的十人委員會訴訟裁判相對應

的民主制措施。就實質方面而言，最具決定性的措施還在於：所有過騎士生活的家族被排除於官職之外、對他們課以保證品行端正的義務、家族任一成員的行為由全體家族負責、訂定特別的刑法來對付豪族的政治過失——特別是他們對 popolo 人民的侮辱、在未獲 popolo 人民的同意下不得購置與 popolo 人民之土地相比鄰的不動產。

保障 popolo 之支配的，是跨地方性的教皇黨，其黨綱被視為城市法規的一部分。任何未註冊為黨員者皆不得被選任為官員。關於教皇黨的權力手段，我們已討論過。然而，提供保障的這種黨組織，本質上乃奠基於騎士的戰鬥力，此一事實不禁讓人推想：門閥的社會與經濟力量並未因正義法規而被完全摧毀。事實上，這個佛羅倫斯的階級法案——為突斯卡尼地方(Tuscany)的許多城市所接受——發布之後的十年裡，門閥之間的爭鬥即再度張狂不已，金權制的小團體根本一直大權在握。popolo 的各種官職本身也總是經常為貴族所占，因為，貴族門閥可以明白地作為 popolo 人民而被接受；此時，實際放棄騎士的生活樣式，只具有部分的效果，基本上，只要能夠宣示保證政治上的服從，並且登記加入某一個行會即已足夠。

即此所產生的重要社會結果，是城居的門閥與"popolo grasso"〔肥仔，fat people〕某種程度的融合。popolo grasso(富裕市民)指的是受過大學教育或擁有資本的階層，他們被組織成七個上層行會(arti maggiori)，亦即：法官與公證人、貨幣兌換商、進口布商、佛羅倫斯毛布商、絲織品商、醫師與藥物商、以及毛皮商人的行會。原先，所有的城市官員都必須由這七個貴族所加入的行會裡選舉出來。直到數次的暴動之後，popolo minuto(下層市民)——小企業經營者——的十四個行會(arti minori)才正式獲得參與權力。不屬於這十四個行會的手工業者階層，直到齊歐皮(Ciompi)暴動(1378)之後，才獲得非常短暫的政權參與，事實上，直到那時他們才有了獨立的行會組織❻。小市民之成功地在法律上將不只是貴族、連同 popolo grasso 也一起排除於 priores 議會之外的情形，只發生於少數地方，並且也只是一時的，例如 1378 年的佩魯吉亞(Perugia)。

深具特色的是，由手工業市民所構成的這個下級無產階層，在對 popolo grasso 的支配採取攻擊態勢時，通常享有來自貴族的支援。這就像後來僭主制在群眾的援助之下而得以成立的情形完全一樣。其實，早在十三世紀時，貴族與這些下階層民眾已經常結合起來共同對抗來自市民階層的攻擊。此種現象是否產生，或者強度有多大，全繫於經濟的因素。在代工制(Verlagssystem)相當發展之處，小手工業者的利害便會與企業家行會的利害發生強烈的衝突。例如在佩魯吉亞，由於代工制的急速進展，一個個別的企業者即能養活 28 名男紡織工與 176 名女紡織工(filatori & filatrici；正如 Broglio d'Ajano 伯爵所證明的)❼。代工制下的小手工業者的情況通常是朝不保夕的。不但有外來

❻齊歐皮暴動是指 1378 年夏天發生於佛羅倫斯、由下階層勞動者所發起的暴動。ciompi 雖是梳毛工的俗稱，但參加此次暴動者則爲一般下層的勞動者。他們多半是從屬於 Arte di Calimala(毛織品商人行會)與 Artedi Lana(羊毛行會)的勞動者，但並不屬於二十一個被公認的行會(古老的七個，新的十四個)中的任何一個行會，故而完全被排除於城市的政權參與之外。自 1345 年以來，佛羅倫斯由於種種故而受到經濟危機的侵襲，大商人便試圖以犧牲下層勞動者的方式來去除危機；瀕臨飢餓的下層民眾舉梳毛工米開爾爲首領起而暴動，在米開爾這位"正義旗手"的帶領下，成功的使三個新的行會獲得承認。據聞，暴動之所以成功，尚得力於像麥迪西家族等新興商人的暗中支持。不過不久之後，財閥階層再度恢復勢力，不但否定了新的行會，並且於 1382 年亦將十四個小行會排除於政權之外，七大行會的支配即此再度復活。——日註

❼ Conte Romolo Broglio d'Ajano, "Lotte sociali a Perugia nel secolo XIV," *Vierteljahrschrift fuer Social-und Wirtschaftsgeschichte*, VIII (1910), 337-349. 關於本文所提案例，見 p. 334；關於下級行會(arti minori)於 1378 年攫取勢力，見 p. 347。——日註

勞動者的競爭，並且有一天工作算一天工錢。各企業家行會這邊想單方面來規制代工的條件，這態度正和受雇的手工業者行會(例如佩魯吉亞的剪毛工〔cimatori〕)這邊意圖禁止酬勞因競爭而下降的態度沒有兩樣。想當然爾，後面這些階層對於由各上層行會所組成的政府是沒有什麼好指望的。不過，他們也未曾在任何地方取得長久的政治支配權。遊走各處的小手工匠無產階層更是無論何處皆與城市的治理無關。直到下層手工業行會參與市政之後，才為城市的議會帶來一些至少相對而言民主制的要素；只是他們的實際影響力通常還是微不足道。

通行於意大利各城市的慣例，是為官吏的選拔設置特別的委員會，用以防止煽動並為選舉主導者設定政治責任(在近代歐洲的民主制裡，後者是不必負責且通常是匿名的)。這樣的設計能夠使選拔循序而進，並將當職的議會議員與官吏統合起來。不過，事情的結果通常只不過是具有社會影響力的各家族之間的妥協，尤其是不可能無視於在財政上具有決定性力量的階層。只有當數個勢均力敵的家族互相爭權奪利之時，或者在宗教的激昂時期裡，"輿論"才對各市政當局的構成具有積極的影響力。例如麥迪西家族，本身並不占有任何官職地位，光憑其影響力及其有系統地干預此種選舉程序，即成功地支配了佛羅倫斯市。

popolo 的成果是歷經激烈且血腥的長期鬥爭才獲得的。貴族會從城市退出，然後再以他們的城堡為據點回攻城市。城市軍隊則出兵攻破城堡，城市也時而透過立法有計畫地解放農民而粉碎農村傳統的莊園領主制組織。不過，打倒貴族所必要的權勢手段，popolo 則是以手工業行會(Zunft)這種公認的組織來取得的。城市共同體一開始即利用行會組織來達成行政目的；換言之，以行會為單位，一方面徵調手工業者來服要塞的警衛勤務,另一方面也越來越徵用他們來服步兵役。在財政方面, 隨著戰爭技術的進步, 企業家行會的支援尤其是愈發不可或缺。而提供知識與行政技術支柱的, 則是法學者, 特別是公證人, 往往還有法官, 以及像醫師、藥劑師這類具備專業知識的從業者。這些知識階層, 在城市共同體內部雖然通常是被組織於行會裡, 但無論何處, 他們總是 popolo 的指導份子, 扮演和法國的第三身分(tiers etat)裡的辯護人或其他法學者同樣的角色。最初的人民首長通常是曾任這類行會或諸行會團體之長的人。尤其是 mercadanza, 它原先是個工商業經營者的非政治性的團體(因為正如薩爾徹〔E. Salzer〕所正確強調的, mercatores 這個字在意大利也同樣是包含了所有的城市工業經營者與商人) ❽, 但通常成為 popolo 的政治組織的一個起步階段, 其首長 podesta mercatorum, 往往便是首任的人民首長。

　　不過, popolo 的整個發展方向, 最初是指向在法庭、共同體的各種團體與城市當局之前有組織地保衛 popolo 人民的利益。此種發展通常是以非貴族的平民事實上總是廣泛地被否定法律權利這件事為其出發點。不只在日耳曼, 經常發生(譬如流傳在史特拉斯堡的一個案例)貨運商與手工業者不但拿不到應得的酬勞反而換來鞭打, 然後又沒有任何法律訴權的事。而更具強烈刺激力的、是擁有軍事優勢的貴族所加之於 popolo 人民的人身侮辱與威脅, 這種事甚至在 popolo 特殊共同體形成之後的一個世紀裡還總是經常發生於各處。騎士階層的社會身分感, 與市民階層自然而然的反感, 彼此互相衝突。因此, 人民首長制的發展, 便以一種與市政當局對抗的、類似羅馬護民官的援助權

❽ Ernst Salzer, *Uber die Anfaengeder Signorie in Oberitalien. Ein Beitragzur italienischen Verfassungsgeschichte* 〔*Historische Studien*, Heft 14(1900)〕, p. 97, fn. 3。──日註

與監督權為起始，再據此演變成一種否定法庭判決的權力，最後遂成長為與市政當局同格的、具普遍效力的官職權力。

門閥間的相互鬥爭，助長了popolo勢力的上昇。這種鬥爭意味著市民經濟利益的受損，以及往往是popolo人民官吏之介入的最初機緣。此外，還有一個有利的因素，就是個別的貴族想要借助popolo人民之力以建立僭主制的野心。無論何處，貴族總是一直抱持著這樣的野心在過活。而正是貴族階層的這種分裂，給了popolo機會，使騎士階層的部分軍事力量轉為己用。純就軍事而言，**步兵軍隊**之重要性的擴大，在此即為與之相對的騎士軍隊的前途投下了最初的陰影。隨著理性的軍事技術的萌芽，這種情況更如順水之勢：在十四世紀的佛羅倫斯軍隊裡，首度出現了"射石砲隊"（Bombarden），亦即近代砲兵隊的前身。

四、古代的 Demos 與 Plebs 之類似的發展：羅馬的護民官與斯巴達的攝政官

在**古代**，〔和中世紀的popolo〕外表上相當類似的是deoms與plebs的發展❾。特別是在羅馬，本身擁有官吏的plebs特殊共同體，和popolo的特殊共同體完全相對應。護民官（tribuni）原先是四個市區的非貴族的市民所選舉出來的首長❿；監察官（aediles），根據邁爾

---

❾ demos 一字有兩種涵意：其一，與意大利的 popolo 和羅馬的 plebs 同義，意指"民眾"；其二，意指希臘城邦的地區性下級單位"里區"。——日註
❿ 護民官一職產生於羅馬共和制初期貴族與平民相抗爭之際，職司維護平民的權利。關於其起源，眾說紛紜：或謂 tribunus 一字與羅馬的里區 tribus 具有某種關聯，邁爾即認為護民官本為四個市區的人民的代表者，因此本來只有四名（至B.C.449年時增加為十

(Ed. Meyer)的看法，是非貴族的市民階層之祭祀共同體的神殿——同時也是其寶庫——的管理者；以此，他們也就是plebs的財務官 ❶。plebs本身自我組織成一個誓約兄弟共同體，誓言將任何妨礙護民官護衛平民利益的人打倒；這意味著：相對於羅馬國家的正當性官吏，護民官乃是神聖不可侵犯的(sacro sanctus)；這和意大利的人民首長通常並無聖寵(dei gratia)的稱號，而具有正當權力的官吏——執政官——通常在其稱號前冠有聖寵字眼的情形完全一樣 ❷。

據此，護民官並不具備正當的官職權力及其標幟——與城市神祇打交道，亦即神占(auspicia)；也不具有正當的命令權(imperium)的最重要屬性——正當的刑罰權 ❸。不過，取後者而代之的是，他做爲plebs之長，有權執行一種私刑(lynch law) ❹，亦即：任何人要是妨

名)。plebs獲勝之後，由於內部發生貧富的分裂，護民官即不再有實質的活動，直到格拉古兄弟時代才再度恢復本來的"護民官"的角色。凱撒與奧古斯都皆被給與終身的護民官權能。帝政時代以後此一官職雖仍存在，但已完全喪失實質的機能。——日註

共和時期的護民官具有宗教及法律上的神聖不可侵犯性，在他面前，任何人——包括執政官、元老與貴族——皆須俯首聽命。不過，他的權威離開羅馬即無效。——中註

❶監察官是隨著護民官的發展而成爲護民官之下屬的平民政官。原來職司守衛平民守護神 Ceres 的神殿，因此或謂官職名稱 aediles 即源於 aedes(神殿)。監察官雖負有擔任護民官之助理者的種種任務，但保管被存放於 Ceres 神殿中的平民關係文書尤爲其首要之責。後來除了平民監察官之外，另設有自貴族選拔出來的高級監察官，但不久平民亦可擔任此職。——日註

❷和稱號前並未冠上聖寵字眼的人民首長一樣，「"護民官"的權力來源也是"非正當性的"；他之所以神聖不可侵犯(sacro sanctus)，正因爲他不是個具有"正當性"權威的官員，所以只能由神明的護佑(或公民的復仇)來保護」(《經濟與歷史：韋伯選集(IV)》，頁271)。——中註

❸Auspicium imperiumque, 或"作爲共同體的代表來指導共同體與神和與人的事務之權威"，據蒙森的說法，此乃共同體官員之完整權力的兩個面相。護民官，作爲共同體之一部分人的代表，只擁有此種權力的部分。參見 Mommson, *Roemisches Staatsrecht*, I, 73; II, 269ff., 272。——日註

❹lynch law, 由美國 Virginia 州的治安法官 Charles Lynch(1736-96)私自處罰暴徒而得名。——中註

礙他的職務施行且罪證確鑿的話，那麼不用訴訟與判決，他即可將之逮捕並推落塔培亞斷崖❸。一如 popolo 的人民首長及 anziani，護民官後來所獲致的官職權力，同樣是從他有權為平民介入且禁止行政官員之官務執行的這項權力發展而來的。此種干預權，實乃羅馬官員對於同級或下級官吏一般具有的消極權力，不過這却是護民官的首要權能。和人民首長的情形完全一樣，護民官的權力即由此出發，而發展成一般性的否決權，進而成為城市的和平地區裡事實上的最高權力。不過，在戰場上，護民官則全無置喙餘地，將軍的指揮權在那兒高於一切。此種領域的限定，亦即限定護民官的職權只能行於城市裡——和以往〔正當的〕官職權力並不受此限的情形相反，正典型地反映出護民官之特殊市民的起源。

　　plebs 的一切政治成果便僅只藉著護民官的這種否決權而得以實現，諸如：針對刑事判決，得以向人民大會上訴的權利、債權法的緩和、為農村人民之故，法院定於市場日開庭、平等參與官職（最後包括神職與元老院）的權利等等，而最終則獲致霍坦西烏斯平民大會議決（das hortensische Plebiszitum）法案的制定，亦即：plebs 的決議，效力及於整個城市共同體❻。此種成果，在意大利的城市共同體裡也時得展現，在羅馬則隨著 plebs 的最後一次脫離而終獲實現❼。結果，

---

❸位於羅馬卡比多利努斯山西南方的斷崖。——日註

❻B. C.287 年由擔任狄克推多之職的霍坦西烏斯（Quintus Hortensius）所提出的法案，確定平民大會（concilia）的議決（plebiscitum）對於包含貴族在內的全體人民皆具有效力。——日註

❼羅馬的平民曾無數次出走（secessio，〔亦即脫離羅馬而於近郊另立城邦〕）。本文所提的是 B.C.287 年平民退出到台伯河對岸的事件。根據傳說，護民官的設置也是因為平民於 B.C.494 年退出羅馬的緣故才獲得認可。——日註

和中世紀意大利的情形一樣，〔羅馬的〕門閥勢力在形式上消沈沒落。

　　古老的身分門爭以此種方式解決之後，護民官一職的政治意義便顯著衰微。和人民首長一樣，護民官如今變成城市共同體的一個官吏，也被編整到層層向上的官職晉昇管道裡，所不同的只是：他是只由平民選舉出來的。即使如此，平民與貴族門閥的歷史性區別，事實上幾乎毫無意義可言，就此即讓位給官職貴族與財產貴族(新貴nobilitas與騎士equites)的發展 ⓲。這時，階級鬥爭發生，護民官往日的權能才在格拉古兄弟時期再度有力地復甦，成爲政治改革者與經濟的階級運動可資利用的手段(後者爲對官職貴族懷有敵意且在政治上沒落的市民階層所發動的階級運動) ⓳。此種復甦，最終導致護民官的權力，連同軍事指揮權，一併成爲元首(Prinzeps)之終身的官職屬性 ⓴。

　　此處，我們還可再問：羅馬的這種發展，在古代難道就沒有任何

⓲nobilitas 於西元前三世紀裡漸次形成，是以元老院爲中心的官職獨占者階層，包括以前的門閥貴族和平民兩種出身者。equites 主要是從事工商業與金融業的富裕階層。原義"騎士"，源於古軍制的名稱，然而此一階層於發展時期事實上並非服騎士勤務者。他們雖然富裕但並非貴族(nobiles)，例外者雖有卡圖(Cato)和西塞羅(Cicero)等踏入官界而晉身至元老院議員者，但仍被貴族視爲"暴發户"而輕蔑之。——日註

⓳羅馬於西元前二、三世紀時飛速地擴增土地，但另一方面卻產生奴隸制農業的發展、屬州穀物的輸入、意大利的土地兼併、中小農民之喪失土地等嚴重的問題。格拉古兄弟中的哥哥提伯里烏斯(Tiberius Sempronius Gracchus, B.C. 163-133)於 B.C. 133 年任護民官，提出土地法，規定一個家族所能占有公有地的最高限額，再將因此而釋出的公有地分配給羅馬市民和意大利農民。此一法案在有力者的強烈反對下通過，然而提伯里烏斯試圖打破前例而再度競選護民官，卻於選舉日被反對派所刺殺。其後，弟弟蓋烏斯(Gaius Sempronius Gracchus, B.C. 153-121)於 B.C. 123 年成爲護民官，繼續推動其兄的改革，試圖打破元老院的勢力。他於 B.C. 122 年再度獲選爲護民官，然於第三任選舉時落敗，遂於 B.C. 121 年自殺身亡。其後，又有護民官 Marcus Philippus 於 B.C. 104 年提出公有地再分配法案。——日註

⓴奧古斯都及其後的元首都終身擁有護民官的權力，雖然他們並沒有護民官的職位，相形之下，共和時期的護民官則僅斷續或短暫地佔有此一權力。——中註

與之類似者？就吾人所知，古代的確沒有像 plebs 和意大利的 popolo 那種政治的特殊團體的形成。不過，却有實具內在相似性格的現象出現。古代已有人（西塞羅，Cicero）將斯巴達的攝政官（ephors）視爲這種類似現象❹。此一理解當然是正確的。

攝政官（亦即監視者，Aufseher），相對於具有正當性的君主，是只有一年任期的官吏，並且和護民官一樣，是由斯巴達的五個地區性的 phylai 所選舉出來的──而不是由氏族制的三個 phylai 所選出。他們召集市民大會、對於民事事件與刑事事件具有審判權（雖然在刑事事件上並不是毫無限制的）、甚至可召喚國王到自己的法庭來、強制官吏提出報告、將官員停職、並掌握行政權；在斯巴達的領域內，他們和選舉制下的元老院（gerousia）事實上是握有最高政治權力者。在城市區域裡，國王只具有名譽上的特權及純粹個人的影響力，但在戰爭裡，則反過來握有維持紀律的全權，而紀律的維持在斯巴達又是特別嚴格的。攝政官隨從國王出征的事，恐怕是後來才有的。

攝政官原先或許是由國王所任命的（據說直到第一次梅森尼亞戰爭後仍是如此❷），但這一點並不就否定攝政官之具有護民官權力的性質。因爲，羅馬的 tribus 首長原來很可能就是這樣的〔由國王所任命〕。另一個更重大的事實：攝政官並沒有護民官特色獨具的、並且是中古

---

❹在民主制時期的斯巴達，每年皆由市民選出五名最高政務官，具有處罰所有官員與市民的權力及財政權，而爲人民大會的議長。每個月，國王必須向攝政官宣誓尊重國制，而攝政官則在國王尊重國制的條件下宣誓效忠國王。攝政官在卸任時要作政務報告，市民則得以告發他。此一官職的起源衆說紛紜，西元前六世紀左右就任此職的 Chylon 將此官職提升爲與國王並列的大位，並扮演相當重要的角色。——日註

❷梅森尼亞（Messenian）是位於伯羅奔尼撒半島西南部的地區。第一次梅森尼亞戰爭發生於B.C. 735-716年左右，斯巴達於此役中征服這個地方。——日註

的人民首長亦擁有的介入機能(Interzessionsfunktion)；但這同樣
無法否定攝政官之護民官的性格。因為，按照傳統，攝政官的地位本
來就具有保護人民以對抗國王的意義；不只如此，他們後來之所以沒
有此種介入機能，更是由於斯巴達的 demos 無條件地戰勝了對手，並
且 demos 本身已轉化成支配整個斯巴達領域的支配階級——原先為
平民的支配，後來事實上是寡頭制的支配。

　　斯巴達進入歷史時代後，即不知所謂的貴族。城邦無以復加地護
衛其對於被征服者(Heloten)的支配地位——每年隆重地向他們"宣
戰"，以使其剝奪政治權益一事獲得宗教的解釋；同樣的，也無條件地
強調其對於 perioikoi——非軍事團體成員——的政治獨占地位❷。對
內方面，至少在原則上，也還是嚴厲地監控著完全市民間的社會平等。
以上這些全靠一套秘密偵察制度來維持(令人想起威尼斯的krypteia)
❷。據傳，拉凱戴蒙人(Lacedaemonier)是首先廢止以服飾來顯示特
殊的貴族生活樣式的希臘人，因此，貴族的生活樣式在此之前必定存
在❷。廢除貴族及嚴格地限制國王的權力，可說是鬥爭與妥協的產物，

------

❷斯巴達人直至西元前八世紀前半葉，皆將征服地分配給斯巴達人，而將原住民奴隸化
　——成為為斯巴達人耕種土地的 Helots(此字原為俘虜之意)。攝政官於每年就任之際
　向 Helots 宣戰，以使斯巴達人殺害 Helots 之優秀份子的行動合法化。此外聽說根據
　"秘密偵察制度(krypteia)"，斯巴達青年還到農村裡謀害 Helots。這是普魯塔克的說法
　(Plutarch：Lycurgus, ch.28)：「攝政官每年向Helots宣戰，以使Helots之被謀殺不致
　於破壞宗教法。」不過一般而言，此事如今被認為是偽造的。——中註
❷普魯塔克提到斯巴達的攝政官派遣最敏捷的年輕人組團進入鄉間，這些人晝伏夜出，殺
　害他們所遇到的任何Helots；此一行動即稱為krypteia。這個故事曾一度被解釋為：斯
　巴達擁有一支專門用來鎮壓Helots的特別治安武力，不過現在已沒有多少人如此相信。
　krypteia一詞亦見於其他古代資料，目前多半認為乃是斯巴達年輕人受教育過程中，一
　段特別嚴厲與起始的階段。韋伯將此一制度視為一種"偵察制度"，可能是受到邁爾的誤
　導，邁爾在比較威尼斯與斯巴達所具有的警察國家之性格時，亦曾用過此一名詞，詳見
　Eduard Meyer, *Geschichte des Altertums*, III, p. 518。——日註

關於這點，國王與攝政官之間互換的誓言——一種定期換新的憲法契約，似乎即是個具有說服力的證明。令人感到疑慮的不過是：攝政官似乎還承擔著某些宗教的功能❷。不過，這倒是由於他們轉化為正當的共同體的官吏的程度要比羅馬的護民官大得多的緣故。總之，斯巴達城邦的各種決定性特徵，給予人太強烈的一種理性創造的印象，因而不太可能是沿自遠古制度的遺習❷。

五、古代的"民主制"結構與中古時期的對比

在其他的希臘共同體裡，並沒有類似的現象出現。但是，我們到處都發現一種非貴族市民對抗門閥的民主運動，並且絕大多數情況下，都是門閥支配被一時或永久地排除。不過，和中世紀一樣，這並不意味著所有市民在就任官職、成為元老院議員、以及投票權等方面，享有同等的地位，也不是意味著所有具人身自由及定居權的家族皆被接受加入市民共同體。和羅馬相反的，被解放者根本就不屬於市民共同體。另一方面，市民的平等地位則為投票權與任官資格的層級性——起初是根據地租收入與軍事能力，後來則是根據財產多寡——所打破。此種層級性即使在雅典也從未在法律上完全被排除過，就像中世紀的城市裡，無產階層也從未在任何地方永久獲得與中產階層相同的權利一樣。

---

❷Thucydides, *History of the Peloponnesian War*, bk. I, ch. 6。——日註
❷宗教的機能乃是正當權力的一部分。參照本章註❷。——日註
❷韋伯此處乃是在爭論當時的一個熱門話題，亦即斯巴達之 Lycurgan 體制裡攝政官起源之早晚、合法或革命性質的問題。他爭辯的對象主要是 Szanto, E. Meyer 等人，詳見 *Economy and Society*, II, p. 1337n19。——中註

在人民大會裡，具有投票權的，要不是那些屬於 demos 且登錄在 phratriai 軍事團體裡的土地所有者——此乃"民主制"的第一階段，就是他種類別財產的擁有者。起初，決定性的判準在於：是否具備自行武裝以參加重裝步兵軍隊的能力。此種變革是與**重裝步兵軍隊**的重要性之上揚連結在一起的。我們將很快看到，光是投票權的層級性，絕不是達到此種效果的最重要手段。和中世紀一樣，市民大會的形式結構有各式各樣規制的可能，並且其形式上的權限也儘可廣泛地設定，但却不會因而徹底地破壞有產者的社會勢力。

demos 運動的發展，在各處產生各種不同的結果。最立即的(在某些情況下則為永久的)成果是：民主制——外形上類似見諸許多意大利城市共同體的民主制——的成立。不管用何種財產評價來鑑定，非貴族市民當中最富有的階層，換言之，基本上為貨幣、奴隸、作坊(ergasteria)、船舶、商業資本與借貸資本的擁有者，取得了與本質上為土地所有階層的門閥共同參與元老院及各種官職的權利。此時，小工商業經營者、小行商、小資本額者等等，一般即在法律上、或者由於其沒有餘暇的結果因而事實上被排除於官職之外。或者，在民主化的進一步發展之下，權勢却正好落入後面這些階層的手中。不過，若要產生這種情形，則必須發現能夠克服這些階層在經濟上無暇擔任公職的手段——譬如支付日薪的辦法——以及取消得以擔任公職的財產最低限額。然而，此種狀態，以及 demos 內部〔因財產之分殊〕的階級差異真的不再為人所在意的情形，直到西元前第四世紀時方才達成，亦即阿提喀的民主制的最終狀態。此種最終狀態的到來，只能有待於重裝步兵之**軍事**意義的消失。

非貴族階層全面性的或部分的勝利，對於整個古代的政治團體的結構及其行政結構，具有以下這兩個真正重要的結果：

一、平民的勝利意味著，政治團體之**機構**（Anstalt）性格的逐漸實現。其中的一個面相，是地域共同體原則的貫徹。正如中世紀，早在門閥支配的時代，市民大眾已被分割在數個地域性的市區裡，並且popolo 也至少部分地按照市區別來選舉他們自己的官吏；同樣的，古代的門閥城市也知道將非貴族的平民按地域里區來劃分——特別是為了分派賦役及其他公共負擔之故。在羅馬，除了三個古老的、私人關係性的、由氏族與 curia 所構成的里區 tribus 之外，尚有四個同樣稱為 tribus 的純地域性的里區，隨著 plebs 的勝利，後者又再加上農村的 tribus。在斯巴達，除了古老的三個私人關係性的 phylai 之外，還有四個、後來是五個、地域性的 phylai。本來，在民主制初發的希臘地區，民主制的勝利是與走向里區制合而為一的，換言之，demos 成為整個城邦的地域性次級單位，並且也是城邦裡一切權利與義務的基礎。我們很快就會討論到此種變遷的實際意義。不過，此種變遷的結果則是：城邦的運作已不再如同防衛性的、氏族團體的誓約兄弟共同體，而是像一個機構似的地域團體（Gebietskoerperschaft）。

城邦之機構性格的展現，另一方面也大大得助於有關法律本質之思考的改變。法律成為規範市民與此種城市領域之居民的機構法（Anstaltsrecht）——儘管，如前所述，仍殘留著些古老的遺制；同時，也越來越成其為理性制定的法律。制定法取代了非理性的、卡理斯瑪的裁判。與門閥支配之去除並進的，是開始有了立法。起初，由於仲裁者（Aisymnetes）之故，立法還具有卡理斯瑪的性質❷。但不久之後，即由人民大會（ekklesia）經常性的（最後則為源源不絕的）創立新法，並且產生純粹世俗的、以制定法為依據的司法審判（在羅馬則是以政務官的訴訟訓令爲據❷）。在雅典，最後的結果是，人民每年都要被問道：
是否維持現行的法律，或者應加以修改。以此，爲人們所領悟到的一
個不證自明之理是：有效的法律是，而且也應該是，人爲創造出來的，
並且必須奠基在受法律所規範的人的同意之上。

　　當然，在古典的民主制時代裡，例如西元前四、五世紀的雅典，
這樣的一種法律觀念尚未達到無條件支配的地步。並非任何 demos 的
決議（psephisma）即爲法律（nomos），即使是以決議來訂立一般性規
範的情況下，亦是如此。當 demos 的決議有違法律時，任何市民皆可
在陪審法庭（heliaia）上加以駁斥❸。法律（至少在當時）並不是由
demos 的決議所產生。法律的制定是基於某一市民的提出新法案，然
後在特別的陪審員會議（nomothetai）上進行法理的辯論❸，亦即爭辯

❷西元前六、七世紀的希臘，謀求參與政權的中層市民和苦於負債重壓的下層市民，與門
　閥貴族間的對立激化；於是在貴族與平民的同意下，“仲裁者”被賦予國制上的全權以
　調停兩者間的對立。雅典的梭倫（Solon, 638?-559? B.C.）即爲其典型。衆所周知，梭倫
　採取了種種調停措施，諸如：消除貧農債務、禁止人身抵押、將市民按所得劃分爲四級
　來規定參政權和兵役義務等等。──日註
❷衆所周知，羅馬的訴訟程序分爲法庭程序（in iure的程序）與在審判人面前的程序（apud
　iudicem的程序）兩個階段。前者是在法務官與地方官等政務官面前進行，於此調查當事
　人的訴訟資格與有無控訴權、決定當事人之間的紛爭點，並任命審判人（iudex）。當此
　之際，政務官交付審判人“訴訟訓令”，指示後者在何種法律上與事實上的條件下，承認
　或不承認所被聲明的申訴權。審判人即根據此一訓令來審理事實，並舉出證據下定判
　決。關於此種訴訟形式之促進法律的合理性與技術性，參見 M. Weber, “Rechtsso-
　ziologie,” *Wirtschaft und Gesellschaft*, Kap. VII, S. 463。──日註
❸heliaia 爲雅典民主制時期的法庭。每年以抽籤的方式決定六千名陪審員，然後再抽籤
　決定出席各具體法庭的陪審員。陪審員出席人數依事件的重要性而定，私法事件爲四、
　五百名，政治事件則超過千人。究其實，此乃民衆法庭，韋伯故曰，此種法庭是「依據
　“實質的”正義而下決定，事實上也就是依從眼淚鼻涕、逢迎拍馬、煽動性的叫罵謾罵與
　機智而定」。德文第四版編輯者註明，參見 Ed. Meyer,*Geschichte des Altertums*, Bd.IV,
　I(4. Aufl., 1944), S. 538, 540ff.; Max Fraenkel, *Die attischen Geschworenengerichte*
　(1877); Otto Schulthess, *Dasattische Volksgericht*(Bern, 1921)。──日註

古法或者新提案的法何者才應該是有效的。此乃有關法之本質的古老觀念的一種獨特的遺習，直到後來才消失。邁向將法律視爲一種理性創造物的決定性的第一步，是雅典之藉由埃菲阿提斯(Ephialtes)的法律而廢除宗教性的、貴族的否決機構——長老會議(Areopagus) ㉜。

二、民主制的發展導致行政的變革。換言之，demos 的公職人員——經由選舉或抽籤選出，任期短，向人民大會負責，有時可加以罷免——甚或 demos 本身的一整個下屬團體，取代了靠著氏族卡理斯瑪或官職卡理斯瑪而進行支配的名門望族。這些公職人員即爲官吏，不過並不是近代意義下的官吏。他們只領取少許的補助費用，或者像抽籤選出的陪審人那樣只領受當日的酬勞。短短的官職任期，以及往往不得再次任職的禁令，使得近代意味下的官吏制度所具有的職業性格無從發展。這裡頭沒有官職的晉昇體制與身分榮耀。公務被當作臨機的官職來執行，對大多數的官員而言，這並不需求他們的全副心神，而官職收入即使對無產者而言，也只不過是(儘管也正是他們所渴望的)一種副收入。當然，高級的政治官位，尤其是軍事官職，需要任職者投入其全部的工作活力，因此之故，這些職位也只有饒富資產者才有辦法擔任。在雅典，擔任財務官員者，必須符合高度財產數額的規定，而不是我們現代繳交職務保證金就罷了。究其實，這些高級職位正是種〔不支薪的〕榮譽職。

在伯里克里斯時代的雅典，由完全發展的民主制所創造出來的眞

㉛nomothetai 爲"立法者"之意。西元前四世紀的雅典，遇有改廢法律的提案時，人民大會即自 heliaia 的陪審員中選出立法者，再由這些人所組成的會議來審議法律的改廢與否。——日註

㉜Ephialtes 爲雅典政治家，歿於 B. C. 462(461?)；與伯里克里斯一起推動改革，致力於剝奪貴族的特權，亦因此招致怨仇而被謀殺。——日註

正的政治領導人物，亦即群眾煽動家（Demagogue），在形式上通常是位居領導地位的軍事官員。然而其實際的權勢，並不是奠基於法律或官職，而完全是奠基於其個人的影響力與 demos 的信賴之上。因此，他們的權勢地位非但不是正當的，甚至也不是合法的，儘管整個民主體制是考量其存在而裁製出來的，這就像近代的英國憲法的制定是設想到內閣的存在一樣，後者同樣並非基於法律所賦予的權限而進行其統治。進一步而言，群眾煽動家因領導無方而被控訴的情形，我們亦可在英國國會之進行不信任投票——從來也沒有經過法律所制定的權限——一事上找到不同形式的對應版。經由抽籤所組成的議會，於此不過是 demos 的執行委員會，喪失了司法裁判權，不過握有人民大會議案的預審權（透過預決的辦法：probouleuma）以及財政的監督權㉝。

　　在**中世紀**的城市裡，popolo 支配的遂行，也產生了類似的結果。此即：一方面，城市法的大量編纂、市民法與訴訟法的法典化、以及各式各樣的條例的充斥泛濫；另一方面，則是冗官冗員的大量湧現。以日耳曼的小城市為例，官員的種類即有四、五打之多。除了事務處職員、法庭與監獄職員、以及市長的助理人員之外，尚有大批的專門人員。這些專門人員的官職只不過是臨時性的，其官職所得——主要是規費——也只不過是一種為他們所企盼的副收入。

　　古代城市與中世紀城市——至少是大城市裡——另一個共通的現象，是許多現今通常在議會（由選舉產生的代議士所組成的會議）裡處理的問題，被交付給選舉制或抽籤制下的特別合議機關來處理。例如

㉝向人民大會提出的議案全都必須預先交由評議會審議並獲得承認；評議會有時也會附上自己推薦某個提案的意見交給人民大會。——日註

古希臘時代的立法，便是如此，而其他一些政治的事務亦是如此，諸如：在雅典，有關同盟條約締結之際的宣誓行為，以及向同盟城市課以貢賦的分派等等。在中古時期，有關官吏——特別是最重要的官吏——的選舉，往往是如此處理，而且有時連決定最重要的合議機關的成員的問題，也是以這種方式解決。此乃近代之代議制的一種替代方式——代議制的近代形式，在當時並不存在。"代議士"僅只是整個團體的代表者，此乃相對應於一切政治權利皆具傳統的、身分的性格，亦即皆具特權性格的情形。換言之，在古代的民主制裡，代議士是祭祀性共同體或以國家甚或同盟國家的形式集結在一起的共同體的代表者，在中世紀則為行會或其他團體組織的代表者。唯有**團體**的**獨特權利**(Sonderrechte)才可被"代表"，而不像近代的國會裡，各議員所代表的是某一地區流動不拘的"選舉人團"。

六、古代與中古時期的城市僭主制

古代城市與中世紀城市最後還有一個共通的現象，就是**城市僭主制**的出現，或者至少是這樣一種企圖的出現。只是，城市僭主制在這兩個時代裡都只是地方性的現象。在希臘本土，僭主制於西元前六、七世紀時次第襲捲了一個又一個的大城市，包括雅典在內，不過却都只延續了幾許世代❸。在此，城市的自由大體而言都是在被優越的軍事力量征服後才告消滅。相反的，在殖民地區，例如小亞細亞，特別是西西里，僭主制的散布則較為長久，某些地方甚至直到城邦瓦解時

---

❸有關希臘僭主制的簡要分析，參見 A. Andrewes, *The Greek Tyrants* (New York: Harper Torchbooks, 1963)。

都還是決定性的政治體制。

僭主制無論在何處皆為身分鬥爭的產物。在某些情況下，例如在〔西西里的〕敍拉古斯(Syracuse)，被 demos 壓制下去的諸門閥似乎曾幫助僭主取得支配權。不過，整體而言，僭主所依靠的、是部分的中產階層，以及那些飽受門閥高利貸之苦的人，而其敵人則是門閥——他將他們放逐、沒收他們的財產，而他們則圖謀倒他的台。古代典型的階級對立，亦即作為債權人的城居軍事貴族、與作為債務人的農民之間的對立。此種對立，從以色列、美索不達米亞，到希臘與意大利，四處皆然。在巴比倫，農村土地幾乎全部掌握在城市貴族手中，而農民則成為他們的小作農。在以色列，債務奴隸的問題則是"契約之書"(Bundesbuch, Book of the Covenant)裡所企圖規範的對象❸。從亞比米勒(Abimelech)一直到馬卡比(Judas Makkaebaer)的所有篡奪權位者，無不是靠著逃亡的債務奴隸起家的❸。〈申命記〉裡的許諾說：以色列人「必借給許多國的人」❸，這意味著：以色列市民是債主與城市貴族，而其他人則是他們的債務奴隸與農民。發生於希臘與

---

❸所謂"契約之書"，是指《舊約聖經‧出埃及記》，自 20：22 至 23：33，特別是 21：2 以下。參照 M. Weber, *Gesammelte Aufsaetze zur Religionssoziologie*, Bd. III, S. 70; *Gesammelte Aufsaetze zur Sozial-und Wirtschaftsgeschichte*, S. 85f.。——日註

❸關於亞比米勒，見第一章註❸。Judas Makkaebaer 為猶太的愛國者，於西元前 165 年左右將敍利亞人驅逐出耶路撒冷，再興猶太教。為了使猶太人獲得完全的宗教自由與政治獨立，他於西元前 160 年再度大破敍利亞軍隊，然而其後卻戰死於敍利亞之另一次入侵的會戰中。他出身於耶路撒冷東北方的一個祭司家族哈斯蒙家，支援他的則是因敍利亞人之入侵而失去土地的農民階層。自從耶路撒冷光復後，哈斯蒙家奪取耶路撒冷之政治與宗教支配權的意圖愈來愈明顯，事實上，猶大斯的兄弟西蒙於西元前 141 年即獲承認為政治與宗教的主權者，創立哈斯蒙王朝，或稱馬卡比王朝。——日註

❸《舊約聖經‧申命記》，15：6、28：12。另對照 28：44。參見 M. Weber, *Gesammelte Aufsaetze zur Religionssoziologie*, Bd. III. S. 74f.; *Gesammelte Aufsaetze zur Sozial-und Wirtschaftsgeschichte*, S. 90。——日註

羅馬的階級對立，也同樣是如此。

　　僭主一旦奪得權位，通常便獲得小農民以及和小農民作政治結合的貴族小黨派、及部分的城市中產階級的支持。一般而言，僭主制所仰賴的是親衛軍與僱傭兵。民眾之准許親衛軍的成立，無論對古代的群眾領導者而言（例如佩西斯特拉圖斯）❸，或對中世紀的 popolo 人民首長而言，多半是奪得權位的第一步。他們所採取的政策，就實質內容而言，往往相當類似於“仲裁者”（aisymnetes，諸如卡隆達斯與梭倫）的身分平等政策❸。因此，在透過仲裁者採取這類政策以建立國家與法律的新秩序，與擁立一位僭主之間，很明顯的往往是個二選一的問題。仲裁者與僭主們的社會與經濟政策，不外乎：設法阻止農民的土地被賣給城市貴族以及農民的流入城市，在各處限制奴隸買賣、奢侈品的消費、仲介交易、以及穀物輸出。所有這些措施，基本上就是一種小市民的“城市經濟的”政策，相對應於中古城市的“城市經濟政策”（我們後面還會談到）。

　　無論何處，僭主皆感覺自己是個特別**非正當的**統治者，而一般也有此同感。這使得他們的全盤地位，包括宗教地位與政治地位，都與昔日的城市王制有所分別。一般而言，他們多半是新的感情性崇拜──特別是戴奧尼索斯崇拜──的獎勵者，相對於貴族的儀式主義的崇拜❹。他們通常會試圖保持其共同體之基本制度的外在形式，亦即

---

❸Peisistratos（600？-527？B.C.），雅典的僭主。趙梭倫改革後的動搖，於西元前547年左右確立其支配。他的政績有：因應自耕農保護政策而育成重裝步兵、開海外發展之緒、編纂荷馬的史詩等。其勢力的基礎在於僱傭兵（外國人占大多數）與奴隸軍隊。　　──日註

❸卡隆達斯（Charondas）爲西西里的卡達尼亞（Catania）人，西元前六、七世紀希臘的立法者。他不但爲家鄉立法，並爲各 Chalcidic 殖民城市、特別是 Rhegium 制定法律。　　──日註

符合合法性的要求。當僭主統治氣數已盡之時，其政權所遺留下來的通常是貧弱無力的門閥，因此，爲了買通非貴族階層以合力驅逐僭主，門閥不得不對 demos 作廣泛的讓步(因爲唯有他們的合作，此事方有可能成功)。克萊斯提尼(Cleisthenes)的中產階層的民主制，即是繼佩西斯特拉圖斯之被放逐而起的❹。當然，在某些地方也有商人的金權制取代僭主的情形。這些由經濟的階級對立所促成的僭主制，至少在希臘本土上，具有將身分間的不平等往財力政治或民主制的方向化解的效用，也往往是身分齊平化方面的先驅者。

　　相反的，在希臘晚期，創建僭主制的嘗試——無論成功與否——是起因於 demos 的征服政策，而這與 demos 的**軍事**利益關懷(我們後面會討論到)相關連。獲得軍事勝利的將領，像阿奇比阿德斯(Alkibia-des)、呂桑德洛斯(Lysandros)，即試圖建立此種僭主制❷。不過，在希臘本土，此種嘗試直到大希臘化時代皆未獲得成功，連同 demos 的軍事帝國的建制也崩解了(理由後述)。相反的，在西西里，不論是昔

❹戴奧尼索斯(Dionysos)爲起源於 Thrace 的神祇，主掌植物與動物的生命。亦被稱爲 Bakchos(Bacchus)。於西元前八世紀(一說西元前十五世紀以前)傳入希臘。在希臘，祂與葡萄相結合而成爲葡萄酒之神。主要是一種女性的信仰，傳說陶醉的信女們集結在一起手持火把、揮動著常春藤杖頭的木杖於夜半的山野中亂舞，將出現的野獸裂爲八塊而食之。雅典的僭主佩西斯特拉圖斯保護此一祭典而獎勵悲劇與喜劇的新作於衛城(Acropolis)南麓的戴奧尼索斯劇場裡競賽演出。以此，戴奧尼索斯亦爲戲劇之神。——日註

❹克萊斯提尼爲西元前六世紀的雅典政治家。他廢除自古以來的四個氏族制的 phylai 以打破門閥貴族的勢力，並以新的純粹地區性共同體 demos 爲單位，建立十個地域制的 phylai 的制度。據此莫下了雅典民主制的基礎。他並且創立了陶片放逐制度。參見 M. Weber, *Gesammelte Aufsaetze zur Sozial-und Wirtschaftsgeschichte*, S. 122f.。——日註

❷上述兩人爲伯羅奔尼撒戰役最後一個階段、雅典與斯巴達軍隊的指揮官。阿奇比阿德斯曾在西元前 407 年取得雅典的獨裁權，然而在同一年即因敗於呂桑德洛斯而被流放。呂桑德洛斯在西元前 404 年迫使雅典投降，並在各征服城市建立其個人勢力，然而他始終無法成功地控制其家鄉斯巴達，最後在西元前 403 年亦被放逐。——中註

日在第倫尼安海(Tyrrenian Sea)的擴張性海上政策，還是後來對抗
迦太基的國防軍備，都是由僭主來領導的。藉著市民軍隊以及僱傭兵
的支持，並且採取最赤裸裸的東方典型措施，諸如：強制傭兵大量地
市民化，以及強行移徙被征服民，僭主創建出一種超地方性的軍事王
制。最後，在羅馬，當發展爲僭主制的各種徵兆歷經共和制早期皆歸
於失敗之後，由於征服政策的結果──其社會與政治的根由，留待下
文逐一討論──最終陷落於自內部發展而來的軍事王政之手。

　　在**中古時期**，城市僭主制主要是(若非全部都是)局限在意大利。
根據邁爾的說法，意大利的 signoria 相當於古代的僭主制❸。的確，
這兩者間有如下的共通點：㈠兩者大致都是在富裕家族的手中形成，
並且與其相同身分者相對立；㈡兩者都是西歐首先以(比重愈來愈高
的)**任命制官吏**實施合理性行政的政權；㈢同時，多半維持住傳統的共
同體制度的某些形式。但除此之外，兩者間也出現重大的差別。首先，
雖然 signoria 確實經常是身分鬥爭的直接結果，但往往直到 popolo
獲勝之後的最終發展階段才出現，其間有時相隔好一段時期。此外，
signoria 多半是從 popolo 的合法官職發展出來，然而在古希臘，城市
僭主制却只是門閥支配與金權政治或民主制之間的一種過渡現象。

────────────

❸意大利中部與北部自十二世紀以來即形成各城市自治共同體，就類型而言，歷經 con-
　sule 制、podesta 制、capitano del popole 制等階段，至十三世紀末左右轉變成門閥獨
　裁時代，亦即走到 signoria 制的階段；其後，這些門閥於十六世紀轉化爲世襲的專制君
　主，亦結束了城市自治共同體的時代。signoria 制階段裡的獨裁者雖被稱爲 signore 或
　dominus，然而，第一，他們並非世襲的君主，第二，諸如 consiglio maggiore(大評
　議會)、consiglis de credenza(小評議會)、行會代表、市民總會等自治機關在形式上
　仍然存在；換言之，此一階段一方面維持了城市自治共同體的外表，實質上亦爲未來的
　專制君主國家的階段作好準備。正值此一階段的十四、五世紀時，集結於 condottiere
　(傭兵隊長)名下的傭兵隊，在意大利廣被利用於 signore 之間的激烈鬥爭裡，這是眾所
　周知的。傭兵隊長時有推翻自己所事的 signore 而自立爲 signore 的例子。──日註

signoria 的發展，正如薩爾徹所明確陳示的，具有許多不同的樣式❹。一大部分的 signoria，作爲 popolo 暴亂的產物，全都是直接從 popolo 的新官職當中發展出來。經由 popolo 人民所選舉出來的人民首長，或 mercadanza 的 podesta，或城市共同體的 podesta，任期愈來愈長，有時甚至是終身職。這種長任期的最高官吏，已見於十三世紀中葉時期的皮亞森薩(Piacenza)、帕瑪(Parma)、羅第(Lodi)與米蘭(Mailand)。在米蘭，威斯康提(Visconti)家族的支配，就和佛隆納的斯卡里格家族(Scaliger in Verona)以及摩登拿的埃斯特家族(Este in Modena)的支配一樣，在十三世紀末時事實上已世襲化❺。與終身制和(起初是事實上的，後來是於法有據的)世襲制的發展並進的，是最高官吏之權限的擴大。他們的權限從專斷的(arbitraer)、純政治的刑罰權開始❻，擴展成與議會及共同體相匹敵的、可處置任何事項的一般權能(arbitrium generale)，最後發展成有權根據自由判斷(libero arbitrio)來統治城市，以及敍任官職、發布具法律效力之政令等等的支配權(dominium)。

---

❹Salzer, *Die Anfaenge der Signorie*, 前引書各處，另參照本章註❽。——中註

❺威斯康提爲支配米蘭市所在的倫巴底地區的家族。祖先 ottone 曾參加第一次十字軍東征而成爲米蘭的副首長(vicecomes)，威斯康提之名(Visconti)即由此而來。ottone 的外甥 Matteo(1250-1322)奪得米蘭的政權，於十三世紀後半葉開始擴張領土於北意大利。斯卡里格家族亦稱斯卡拉(Scala)。於 1260 年至 1387 年支配佛洛拿市(十三世紀後半葉時有若干中斷)。尤以 Can Grande della Scala(1291-1329)之贊助詩人但丁與藝術家 Giotto di Bondone 最爲有名。埃斯特家族爲意大利最古老的貴族家族。自十三世紀至十六世紀末支配費拉拉(Ferrara)，自中世紀末至十八世紀末支配摩登拿。在文藝復興時期以文學藝術贊助者的身分扮演相當重要的角色。——日註

❻亦即一種不受城市法規限制、也不須要(通常是須要的)正規權力當局協同的司法權力(sine illis de curia et collegio)，不過這種權力在某些事件——通常是政治性的，例如叛變——發生時，會受到限制。——日註

　　此一擴大職權的措施，有兩個不同的——但實質上經常是二而一的——政治根源。其一即政黨支配的問題。特別是落敗的政黨對於整個政治狀態、因而間接對於經濟狀態(尤其是土地所有狀態)的持續性威脅。由於慣於征戰的門閥的存在，以及對於陰謀的恐懼，設置一具有無限權力的政黨首領，遂有其必要。其二則爲外戰，以及被鄰近的共同體或其他權力擁有者征服的威脅。舉凡這點成爲根本因素之處，某種非日常性的軍事指揮職權的創設——若非委之於非本城出身的君侯，即委之於某個傭兵隊長(condottiere)——亦即，軍事首長制的創設，遂成爲 signoria 的起源，而不是源之於人民首長之政黨領導者的地位。此時，城市自願服從於某個君侯的支配，以達成藉著他的保護抵擋外來威脅的目的，結果此種服從往往是以嚴格限制支配者之權能的形式出現。

　　在一個城市裡，權力擁有者通常最容易得到手工業經營者的廣大下階層民眾的支持，因爲對這些實際上被排除於行政參與之外的下層民眾而言，政權的交替不會有什麼損失可言，並且有個宮廷的成立，還會帶來經濟上的好處；另外也因爲民眾對於個人的權力展現，具有感情性的偏好。因此，一般而言，有意競逐 signoria 者總會利用市民大會(Parlamentum)來作爲委讓權力〔給自己〕的機關❹。不過，當門閥或商人階層受到政治或經濟對手的威脅時，他們也可能訴諸 signoria 的手段，但此種手段起初無論在何處皆未被視爲君主制之永久的樹立。像熱內亞之類的城市，雖將自身委之於強勢君主的支配之下，但一再地對君主課以相當嚴格的條件，特別是有限的軍事權力，

---

❹所謂"parlamentum"、"contio"或"arengum"都是直接民主制之下的市民大會，而非現代意義下的"市議會"。——中註

以及明確限定的貨幣租稅，並且，有時還可將之解職。在對待外來的
王權時，這通常會成功，就像熱內亞之解除法國國王的支配。但對於
一旦住進城市之內的 signoria，這就不是那麼容易辦到了。尤其是，
我們可以觀察到，市民的反抗力量與反抗精神，隨著時間而遞減。另
一方面，signoria 則擁傭兵自重，並且愈來愈將其政權鞏固在與正當
的權威相結合之上。在藉著西班牙軍隊的援助而強行征服佛羅倫斯之
後，世襲的 signoria 在意大利——除了威尼斯與熱內亞之外——已成
為最終的、並且得到皇帝與教皇之承認的、正當化的國家形態。

　　上述市民反抗的遞減，首先可由以下一連串的個別情況來加以說
明。此處，和其他各處一樣，signoria 的宮廷，當其存在愈是長久，
就愈是能使愈來愈多的貴族與市民階層領受到因其存在所帶來的社會
與經濟利益。此外，慾求的洗練提昇、經濟〔對外〕擴張的逐漸減退、
以及上層市民之經濟關懷對於破壞和平交易的騷擾，敏銳性愈來愈強
烈；其次，隨著競爭的增加與經濟及社會穩定性的升高，工商業經營
者一般不再熱絡於政治的陰謀，並因此轉而投身於純粹營利目的的追
求或坐收租金的和平享受；最後，君侯為了本身的利益，採取促進這
兩種發展〔經濟關懷提高與政治關懷減退〕的一般政策。所有這些，
全都導致市民對於城市之政治命運的關懷急遽下降。無論何處，大君
主(例如法國國王)也好，個別城市的 signoria 也罷，無不顧慮到下層
市民的關懷，亦即：城市治安的確保，與具有小市民生計政策意味的
營利規整措施。法國的城市之所以臣服於國王的支配之下，乃得力於
小市民的此種利害關懷之助，而意大利的 signoria 也同樣是借助於類
似的傾向。

　　然而，最重要的，還是在於一個基本的政治要素，亦即：市民的

和平化──由於經濟事務繁忙與漸失軍事勤務慣習之故；以及君侯這
方有計畫的解除武裝。確實，這些未必是君侯打從一開始就採行的政
策。相反的，他們之中才正巧有些人開創出合理的兵員徵集制度。不
過，此種與家產制軍隊之形成的一般類型相對應的徵集制度，很快就
變成無產者的召集(即使原先並非如此)，而與共和制的市民軍根本異
質。然而，軍事制度之走向傭兵軍，以及軍事需要之經由企業家(傭兵
隊長)以資本主義的方式來滿足，在在皆爲君侯準備好了大顯身手的舞
台。這是由於市民愈來愈無餘暇他顧，以及軍事勤務愈來愈需要職業
訓練之故。事實上在自由的城市共同體成立之際，這些因素早已大力
地將整個情勢朝市民的和平化與解除武裝推進。此外，也由於君侯與
強大的王朝之個人性及政治性的結合──在其權勢之前，市民的反叛
毫無希望可言。總而言之，signoria 之所以有機會發展成爲一個世襲
性的家產制王權，不外乎是這樣的一系列因素(其一般性的意義，已爲
吾人所知❹)所促成，亦即：工商經營者愈來愈無經濟的餘暇、市民當
中的教養階層愈來愈失去軍事的適格性、在往職業軍隊發展的方向上，
軍事技術愈來愈理性化等等，伴隨著因宮廷的存在而獲得經濟與社會
利益的貴族、坐食租金者、坐收俸祿者等身分階層的發展。舉凡 signo-
ria 是以此而轉化爲君主制者，皆得以步入正當權力的範疇。

　　signoria 的政策特別在某一點──此處我們只關心這點──上，
顯示出與古代的僭主之政策有共通的傾向，亦即：破除城市對於農村
在政治上與經濟上的獨占地位。一如古代，權力擁有者所引以爲奧援
而迫使支配權讓渡到他手裡的，往往正是農村居民(例如1328年的帕多

────────────────
❹參見上一章第5、第6節。──中註

瓦）❹。在與門閥的鬥爭當中獲勝之後，自由的城市市民階層或爲本身的利益之故、或出於政治的考量，往往便採取破壞莊園領主制與解放農民的行動，並且促使土地自由地移動到最具購買力的買者手中。富裕市民（popolo grasso）掌握支配權的結果是，由封建領主手中釋出的大量土地爲市民所獲得，以及例如在托斯卡那（Toscana）的莊園徭役制（Fronhofsverfassung）爲分益制（Mezzadria）所取代。所謂分益制，是指奠基於領主與小作農兩者並存之上的一種制度，前者主要是居住在城市裡，並且只不過是以別墅生活而與農村有所關連，後者則爲屬於領主而居住在農村裡的分益小作農❺。雖然如此，農村居民──即使是擁有土地的自由農民──還是完全被排除於權力的參與之外。正如分益制是導向農村之私有經濟的辦法，城市的政策則是在組織化的方法下，以城市的消費者利益──行會獲勝之後，則爲城市的生產者利益──爲其追求的目標。君侯的政策根本無法立即改變這點，也不是在任何地方都能有所改變。十八世紀，萊奧波德大公（Leopold von Toscana）著名的重農主義政策，乃是受到某些自然法的觀念的影響，而不是以農業的利害關係爲其首要的目標❺。但是無論如何，

---

❹例如 Pandu 之屈服於 Cangrande della Scala（Verona的signore）。詳見 *Economy and Society*, II, p. 1338n30。──中註

❺所謂莊園徭役制，是指直營地與農民保有地並存且藉著隸屬農民的賦役勞動來耕作直營地的領地經營形態。分益制則反之，並無直營地及農民的賦役勞動相伴的分益小農作。德文第四版編輯指示參照 Carl Brinkmann, *Wirtschafts-und Sozialgeschichte*, 2. Aufl., 1953, S. 47。──日註

❺Leopold von Toscana（1747-92），神聖羅馬帝國皇帝法蘭西斯一世之子、約瑟夫二世之弟。其父就任皇位後，他成爲托斯卡那大公（萊奧波德一世，1765-90 在位），任用托斯卡那人爲官吏、實行食品自由貿易制、獎勵農業、填平低地、改革稅制、並採用憲法，削減教會與聖職者的特權，力圖排除教皇的干涉，然未獲所期的效果。其兄歿後，繼任爲神聖羅馬帝國皇帝（萊奧波德二世，1790-92在位）。──日註

君侯的政策整體而言總是在於平衡利害關係與避免激烈的衝突，而不再是一種城市市民的政策，換言之，在此政策下，農村不再是光被城市市民利用來達成其自身目的的手段。

城市君侯的支配往往、最後幾乎全都涵蓋了數個城市。但這絕不是說，這些素來獨立的城市領域就此即被建制成現代意義下的統一的國家團體。相反的，被統合於一位君主支配之下的各個城市，通常仍具有權利與機會如往常一樣以互通使節的方式彼此交往。各城市的基本制度一般而言也絕非統一的。同時，它們也沒有變成那種根據國家所賦予的權限而實行一部分國家任務的地方團體(Gemeinde)。這樣的發展〔城市的地方團體化〕，不過是徐徐漸進的，與近代大家產制國家類似的轉化比肩而行。

特別是早已見之於中古時期之西西里王國❷，但也見之於其他古老的家產制王朝的那種身分制的代表，幾乎完全沒有出現在由城市領域裡所衍生出來的支配體制中。然而，在基本組織方面的改革，見諸後者的毋寧是：1.除了被選舉出來的、短任期的共同體官吏之外，出現了被任命的、任期不定的君侯的官吏；2.特別是爲了財政與軍事目的，發展出合議制的中央政府。總之，凡此皆是步入行政理性化之途的重要一步。城市君侯的行政在技術方面得以特別合理性，原因在於：許多城市爲了本身的財政與軍事利益之故，已創建出程度少見的統計基礎，並且各城市銀行的簿記與文書檔案處理方式，也有了技術上的

---

❷此處特別是指腓特烈二世(亦即西西里國王腓特烈一世，1197-1212在位)治下的西西里。眾所周知，在他的治下，封建諸勢力被掃除出去，西西里遂建構出一種早熟的官僚制專制主義國家，而關於身分制議會方面，亦由於他召集地方團體代表的議會而劃下了一個新的時期。──日註

發展。此外，行政之確實無疑的理性化，受之於另一個或許更爲重要的影響，亦即：一方面是威尼斯，另一方面是西西里王國，這兩個模範。然而，此種影響的造成，與其說是源於直接的繼承，倒不如說是遭受刺激之故。

七、中世紀意大利城市的例外地位

意大利各城市之政治結構的循環歷程，是從以家產制或封建制團體爲構成要素的階段，到達因革命而建立的獨立自主的望族支配時代，其後再經行會支配的時代，以至於 signoria，最後則走到以較爲合理性的家產制團體爲構成要素的階段。像這樣的循環歷程，在西方的其他地區從未有過完全相對應的現象。特別是沒有類似 signoria 這樣的體制，最多不過是相應於 signoria 的前行階段，亦即人民首長，例如出現在阿爾卑斯山以北的若干最有力的市長，可相比擬。反之，在以下這一點上，循環發展確具其普遍性，亦即：在卡羅琳王朝時代，各城市只不過或幾乎只不過是行政區域（與其他行政單元之不同，只在於其若干身分結構的特色），到了近代家產制國家裡，他們又再度非常近似這種地位，不同之處僅在於其所具有的法人特權❸。但在這兩個時期之間，城市無論何處皆爲某種程度的"自治共同體"（comune），具有自主的政治權利與自主的經濟政策。

古代也有類似的發展。然而，近代資本主義與近代國家都不是在古代城市的基礎上成長起來的；而中古城市的發展，雖非近代資本主

---

❸參見第一章註❹。——中註

義與近代國家唯一具有決定性的前行階段，更不是這兩者的擔綱者，但却是這兩者之所以成立、最具決定性的一個因素。儘管古代城市與中古城市的發展有種種的相似性，但我們仍必須要分辨出其間相當深刻的**差異**。這也是我們當下就要加以探討的。如果我們將這兩個時期的城市類型在其最具特徵性的形式下作一對比，即最容易辨認出其中的不同。但首先我們必須了解到，中世紀的城市彼此之間在結構上即存在著非常強烈的差異，而我們只不過考察了其中的若干點罷了。因而在此之前，我們不妨再說明一下中古城市在其獨立性最高的時期——亦即吾人但望能在其中找到其最完全發展之典型特徵的時期——的**整體情況**。

八、中古城市在自治最盛時期的整體狀況

在城市自主性的最高潮時期，中古城市以相當不同的各種形態在以下這些方面展現出其所獲得的種種成果：

1.政治的自主性

中古城市獲得政治的自主性，以及在某些情況下，擴張性的對外政策，諸如：擁有自己的常備軍、締結同盟、進行大規模戰爭、置廣大的農村領域(有時是其他的城市)完全於自己的隸屬之下、以及獲取海外殖民地。在海外殖民地方面，只有兩個意大利的沿海城市獲得長久的成功；在獲得廣大領域及具有國際政治意義方面，意大利北部、中部及瑞士的某些自治共同體有一定時期的成功，成功度更小的，則有法蘭德斯諸城、部分北德漢撒同盟城市、以及其他少數城市。相反

的，大部分城市的支配領域一般都未曾超出直接鄰近的農村地區及若
干小城市，這包括：意大利南部及西西里諸城、短暫〔領土擴張〕插
曲之後的西班牙城市、較長插曲之後的法國城市、自始即爲如此的英
國城市與日耳曼城市(例外的是上述提及的北德與法蘭德斯諸城、某些
瑞士與南德城市，日耳曼西部的大部分城市則只有在城市同盟時代的
短短插曲裡方爲例外❺)。不過上述這些城市裡大半皆有常備性的城市
傭兵隊，或者原則上都有一支以城市居民的軍事義務爲基礎的市民民
兵隊，用以守衛城垣，並且有時力足以與其他城市結盟而維持境內治
安(Landfriede)❺、破壞掠奪者的城塞、干預境內的仇殺。然而，這
些城市從未試圖長期地進行像意大利城市及漢撒城市所採取的那種國
際性的政策。

　　這些城市多半——按其城市地位而定——派遣代表出席帝國的或

---

❺日耳曼曾有三個大的城市同盟。(1)萊茵城市同盟(der rheinische Staedtebund)：爲了
使麥滋的帝國境內和平法令得以貫徹實施，遂有此一同盟的形成，時爲1254年，後來
發展成一個扼阻領邦主權分立的傾向、謀求帝國的統一與帝權的強化的政治性同盟。
1255年於沃爾姆斯召開的帝國會議正式承認此一同盟，並給與城市代表和諸侯同等的
表決權，然而次年由於國王威廉之死而進入所謂空位期時代，領邦分立的局面已然形
成，同盟本身遂告解體。(2)萊茵—施瓦本城市同盟(der rheinisch-schwaebische
Staedtebund)：爲了對抗金印憲章(1356年)禁止城市結盟的規定、保持城市的帝國直
屬性、否決對於領邦主權的服屬等目的，各城市遂於1376年結成此一同盟。1388年與
諸侯勢力一戰而敗，同盟解散，然而屬於此一同盟的瑞士各城市卻於1386年與1388年
擊敗奧國軍隊，瑞士盟約取得事實上的獨立地位。(3)漢撒城市同盟：約成立於1350年，
直至十五世紀才開始衰退。——日註
❺維持境內治安運動(包括禁止諸如械鬥等行使暴力之行爲的運動)，始於十世紀末左右，
原先是教會所發起的"神之和平"(Gottesfriede, pax Dei)的運動，後來卻轉化成民衆自
主性的運動而威脅到封建的支配秩序，由於教會對此冷眼旁觀，運動遂在支配階層的武
力鎮壓下挫敗。然而維持境內治安終究有其必要性，故而法國於十一世紀、日耳曼於十
二世紀左右開始發展成爲由國王所策動的和平運動(即所謂的Landfriede運動)。城市
爲此一運動的有力推進勢力。——日註

者領邦的身分制代表會議❺，並且往往由於其財政的潛力而在會議裡獲得決定性的發言權(儘管形式上他們是處於從屬的地位)。最可觀的例子是英國的下議院(Commons)，當然，其所代表的與其說是城市自治共同體，倒不如說是身分性的城市望族團體❺。不過有許多市民團體甚至連這樣的權利都未曾行使過(法制史上的細節在此且略過不表，以免離題太遠)。後來，近代的歐陸家產官僚制國家一一剝奪了幾乎所有這類城市的自主性政治活動及其軍事能力——除了警察權之外。唯有當國家單只以地方性分邦(Partikulargebilden)的形式來發展時，例如在德國的情形，國家不得不容許部分城市作爲政治特殊團體而與國家比肩並存。

在英國，由於家產官僚制並未成立，故而在發展上尙有一特殊的過程。在中央行政的嚴格組織之下，英國的各個個別城市從未有過自主的政治野心，因爲他們以國會的形式整體地維護城市的利益。英國的城市雖也締結商業聯盟，但這並不是像歐陸那種政治性的城市同盟。英國城市本身即爲特權的望族階層的組織團體，而他們的善意則爲確保國家財政所不可或缺的。在都鐸王朝時期，王權曾試圖去除城市的特權，然而隨著斯圖亞特王朝的崩潰，此一政策遂告無疾而終。自此之後，城市一直是具有國會選舉權的組織團體，並且包括"影響力的王

---

❺十三、四世紀以後，伴隨著領邦主權(Landesherrschaft)的發展，有許多城市便處於領邦領主的支配之下，此即領邦城市(Territorialstadt)。它們被賦予領邦等級資格(Land-standschaft)，得以派遣代表參與領邦等級會議。然而有些城市仍然維持其帝國直屬性，是即所謂的帝國城市(Reichsstadt)，其中亦有取得帝國等級資格(Reichsstands-chaft)而得派代表參加帝國等級會議者。帝國城市之中，有些是擁有自己的領邦，因而本身即形成一領邦主權的有力城市，有些則爲毫不起眼的弱小城市。——日註
❺參見前述第 3 章第 4 節後半。——中註

國"(Kingdom of Influence) ⑱與貴族派系皆於政治上利用城市這種
往往小得可笑並且容易收買的選舉人團，來形成聽命於自己的國會多
數派。

2. 立法的自主性

各城市本身及城市內部的行會與手工業行會(Gilde und Zunft)
之自主性的立法，這項權利是具有政治獨立性的意大利城市所全面擁
有的，西班牙與英國的城市及一大部分的法國與日耳曼城市則時而有
之，儘管這項權利未必總是經由書面的特許權狀所賦予。關於城市的
土地所有、市場交易與商業等問題，城市法庭——以城市市民作爲司
法審判人(Schoeffen)所構成的法庭——所採行的是一套一律平等
的、特別是適用於全體市民的法律。這套全體市民共通的特殊法律可
能是基於慣習或者自主的立法來制定，也可能是模仿或繼承其他城市
的範本，或者在城市建立之際由別的城市根據特許狀所授與。城市法
庭逐漸將非理性的、巫術性的取證手法——諸如決鬥、神判、氏族宣
誓⑲——排除於訴訟過程之外，而代之以合理性的舉證方法。然而我
們亦不可將此一發展想成是直線進行的：有時，固守城市法庭在訴訟

---

⑱此乃相對於 kingdom of prerogative 之語。英國的國王並不是藉其法制上的權力，而
是單只靠著其卓越的個人能力與社會影響力來真正積極地參與政治權力，並且當他具
有此種能力時，不管"議會的支配"是多麼的有力，國王還是擁有在實際上實現自己之政
治參與的地位。——日註

⑲在古代的訴訟裡，是由被告提出證明，而證明自己之清白的最重要手段則爲宣誓(Eid)。
宣誓者乃是以自己的人格爲賭注來保證其宣誓的真實性，人們認爲若起僞誓便會遭受
某種超自然力的制裁。不過宣誓時光由被告來單獨宣誓的情形很少，通常多半必須與宣
誓輔助者(Eidhelfer, sacramentalis)一起進行。宣誓輔助者的人數則視事件的輕重而
定，宣誓輔助者通常即爲被告的氏族兄弟或族人。——日註

上的特權地位，乃是意味著抵制王室法庭的合理改革而保持較爲古老
的訴訟形式(例如英國的城市法庭即沒有陪審制度)，或者意味著抵擋
羅馬法的滲透而保持住中古的法律，例如歐陸的情形⑩。在歐陸，可
資資本主義利用的法律制度正是源之於城市法──城市乃是資本主義
利害關係者擁有某種自主性的所在──而不是源之於羅馬(或日耳曼)
的地方法(Landrecht)⑪。

　　在市政府方面，其所極力謀求規制的是：在未經其許可之下，行
會與同業公會不得頒布任何法規，或者，可自行頒布的法規至少必須
是限定在市府明白委讓給行會與手工業行會的領域裡。在必須將政治
的或莊園領主的城市君主考慮進去的所有城市裡，換言之，除了意大
利以外的所有城市，城市之自主性的範圍，一如市議會與行會間之立
法權的分配，總是不甚穩定，並且是個實力的問題。後來，已然發展
成形的家產官僚制國家即無處不逐漸剝奪城市的這種自主性。

　　在英國，都鐸王朝是第一個主張以下諸原則者⑫，亦即：無論城
市或行會，都是爲了某種目的而存在的、具有法人組織性質的國家機
構(Staatsanstalt)，其權利不得逾越特許狀上所明示的特權，其立法

---

⑩在日耳曼，對於羅馬法抵抗最劇或最爲冷淡者，誠爲“近代的”市民階層。商法、營業法、
　不動產登記法等與市民階層最具直接利害關係的法律領域，皆爲中世紀城市法的產物，
　與羅馬法鮮少關係。因此，關於羅馬法的繼承問題，所謂“內因說”(因羅馬法的內容符
　合社會的需求所以被繼承接受的說法)被排除，而所謂“外因說”獲得論者的認同，亦即：
　由於日耳曼古來的固有法呈現地方性的分裂後，有必要繼承羅馬法來創出一套能夠通
　行於整個帝國境內的共通法-普通法。關於這點，韋伯本身的分析極富啓發性，可參見
　其 Wirtschaft und Gesellschaft, S. 491ff.。──日註
⑪領地法(Landrecht)是行於城市以外地方的一般法。相對於領地法，城市法占有一種特
　別法的地位。──日註
⑫以下關於英國的敍述，出於 J. Hatschek, Englische Verfassungsgeschichte, S. 485ff.。
　──日註

權則僅針對作爲組織成員的市民。如對此一限制有任何違犯，即會招致特許狀在"權限開立"訴訟（"Quo warranto" Prozess）上被廢除的機緣（倫敦市直到詹姆士二世時代尚遭遇此種命運❸）。以此觀之，正如吾人所見的，城市原則上根本不是個"地域團體"（Gebietskoerperschaft）❹，而是個特權的身分團體，樞密院（Privy Council）且不斷地介入監督其行政。在法國，城市於十六世紀裡被全面剝奪了司法權（除了違警事件之外），並且於一切重要的財政事務上皆被要求獲得國家當局的認可。在中歐，領域城市的城市自主權則原則上完全被剝除盡淨。

3. 自治（Autokephalie）

所謂自治，即擁有完全獨立的司法、行政當局。只有部分城市，特別是意大利的城市，完全實現自治；意大利以外的城市，多半只有較低級的司法權❺，並且長期而言，往往是以保留對王室法庭或領邦最高法庭的上訴權爲其自治形式。

在**司法權**方面，凡是由市民出身的審判人來作出判決的地方，由

---

❸對於保有並行使官職、特權、及其他權利者，證明其"根據何種權限"（quowarranto）而得以保有及行使這些權利的特許狀乃是以此狀的開頭二字 quo warranto 來命名，亦即權限開立特許狀，而基於此一特許狀而開啓的訴訟則稱爲"權限開立訴訟"。其起源恐怕可以追溯到愛德華一世（1272-1307）時代。本文所見的倫敦的例子，正確說來並不是在詹姆士二世（1685-88）時代，而是在這之前的查理二世（1660-85）時代。基於倫敦提出召開議會的請願以及僅僅課徵些微市場稅等理由，此一訴訟始於1683年初，倫敦敗訴，國王成功地獲得了對倫敦市之最高機關選舉的承認權，以及對其下級機關的罷免權。參照 J. Hatschek, 前引書，S. 490。──日註

❹關於城市的"領域性"的問題，我們可以往城市的法令只對城市市民有約束力而對其他人無效這方面考慮。「大陸型之領域組織的觀念是與英國法律無緣的」（J. Hatschek, 前引書, S. 488）。──日註

❺凡是管理有關不動產所有權、有關自由身分及重大刑事案件之訴訟的司法權，稱之爲"高級司法權"，除此之外的其他訴訟的司法管轄，稱爲"下級司法權"。這兩種司法權最

於司法領主本身所關心的最初主要是在財政問題上〔司法收入〕，所以城市往往並不覺得有必要去爭取或購買正式的司法權。對這些城市而言，最重要的却在於：城市本身應該是個獨立的司法區域，並以其市民出任審判人。此一原則，在下級司法權及部分而言高級司法權方面，早已實現。市民大多能自行選舉審判人或由審判人團本身選出缺員而不受領主的干涉。更重要的是獲得另一項特權：市民唯有在自己的城市法庭裡才能被審判。

　　至於獨立的城市行政當局──市議會（Rat）──的發展方面，此處實無法詳及。在中古盛期，擁有具廣泛行政權能的市議會，乃是西歐與北歐任何城市共同體的標幟。市議會的組成方式變化無窮，主要是取決於以下各階層間的實力關係：1.源之於"門閥"的城市貴族，亦即坐食土地租金者、貨幣擁有者、提供貨幣資金者、以及隨機性商人。2.市民的、通常是組成行會的商人，無論其為遠程貿易商或（占大部分的）工業產品的大零售商與批發商。3.真正純粹的手工業行會。另一方面，政治領主或莊園領主之參與市議員任命的程度，亦即城市之保有部分自治的程度，取決於市民與城市領主間的經濟實力關係。首先，由於城市領主的貨幣需求，其權利即有賣出的可能。當然，反過來也要視城市財政力量的強弱而定。不過，當城市領主握有政治的權力手段時，決定性的關鍵就不僅在於城市領主的貨幣需求及城市的貨幣市場。在法國，自從菲利普・奧古斯特（Philipp August）與各城市結為

初皆掌握在作為城市君主的"司法領主"手中。然而到了十二世紀左右，連屬於高級司法權管轄範圍內的重大刑事案件原則上也都止於易科人命金或贖罪金（儘管處以死刑或肉刑的情形並不是完全沒有）。由於司法領主收取被告支付給原告的人命金或贖罪金的一部分作為自己的收入（司法收入），這個時代的司法權便多半具有作為一種收入源的性格。實際上承辦司法及確定判決內容的，是市民出身的"審判人"。──日註

同盟之後❻❻，王權(以及部分而言其他一些城市領主)、已迫於激增的
貨幣需求而早在十三世紀即獲取了任命城市行政官職的"參與"權
("pariage"-Anteil) ❻❼、對於城市政務官(Magistrat)之行政——特
別是與國王較有利害關係的財務行政——的監督權、以及對被選出的
執政官(Konsuln)的認可權；直到十五世紀，國王的按察使(Prevot)
都還具有出任市民集會的議長的權利❻❽。最後，在路易〔十四〕王朝
時代，各城市的官職任命權完全落入國王的地方監察官(Intendan-
ten)的手中，國家的財政困難則導致國家官職與城市官職皆由賣官的
方式來遞補❻❾。

　　家產官僚制國家將城市行政當局轉化爲具有身分特權的特權法人
組織代表(privilegierte Korporationsvertungen)，其權限範圍僅止
於法人組織本身的利害關係，對於國家的行政機能而言不具任何意義。

---

❻❻Philipp II August, 法國國王(1180-1223 在位)。在他的時代裡，隨著國王領地與國王
　收入的急速擴增，法國王權的勢力也顯著的強化。由於助成自治體城市、任用主要是市
　民出身的"法律家"爲國王官吏、奠定官吏制度的基礎，司法制度整備，成就了後來巴黎
　高等法院(parlement)的前身。——日註
❻❼pariage 的權利，或稱之爲 codominion，許多城市、修道院或小城市領主自願或被迫簽
　訂這種契約，以換取國王承諾保護或減稅。此一政策始自 Philip II Augustus，而在路
　易九世時(1226-70)更以此種契約大大擴充王權控制的領域。——中註
❻❽prevot 一般而言是指作爲國王或領主之代理人的官吏，因此具體說來有各式各樣的官
　吏都稱爲 prevot。就本文而言，是指出現於十一世紀左右、自比較下級的身分中採用的
　國王的地方行政官員。他在他的管區(prevote)裡執行國王的命令，握有行政、司法、
　軍事、財政等一般的權限。只是這些官吏並不是俸祿官僚，而是承包租稅徵收然後以此
　中的利益作爲自己的收入。菲利普·奧古斯特的時代，1190 年左右，設置俸祿官僚制
　bailliage，prevot 被納入 baillis 的監督之下，其後逐漸喪失其重要性。——日註
❻❾intendant 是法國專制王權時代的地方長官。此一制度的起源本是爲了監督地方行政而
　由中央派遣監察官至地方上監察的制度，至於其在制度上確立爲"地方長官"則爲路易
　十三、十四時代。其權限雖然廣及於司法、行政、財務等方面，然職務是由國王自由
　任免。——日註

英國國家當局不得不容許城市法人組織自治，因為他們是國會的選舉人團。不過，當國家願意將現今必須由地方自治團體來完成的種種任務交付給地方性的團體時，那麼國家大可逕自越過城市，讓各個教區——不僅特權法人組織的成員，所有具有資格的居民都隸屬於它——或其他新設的團體，成為其執行者。只是，家產官僚制多半乾脆將城市政務官職一舉轉變成與其他官職並列的一種地方當局。

4．租稅的自主性

此處，我們討論城市對市民的課稅能力，以及城市之免於對外的貢租與稅賦。就前者而言，實現的程度有相當大的差異；城市領主的統制權固然發揮出各種強弱不同的效力，然而也有完全無法維持的情形。在英國，城市從未有過真正的租稅自主權，而一切新設的租稅往往必須獲得國王的同意。至於豁免對外納租繳稅，也同樣只有少數實現的例子。換言之，就未獲政治自主性的城市而言，此種豁免唯有在下面這種情況下才得以實現，亦即：由城市承攬租稅義務，然後以全額付清的方式——一次總繳、或更常見的例子、分期付款——來滿足城市領主，因而得以在城市本身之內自行料理國王租稅的問題(英國的包稅市鎮，firma burgi)。實現對外的租稅豁免最成功之處，無疑盡在私人性的義務關係上，亦即源之於市民對司法領主或人身領主的私人關係❼。

---

❼這是指相對於"土地領主制"(Grundherrschaft, 奠基於土地所有的支配)的"司法領主制"(Gerichtsherrschaft, 奠基於司法權的支配)與"人身領主制"(Leibherrschaft, 奠基於個人的隸屬關係)。由於這三者各有不同的支配基礎，所以三種權力分屬於不同三人手中的情形也是有的。就本文所及而言，居住於農村的農民既服從作為司法領主的鄉村支配者(Dorf-herr)的權力，亦服從作為土地領主的莊園領主(Grundherr)——同時多

　　一般的家產官僚制國家在獲勝之後，即純就租稅技術的立場來區分城市與鄉村。亦即：透過其特殊的城市租稅（Akzise❼）一舉掌握生產與消費，實際上也幾乎完全奪取了城市本身的課稅權力。在英國，城市作為法人組織的課稅權，已經沒有什麼意義可言，因為新的行政任務已交由其他類型的共同體來執行。在法國，自馬查琳（Mazarin）時代起，國王即奪取城市自有租稅（Oktroi）的半數為己有，而城市的一切財政事務與內部課稅，亦早就落入國家的監控之下❼。在中歐，城市當局在這方面也往往轉變成幾乎純粹的國家徵稅機關。

5. 市場權與自主的"城市經濟政策"

　　此處所觸及的是掌握市場的權利、自主性的工商業管制措施、以及獨占性的禁制權（Banngewalten）。任何中古城市莫不設有市場，而且市場監督權無不相當程度地被市議會從城市領主那兒搶奪過來。到後來，對於工商業的監察管制，視各城市裡的權勢關係而定，若不是掌握於城市當局的手中，即落入職業公會（Berufsinnungen）手中；城市領主仍被大幅地排除在外。

　　城市對於工商業的管制包括以下諸端❼。首先是商品的品質管制，

半也是農民（農奴）的人身領主——的權力；這些農民在遷居到城市的一定期間後（多半是一年又一天），他們便成為自由市民（「城市的空氣使人自由」），對於其往日的城市外的司法領主與人身領主的一切義務即被免除。——日註

❼Akzise 一字約自十三世紀起用以指租稅，特別是城市的消費稅。十五世紀以來成為地方領主（Landesherr）所徵收的租稅，至十七、八世紀時，變成包含消費稅、土地稅、工業稅等城市租稅的總稱。——日註

❼馬查琳（Jules Mazarin, 1602-1661），出生於意大利的法國政治家。因得黎希留的信任而歸化法國並繼任為宰相，成功地強化了專制主義。在他任內，法國參與三十年戰爭得到西伐利亞條約的有利終結，弗隆特之亂亦被弭平。Oktroi 是指城市為了本身的利益，在國王的許可之下所徵收的租稅。——日註

一則是爲了業者的商譽，亦即其出口利益，二則是爲了城市消費者的利益；價格管制基本上是在於維護消費者的利益。其次是小市民之生計的保護，一方面限制學徒與職工的人數(在某些情況下亦及於師傅的數目)，另一方面，縮小生計活動的機會，爲本地出身者，特別是師傅之子，強化對於師傅地位的獨占。再其次，只要是行會本身握有管制權之處，他們會採取種種措施，諸如：禁止批發制、管制資本借貸、規範與組織原料的供應並且有時更及於產品的銷售方式等等，以防止業者在資金方面依賴外來者與大企業家的情形發生。不過，更重要的是，城市力求將在其支配之下的農村地區排除於工商業競爭之外，因而設法壓抑農村的工業經營、強制農民(爲了城市生產者的利益之故)在城市裡購買他們的必需品，並且(爲了城市消費者的利益之故)強制農民在城市的市場上，而且也只能在那兒，出售他們的產品。此外，爲了消費者的利益(有時是爲了工業原料的消耗者之故)，禁止在市場之外進行商品的"先行銷售"(Vorkauf)。最後，爲了本城商人的利益，力圖壟斷〔途經本城的貨物的〕交卸轉運與經紀，另一方面却力爭在本城之外進行自由交易的特權。

以上各點即所謂"城市經濟政策"的核心要點，它們會因相互競爭的利害關係之間無數的妥協可能性而有種種變化，然其基本面貌幾乎不論在哪個城市都看得到。各城市的政策方向，除了取決於各利害關係者在城市裡的實力關係之外，尚取決於城市當時的營利活動範圍有多大的空間與機會。在人口定居於城市之初，營利活動範圍的擴大，促使城市政策指向市場的擴大，到了中世紀末期，營利活動空間的狹

───────────

❼❸參見 A. B. Hibbert, "The Economic Policies of Towns," *Cambridge Economec History of Europe*, III(Cambridge,1963), 157-229。──中註

隘化，則導致政策之傾向於獨占。除此之外，各個城市莫不各圖本身的利益，而與互相競爭的城市發生利害衝突，特別是南部的遠程貿易城市之間，利害衝突更引發了生死之爭。

家產官僚制國家在降服各城市之後，一點也不考慮與此種"城市經濟政策"做個基本的了斷。恰如其反的，為了國家的財政利益，城市與城市工業的經濟繁榮，以及如何藉生計的維護以維持人口數量，成為國家的心頭大事；同樣的，在重商主義的商業政策下，如何振興海外貿易的方策，國家也可(至少部分而言)自各城市的遠程商業政策裡學習得到。對於統合於其旗下的各城市與各團體之間的利害衝突，國家力圖加以協調，並且特別致力於調合維持生計的立場與親善資本的政策。幾乎直到法國革命前夕，國家與此種承襲而來的經濟政策只在某一點上有所衝突，亦即當市民所擁有的地方性獨占與特權，阻擋了國家本身愈來愈資本主義取向的特權─獨占政策時。當然，在個別的情況下，只此一端即可能導致市民的經濟特權急遽地土崩瓦解，不過，與傳統路線分道揚鑣的意涵，只不過發生在地方性的例外事例裡罷了。儘管如此，由城市來規劃經濟的自主性已成過往雲煙；當然，間接地，此事自有其重大的意涵。

不過，更具決定性的要點還在於：城市根本不可能運用足以和家產官僚制君侯相比──無論在質或量上──的軍事與政治權力手段來維護自己的利益。此外，甚至連基於家產制政策而新開發出來的營利機會，各城市都很難以團體(Verband)的方式──一如君侯所採行的方式──參與其中。這樣的機會，視個別案例的性質而定，只對個人──特別是那些具有社會特權的個人──開放。因此我們發現，特別是在典型的、具獨占性特權的、國內或海外的家產制企業裡，得以參與其中的，無論是在英國或法國，除了國王本身之外，（相對而言）大多是土地領主或高級官吏階層，而很少是市民。有時，確實也有些城市，例如法蘭克福，為城市本身計，參與投機性的國外企業，有時規模相當龐大。不過，大多數的情況是不利反害的，因為單只一次的失敗，就會要他們比大政治團體承受更為深重長久的傷害。

許多城市的經濟沒落(特別是自十六世紀以來)，只有部分是直接起因於商業路線的轉移(因為英國就在當時也出現城市經濟沒落的現象)，也只有部分是由於大型(奠基於非城市勞工的)家內工業的產生。最大部分的原因毋寧是在於其他一般性的條件。首先是，被編入城市經濟裡的傳統企業形式，如今已不再是可以產生莫大利潤的企業形式；其次，就像早先發生在封建的軍事技術上的情形一樣，政治取向的資本主義企業，連同商業與工業的資本主義企業，即使仍舊位於城市之內，如今已不再能於城市的經濟政策當中找到他們的支柱，而原本被個別市民團體繫縛在地方上的企業家，也不再力足以支撐起這樣的企業。

新興的資本主義企業座落於適合他們的新的所在；為了維護本身的利益，企業家如今轉而求助於其他的力量──如果他們真的有此必要的話──而不再以地方性的市民共同體為其求助對象。例如英國的非國教徒(Dissenters) [74]，他們曾在資本主義的發展上扮演如此重要的角色，而因為宣誓法案(Test Acts)之故，並不屬於具支配權的城市法人組織裡 [75]，也因此，英國近代的大工商業城市，完全興起於舊有特權法人組織(及其地方性獨占權力)的地區之外。因此之故，這些新

[74] dissenter 廣義而言是指包含天主教徒在內的非國教徒，狹義而言唯指基督新教的非國教徒。──日註

興的大工商業城市往往顯示出相當古老的司法結構特徵：昔日的莊園
領主法庭——court baron 與 court leet——直到近代的改革時期為
止，一直存在於利物浦(Liverpool)〔直到十七世紀〕與曼徹斯特
(Manchester)，只是莊園領主被買斷成為司法領主罷了 **⑯**。

6.中古城市在其政治經濟特質下、對於非市民階層的態度

中古城市特有的政治經濟性格，也決定了其對於**非市民**階層的態
度，並且不同的城市表現出相當不同的姿態。整體而言，所有的城市
皆在經濟組織上對立於特別非城市的——政治的、身分制的、莊園領
主的——結構形式，一言以蔽之：市場對立於莊宅(Markt　gegen
Oikos)。當然，我們也不能將此種對立單純地當作是政治領主或莊園
領主與城市之間的經濟"鬥爭"。這樣的鬥爭自然是有的，亦即，當城
市為了擴張勢力，容許政治領主或莊園領主所欲掌握的隸屬民進住到
城牆裡來，甚或將未移入城市者當作市外市民而收納於市民團體中。
容納市外市民這件事，由於諸侯的團結與國王的禁止，至少在北方的

---

⑮宣誓法案是指十七世紀英國將非國教徒逐出公職的法令。起先，1661 年的"Corporation
　Act"即下令自治體的官員於被選舉出來的一年之內必須領受國教會的聖餐禮。其後，查
　理二世於 1672 年頒布"信仰寬容宣言"，但隨即於翌年取消此一宣言。1673 年的"Test
　Act"則要求全體文武官員一律領受國教會聖體並署名反對化體說(transubstantia-
　tion)。不只如此，1678 年的議員審查法更是對上下兩院的全體議員課以同樣的義務。
　——日註
⑯莊園領主為裁決莊內的輕微事件而設有刑事法庭，有時亦在十人小組的監督之下。leet
　原來在 East Anglia 是 hundred 的下級單位(包含數村)。各 leet 有其各個法庭，在領
　主獲得十人小組監督權之後，此種領主的法庭即被稱之為 court leet。利物浦於 1672 年
　就已買下了所有的莊園權利，並且隨即展開其強盛的經濟發展，而曼徹斯特的 court
　leet 則一直是掌握於一個伯爵家族手中的財產，直到 1845 年城市才以二十萬英磅的代
　價買下來。——中註

城市，很快的就行不通了。不過，城市這種純粹是經濟的發展，並沒有在任何地方受到原則上的反對；引起反對的，毋寧是城市的政治獨立，以及一些(不在少數)特別的經濟事例，亦即當領主的特殊經濟利益與城市在貿易政策上的利益及獨占傾向發生衝突時。以國王爲首的封建軍事團體利害關係者，自然是帶著極爲不信任的眼光來看待其政治領域裡的自主性要塞〔城市〕的發展。日耳曼的君主從未——即使有，也是極短暫的——拋下這種不信任的念頭。相反的，法國與英國的國王却由於政治上的理由——他們與貴族的對立，以及城市在財政上的重要性，而時時對城市表現出相當友好的態度。

同樣的，城市的市場經濟對於莊園領主的團體以及間接地對於封建團體發揮解體的影響力——事實上，的確發揮了各種不同程度的效力——這個傾向，並不必然要出之以城市對抗其他利害關係者的"鬥爭"形式。就長期而言，支配著情況的，是個強大的利益共同體。政治領主與土地領主最最希望的，莫過於從隸屬民那兒取得貨幣收入。城市首先可以提供給這些隸屬民地方性市場以賣出他們的產物，使他們得以用貨幣取代勞役與實物來繳納地租；同樣的，城市也提供領主機會，使他們不必自己消耗掉手頭上的實物，而得以將之販售於地方市場或透過愈來愈資本強化的商業，在外頭轉換成貨幣。政治領主與土地領主無不奮力地利用此種機會，一則要求農民繳交貨幣租金，一則利用農民以市場爲目標的利益取向，亦即：擴大經濟單位以增加生產量，如此一來，領主亦可自較大的經濟單位裡收取較多的實物地租，並將之於市場上變現❼。此外，地方上與地方之間的貿易逐漸擴大發展之後，隨之所產生的各式各樣的租稅，也讓政治領主與莊園領主大大地增加了貨幣收入。此一現象，日耳曼西部早在中古時期即已發生

⑦。

　　因此之故，城市的建立，包括種種後續的結果，自建立者的觀點而言，主要是一種營利事業：爲了創造貨幣收入的機會。由於這種經濟利益的驅使，貴族們在東方，尤其是波蘭，建立起各色的"城市"——即使是在迫害猶太人的時代裡**⑦**；其中不少是錯誤的起建：在爲數往往不過數百人的居民裡，有時直到十九世紀時，百分之九十仍是猶太人。故而，此種典型中古北歐式的建城之舉，事實上乃是一種營利"事業"，正如我們將會看到的，恰與古代城邦所代表的那種軍事性要塞城市的建立，形成最強烈的對比。

　　莊園領主與司法領主所擁有的一切對人及對事的要求權利，幾乎無不轉化成租金訴求**⑧**，以及，農民因此而獲得法律上或事實上(往往更爲廣泛)的經濟自由——在城市發展較弱之處則無從發生。這兩種現象其實是起因於：㈠政治領主與莊園領主的收入，在城市急遽發展之處，愈來愈以在市場上出售農民的產物與各種實物貢租的方式來獲得；

---

⑦日耳曼西北部，特別是西伐利亞的"Meierrecht"即爲此種情形的典型事例。換言之，在此，隨著古典莊園的解體而來的"農民解放"之際，領主將數個Hufe(參見第二章**⑰**)合併成一個Meierrecht，再將各個Meierrecht租賃給一個被解放的農民。沒有租到Meierrecht的農民則成爲所謂的小屋住農(Kossaten)，他們有的成爲大農民的日酬傭工，有的遷徙到城市或東邊的殖民地去，或者成爲農村手工業的擔綱者。——日註

⑧例如十三世紀萊茵河沿岸即有不少古怪的通行稅。——中註

⑦猶太人遭受迫害大約始於十字軍時代。關於猶太人在城市裡的特殊地位，參見第二章第2、4、5節。由於猶太人在中古時期爲商業的擔綱者，所以在"城市的建立"一事上乃是不可或缺的。——日註

⑧原來在莊園領主制與司法領主制之下的農民，背負著因經濟的或人的從屬性而來的各種負擔，至中世紀末期，由於此種負擔的額度與式樣被固定化，農民的從屬性也因而逐漸模糊化，針對農民所有地本身而課以負擔的觀念於焉形成。此即所謂的"物的負擔"(Reallast)。由於所課的負擔來自於土地，所以當農民放棄其土地時，即被免除此一負擔，而由土地的新取得者來擔負。領主的地位也就因此被削弱爲物的負擔的權利訴求者。——日註

此外，其收入無論如何也是取自於其他各種交換經濟的來源，而不再是利用隸屬民的賦役義務來獲得，或者是以莊宅經濟的舊有方式來轉嫁家計需要於隸屬民身上。㈡領主和隸屬民無不愈來愈以貨幣經濟的方式來應付他們大部分的生活所需(雖然後者程度較輕)。㈢鄉居貴族的土地被城市市民所買占，城市市民即將之〔莊園〕轉變成理性的經營形式。不過，此一過程却受阻於舉凡采邑制團體要求擁有貴族領地以符合采邑受封能力之處，而此一能力却是(如阿爾卑斯山以北幾乎所有地方的)城市貴族所欠缺的。

然而，單只"貨幣經濟"這個理由，無論如何並不會產生政治或土地領主與城市之間的經濟利害衝突，反而是會造成利害關係共同體。只有當莊園領主爲了提高自己的收入，而試圖轉向營利經濟的、工業的、直營生產時，才會有純粹經濟性的衝突產生。不過，要轉到此種直營生產，只有在具備合適的勞動力的情況下，方有可能。倘若情況果眞如此，城市對於莊園領主這種工業生產的鬥爭，確即爆發，並且正是在近代，以及在家產官僚制國家團體內部裡，鬥爭往往特別激烈地展開。相反的，在中古時期，幾乎根本沒有這種問題，並且，古老的莊園領主團體的眞正解體，以及農民所受束縛的實際崩解，往往是在完全沒有鬥爭的情況下，隨著貨幣經濟的推展而發生。英國的情況正是如此。當然，在其他地方，城市是直接且有意識地推動此一發展。正如我們所見的，在佛羅倫斯的勢力範圍內所發生的情形。

家產官僚制國家試圖調和貴族與城市之間的利害衝突與對立。然而，由於國家想要利用貴族來出任軍官與官僚，所以確立原則，不許非貴族——因此也包括市民在內——取得貴族的領地。

6.〔續〕特別是對於聖職者的態度

在中古時期，比起俗人的莊園來，聖職者的莊園，尤其是修道院的莊園，更易與城市發生衝突。連同猶太人，聖職者一般而言，特別是在國家與教會因主教敍任權之爭而分離之後，是爲城市裡相當異質的一個群體。他們的領地，作爲教會產業，擁有廣泛豁免徭役與管轄的權利，換言之，將任何官方職權，包括城市當局，排除在外。同時，聖職者本身，作爲一種〔特殊〕身分，也抽身於市民所負擔的軍事義務及其他個人性義務之外。然而，由於虔誠市民不斷地捐獻，上面那種豁免賦役的產業，以及因此而脫身於完整城市權力之外的人數，都節節攀升。此外，修道院更得力於俗人修士(Laienbruder)這股勞動力，由於他們不必養家活口，所以當他們——情況經常如此——被利用於直營工業的經營時，很容易就足以打倒一切修道院之外的競爭**⑧**。更進一步，修道院與教產法人，和中世紀回教的 Wakuf 一樣**⑧**，大量掌握了中古貨幣經濟的永久租稅泉源，諸如：市場所在、各類銷售處、屠宰場、磨坊等等；這些設施不僅免於課稅，並且不在城市的經濟政策規制之內；更有甚者，他們還要求對這些設施擁有獨占權。即便是

---

⑧Laienbruder，相對於具有教士品級的修道士，雖立誓願卻不敍品級，在修道院內從事世俗的勞務者，亦稱爲"勞動修士"。此種助理修士的制度約產生於十一世紀，最爲西妥派修會所善加利用：正因爲利用此一制度，該會的農業"直營"方有可能。——日註

⑧Wakuf 爲中世紀回教裡爲宗教目的而做的財產捐獻。土地或其他在將來預計價格會提高的事物被捐獻出來以建立寺院或修道院；這些寺院和修道院的收入，扣除了一定的義務支出及管理費用後，成爲捐獻者家族的收入。換言之，藉著建立寺院或修道院的形式，此種捐獻的目的實際上在於設置家族的世襲財產——不但因其作爲宗教財產而被聖化，世俗權力藉以恣意地介入保護，並且還可預想將來收入的增加。在這點上，類似於西洋中世紀的"私有教會"的設立。——日註

牆垣圍繞的修院禁區，也對城市具有軍事的危險性。並且，教會法庭
及其禁止取息的約束，在在都威脅到市民的企業。為了對抗土地資產
累積於死手的手中，市民力圖設下禁令——和君主及貴族之訂定財產
取得禁止法（Amortisationsgesetze）一樣——來維護自己的權益 ❽。

　　不過，另一方面，對城市的工商業而言，宗教祭典意味著重大的
利得機會，特別是當城市成為朝聖地、而來訪者皆可在此獲得赦免時。
並且，教產法人，只要是在對市民開放的情況下，也不失為扶養無助
市民的設施。因此，儘管教會及修道院與市民團體之間有種種的摩擦
衝突——只此即足以作為宗教改革的一個"經濟解釋"，然而兩者間的
關係，直到中世紀末，也決非是完全不友好的。教會與修道院的各種
機構，一如教會法那樣，對於城市共同體而言，事實上並不是那麼不
可侵犯的。有人正確地指出，在國王的權力自主教敍任權之爭以來逐
漸萎縮之後，特別是在日耳曼，教產法人與修道院即失去了他們對抗
俗人勢力的最熱切的護主，並且，當他們極力投入經濟活動時，一度
被他們廢止的俗人司法權（Vogteigewalt）便相當容易以間接的形態
再度復甦 ❾。在許多情況下，城市的市議會很懂得將教產法人與修道

---

❽ "死手"（tote Hand）一般是用以指稱法人、中古時期之教會及修道院或其他宗教性的財
　團。教會財產有別於"有生有死的人"（homme vivant et mourant）所擁有的財產，並不
　因死亡而產生繼承的問題，也絕少因生前處分而產生轉移。此種財產猶如落入"死人"手
　中一動也不動，故得"死手"之名。君主與貴族自然不歡迎死手取得財產，因為落入死手
　的財產愈多，自己所保留的土地就愈少，並且也喪失了"繼承金"與"保有地轉移金"的收
　入機會。因此形成死手的財產取得（Amortisation）必須獲得領主之承認的規範，當給與
　此種承認之時通常要徵收一定的承認金。——日註
❾ Vogtei 是指 Vogt（avoue, advocatus）的制度或其地位。Vogt 原來是教會或修道院的俗
　人理者（役員），對外（特別是在法庭上）代表教會或修道院爭取世俗事項上的相關利
　益。教會與修道院最初只具有下級司法權，然自十世紀以來即取得了高級司法權，此時，
　Vogt 便擔當起教會與修道院這種高級司法權的行使。與此相關連的，自十世紀以後，

院實質地置於一種、和昔日的 Vogtei 完全類似的、監護權之下；換言之，藉著各式各樣的口實與名目，強迫他們接受監護人與代理者，以符合市民利益的方式來管理他們的事務與教產。

聖職者身分團體在市民團體當中的地位，有種種相當不同的狀態。在某些情況下，就法律上而言，聖職者根本完全置身於城市法人組織之外。不過，即使在情況並非如此之處，聖職者也以其不可剝奪的身分特權而形成一種令人不快且無法同化的異質勢力。宗教改革在其力所能及的範圍內，為此一情形打下句點；不過，城市並未因此而得到什麼好處，因為他們不久即被屈服於家產官僚制國家之下。

在最後這一點上，古代的發展取徑完全不同。愈往前推溯，古代神殿的經濟地位愈近似教會、特別是修道院在中古早期的經濟地位——尤其清楚地顯現於威尼斯的殖民地。不過接下來的發展卻不是像中古時期那樣，愈來愈往國家與教會分離、以及教會支配領域愈來愈具自主性的方向上推進；情形恰好相反。在古代，城市貴族門閥掌握著祭司地位並使之成為收益與權勢的來源，而民主制則將之完全國家化並轉變成俸祿——多半被拍賣出售。以此，不僅消除了祭司的政治影響力，並使經濟的管理也落入共同體的手中。德爾菲的阿波羅大神

許多有力的高級貴族成為 Vogt，此時，由於他們受之於教會與修道院的這種 Vogt 地位，乃是以一種采邑的方式來接受，所以便由役員轉化為封臣；他們濫用此種權力，對教會與修道院的領民漸漸誅求無厭。另一方面，主教敘任權之爭起初只是國王為爭取主教敘任權而與教皇之間所發生的爭執，然而暗伏其中的，則是教會這方面主張將一切介入教會與修道院的世俗權力排除出去的想法，因此也就是包括排除 Vogt 制（Entvotung）的一種運動。然而，在此爭端中，國王對於教會的支配權被否定，同時也意味著否定國王對於教會與修道院一般的保護權（Schirm vogtei），這反過來卻又招致教會與修道院任由俗人 Vogt 支配的結果。事實上，獲得 Vogt 權力乃是形成地方首長制（Landesherrschaft）的一個重要手段，故自十二、三世紀以降此一權力遂逐漸為 Landesherr 所獨占。——日註

殿及雅典的雅典娜神殿，乃是希臘國家的財寶庫與奴隸的儲金庫，並
且部分神殿還是大土地所有者❽。不過神殿與市民的工業相競爭的問
題，並沒有發生在古代城市裡。宗教財產俗世化(Saekularisation)的
現象不僅沒有，也不可能出現❻。儘管如此，實質上(即使形式上並非
如此)，在古代城市裡，曾一度集中在神殿手中的工商業，其"世俗化"
(Verweltlichung)的徹底程度，遠非中古時期所能相比。之所以如此，
基本的因素在於：沒有修道院存在，也沒有作為超地方性團體的教會
獨立組織存在。

　　城市市民階層與莊園領主權力的衝突，也曾存在於古代，如其存
在於中古時期與近代初期一般。古代城市亦有其農民政策與摧毀封建
制的農業政策。只不過，這些政策的規模是如此之大，其對於城市發
展所具有的意義是如此不同於中古時期，在在彰顯出彼此間的差異。
此種差異，必須要置於一般性的脈絡裡來討論說明。

---

❽關於希臘神廟的金融角色，參見韋伯，《支配社會學》第6章第8節，頁382。──中註
❻saekularisation 是指將教產做世俗目的的利用，或者乾脆沒收。早在八世紀時，阿努芬
　家族(後來的卡羅琳王朝)即已大規模地利用教會領地為采邑。到了近代，則有英國的亨
　利八世之沒收修道院領地、法國依據 1789 年 11 月 2 日的法令沒收所有的教會領地。在
　日耳曼方面，特別是 1803 年 2 月 25 日的帝國代表首要決議(Reichsdeputationshaupt-
　schluss)之決定全面地沒收教會領地。──日註

第 **5** 章
古代與中世紀的民主制

一、南歐與北歐的中世紀城市類型相互間的關係，及其與古代城市類型的關係

　　中世紀的城市之所以在〔政治〕發展史上有其特殊的地位，並不是由於城市市民與非市民階層在經濟上的根本對立，也不是由於兩者之經濟生活樣式的對立，決定性的關鍵所在，毋寧是城市在中古的各種**政治性的**與身分制的團體中所占有的整體地位。正是在這點上，最最強烈地區分出典型的中古城市與古代城市的不同，不僅如此，中世紀的城市本身，也以此區分出兩種明顯不同的類型。中古城市的這兩種類型，雖各連帶著某些過渡的轉換形態，然就其最為純粹的範例而言，實在非常的不同。其一為南歐型，特別是在意大利與法國南部的城市；這個類型的城市與古代的城邦容或有各種歧異之處，但其與古代城邦的類似卻遠非另一類型可比；亦即其二，特別是法國北部、德國與英國的類型，儘管彼此間亦有許多不同之處，然而就這點〔亦即城市在中古政制結構裡所占之整體地位〕而言，它們誠屬同一類。在此，我們必須再度將中古的城市類型與古代的城市類型作一比較，並

且也適時地拿其他時代的城市類型來作比較，以便對促成其間之歧異
的基本因素有個整體關聯的概念。

　　南歐城市裡的騎士貴族擁有城市外頭的城堡與農村領地，這和古
代的情形一模一樣，正如我們已數度提及的米爾泰底家族(Miltiades)
〔支配克什尼茲半島〕的例子。〔熱內亞〕格里馬爾迪家族(Grimaldi)
所擁有的領地與城堡即廣佈於普洛文斯省沿海一帶。北邊很少有這樣
的情形，典型的中歐與北歐的城市到後來根本就看不到這類情況。另
一方面，像阿提喀的人民(demos)可以期待分配到純粹靠政治力量而
來的〔換言之強取於海外的獻金與稅收的〕城市津貼與補助，這種情
形也是中古城市聞所未聞的。不過，就像雅典市民分配到勞瑞翁山
(Laureion)銀礦的收益一樣❶，中世紀與近代的共同體裡也存在著直
接分配共同體財產之經濟收益的情形。

二、古代與中世紀的階級對立

　　最低下的身分階層〔在古代與在中世紀裡〕的對比，是非常尖銳
的。古代城市所經歷過的一種因經濟的階層分化所導致的大危險，是
以下這麼一個完全市民(Vollbürger)階級的形成，亦即：具有完整公
民權的家族的後裔，他們經濟破產、負債務、無產業、不再能自行裝
備以服軍役，故而冀望一場變革或僭主掌政，以使土地重新分配、債

---

❶勞瑞翁山是位於阿提喀最南端的一座銀山，於西元前483年被發現富藏銀礦，其後約
　70年間為此座礦山的最盛時期，直到希臘化時代仍繼續開採。此礦雖為雅典國家所有，
　但採礦權卻是出賃給私人的。採礦的勞動力來自於奴隸，擁有採礦權者即向奴隸所有者
　租借大量奴隸來採礦。——日註

務解消，或者獲得公共財政的扶助，諸如：穀物發放，免費參加祭典、戲劇演出與競技格鬥，或者直接從公共財產那兒支領津貼，使他們能參加這些活動。由於這樣一個階級的形成所具有的高度危險性，各個政黨無不盡力以各種不同的手段來加以克制。這樣的階層在中古時期確實不是完全沒有，在近代也見之於美國的南部各州，在那兒，無產的"破落白種渣子"(poor white trash)對立於畜奴的金權支配。中古時，貴族因債務而沒落的各階層，例如見諸威尼斯，正如見諸加提利納(Catilina)時代的羅馬❷，同樣都是令人憂心的對象。不過，大體而言，這個問題在中世紀裡可說是微不足道，特別是在那些民主的城市裡。總之，這種情形在古代正是階級鬥爭的典型出發點，在中古時期則不然。因為，在古代，階級鬥爭早期是發生於作為**債權者**的城居門閥與作為**債務者**的農民或失產債務奴隸之間。"civis proletarius"❸、"子孫"(Nachfahre)——亦即完全市民的子孫，是典型的沒落民。到了後期，這個角色落到像加提利納這類負債的土地貴族(Junker)身上，他們與有產的階層對立，並且成為激進的革命黨派的領導人❹。要言

---

❷加提利納(Lucius Sergius Catilina, 約108-62 B.C.)，羅馬共和制末期所謂"加提利納事件"的主謀，貴族出身。由於放蕩與野心，他將一時遽得的財富全數蕩盡，苦於負債，二次競逐執政官失敗，最後遂集結當時不滿社會的各個階層企圖暴力造反，影響波及全意大利，端賴西塞羅的努力而破解。加提利納逃往 Etruria(意大利中北部古代名稱)，與追討軍激戰而死。——日註

❸關於此字的解釋，英譯者作了一番說明：「將civis proletarius解釋成只是一個完全市民的"子孫"(proles)、而非其繼承人之一，韋伯在此有意扭曲 proles 一詞在古代所流行的通常"語源學"的解釋，當時所謂的 proletarius 是指那些除了其 proles(子孫)外、別無他物可提供給國家的人。在最近一篇稱揚韋伯對歷史學的貢獻的文章裡，一位德國上古史家認為這是個『極富創意的解釋⋯⋯歷史學忽略了此一發現實為極大損失』。參見 Alfred Heuss, "Max Webers Bedeutung fur die Geschichte", *Historische Zeitschrift*, vol. 201(1965), 552」。——中註

❹「債務者通常(現今也一樣)是"農民"，而債權者早期是擁有土地而住在城市裡的戰士貴

之，古代城邦裡的劣勢特權階層的利害關係，本質上正是**債務者**的利害關係，同時也是**消費者**的利害關係。

相反的，在中古時代成爲民主制的城市政策主軸的**手工業**政策的利害關係〔亦即手工匠**生產者**的利害關係〕，在古代的城市經濟政策裡却逐漸地消失。具有城市經濟性格的那種行會式的"救濟政策"(Nahrungspolitik)，雖也見之於古代民主制勃興的早期，但也隨著後續的發展漸失蹤影，至少，在其生產者政策那方面是如此。希臘發展完全的民主制，連同羅馬發展完全的望族支配一樣，一旦考慮到城市居民，除了商業上的利害關係之外，也就只能顧及消費者的利害關係。禁止穀物輸出，是古代、中古與重商主義等各時期皆然的政策，只不過古代並未十足施行，支配著當時的經濟政策的，是關於穀物輸入的直接公共照料。來自友善的君主的穀物贈與，在雅典成爲改訂市民成員名單以剔除無權利者的一個主要動因❺。龐圖斯(Pontus)穀物產區的欠收，迫使雅典減免同盟諸市的貢納，這也突顯出當時的經濟支付力是多麼受制於麵包的價格。由城邦直接大筆買進穀物的辦法，也運用於希臘地區，不過，一直到羅馬共和制末期，爲了發放穀物給城市的市

族，後期則變成商人與坐食者。因此在後期，正是那些大土地所有者成爲債務者中的要角。……破毀債務的企圖，如今主要是土地貴族(Junker)的理想，而不是具備武裝能力的農民階層之政治─經濟的要求。「加提利納實在是代表著負債的土地貴族的利益。」(M. Weber, *Gesammelte Aufsaetze zur Sozial-und Wirtschaftsgechichte*, S. 151, 253)──日註

❺西元前451年，爲了限制市民的範圍，伯里克里斯曾通過一條法律：所有住在雅典的人，只要其母親是外國人，即被剝奪市民權。只是並未認眞執行，一直到西元前444年，利底亞國王Psammetichos贈送給雅典大筆穀物，爲了分配穀物，雅典人引用了伯里克里斯的法律，其結果自然是一場大迫害，根據普魯塔克的記載(Pericles, ch.37)，大約有5000人被剝奪市民權，並被賣爲奴隸，另外14040個居民則被認可爲市民，有權分享穀物。其他的穀物贈與似乎也曾導致類似的事件。──中註

民階層而向所屬州省課徵穀物稅的辦法，才開始大規模實行。

中世紀典型的困頓者，是個貧窮的手工業者，也就是說，一個失業的工匠；古代典型的普羅(Proletarier)，則是原先的土地所有者却因失去土地而政治性地降了級的人。古代也了解到手工業者之失業的問題，其典型的應對手段則是大規模的國家建設，正如伯里克里斯所施行的。不過，在工業上，由於已大量地利用奴隸勞動，故而情形自與中古時期不同。

確實，中古時期的某些城市裡一直有奴隸存在。一方面，在地中海沿岸的諸城市裡，貨眞價實的奴隸買賣一直持續到中世紀末；另一方面，完全對反的、最最大陸型的城市，譬如農奴解放〔1861〕前的莫斯科，十足具有東方(差不多是戴奧克里先〔Diocletian〕時代)大城市的特色，成爲定期金收入(來自土地資產與擁有奴隸)與官職收入的消費場所。不過，在典型的西方中古城市裡，奴隸勞動在經濟上所扮演的角色越來越有限，最後根本失其蹤影。沒有任何強大的行會會容許一個奴隸手工業階層的形成(他們向主人繳納人頭稅就成)，來和自由工匠相競爭。在古代，却正是如此。那時，所謂的財產的累積，就是累積奴隸，而所謂戰爭，即意味著奴隸的大量擄獲與奴隸市場的活絡。這些奴隸部分是被利用作消費性的用途，亦即服侍奴隸擁有者個人。在古代，擁有奴隸是任何完全市民之保持其基本生活水準的一個要件。在長期的戰爭狀態裡，完全的重裝步兵之少不了奴隸來作爲勞動力的情形，正如中古時期的騎士之少不了農民一樣。無須靠奴隸過活的人，就是(古代語義下的)普羅。羅馬貴族中的顯赫家門，大量地利用奴隸於消費性的個人服侍上：奴隸們在相當高度的功能分化下，從事大家計裡的種種事務，並且以莊宅經濟的方式生產出足以供應至

少是相當可觀部分的種種需求。不過，奴隸所需衣食却大部分是以貨
幣經濟的方式來提供。在雅典的經濟裡，完全以貨幣經濟的方式來維
持家計，被視爲理所當然，而這在大希臘化時代的東方就更是如此。
值得特別強調的是，伯里克里斯爲了獲得手工業者的人望，盡可能從
市場上購物來提供自己所需，而不是靠一己的家計經營。

　　另一方面，城市的手工業**生產**也有相當可觀的一部分掌握於自主
的手工業奴隸手中。我們先前已提過作坊的奴工，此外尚有不自由的
個體戶手工業者與小商人。明顯的情形是：奴隸與自由市民一塊兒勞
動，這可在建造伊瑞克黛翁神殿(Erechtheion)的混合包工團中找到
例證❻，必然貶低了勞動本身的社會評價，而奴隸的競爭也不免對經
濟產生巨大的影響。不過，奴隸的役使，在希臘地區最大程度的擴展，
却正是民主制最繁盛的時期。

三、古代與中世紀的城市制度：作爲政治組織之基礎的地區共同體與職業團體

　　奴隸勞動與自由勞動的這種並行的情況，在古代顯然一開始就扼
殺了**行會**發展的一切可能性。在城邦初期，恐怕已有(雖然無法確實證
明)手工業團體的萌芽。就一切跡象看來，它們是具有重要軍事意義的
古代兵工匠的有組織團體，諸如羅馬的兵工團(centuria fabrum)❼、

---

❻衛城這間神殿建築工程的落後，導致官方於西元前 409 年派遣一個調查團來查報進度，
　他們的報告(包括此一工程的費用)尚有部分留在一塊大理石板上。這份稀有的資料除
　了提供不少珍貴的消息(包括工資)外，並且能夠證明當時甚至有完全市民是在奴隸工
　頭的指揮下工作。——日註
❼參見第3章註❺。——中註

雅典在身分鬥爭時代的"demiourgoi" ❽。然而此種政治組織的胚芽卻正是在民主制之下消失得無影無蹤，並且，就當時的手工業社會結構來看，情形也不得不然。古代的小市民可能和奴隸同屬於一個秘儀團體(如在希臘) ❾ 或"社團"(Collegium, 如後來在羅馬) ❿，但不可能同屬於一個像中古的行會那樣具有政治權利的團體。

中古的市民(popolo)，和門閥不同，是**以行會的方式**組織起來。但古代古典時期，也就是正當人民(demos)主政的時代，却正相反的沒有任何行會的形跡可尋(儘管先前已有過萌芽)。"民主制"時代的古代城市，並不是以行會來作區隔，而是以里區(demos)與部族(tribus)來劃分，換言之，是按地域來分隔，特別是(在形式上)以**農村的**區域爲主要分隔。此即古代民主制城市的標誌，也是絲毫未曾得見於中世紀的。當然，在城市**內部**再劃分爲幾個市區，這不僅見之於古代與中古，

❽ 有人認爲希臘的手工業者曾經全都是城堡貴族的非自由勞動者，或曾經是村落的傭工，後來隨著城邦的發展而成爲城邦的奴隸，但韋伯並不採納這樣的見解。「雖然時或有人將demiourgoi理解成原本是國家的傭工或國有奴隸，不過，成就此種解釋之基礎的各種現象，實際上毋寧應被理解成城邦的軍事組織的一部分，方是最接近事實眞相的。手工業者——就像羅馬的fabri那樣——按國家的需要品別被組織起來，然後課以賦役(Leiturgie)，恐怕也就是希臘早期時代所顯現的情形。(demiourgoi最初的用法原比德語中的"手工業"〔Handwerk〕具有更爲廣泛的意味，包含了爲不特定多數人服務的種種營利，也包括醫生、歌手、占卜者等等的營利。)」(M. Weber, *Gesammelte Aufsaetze zur Sozial-und Wirtschaftsgeschichte*, S. 107)——日註

❾ 希臘人的"秘儀敎團"：例如黛密特(Demeter)與戴奧尼索斯(Dionysos)的狂歡祭典；羅馬人的 Collegia 乃是負責祭典與葬禮的團體，有時僅是個純粹的社會性團體。——中註

❿ 「Gilde及職業團體可以證明確實曾存在於羅馬共和制早期，其組織形式爲一種祭典社團(collegia cultorum)。同樣見之於中國與(歐洲)中世紀的這種社團乃是在其特殊神保護之下成立的兄弟盟約(Verbruederung)，在羅馬，透過社團之被認可，社團的保護神也就被國家承認爲正當的神。例如商人社團(collegium mercatorum)——據說是非常非常古老的一個團體——的守護神即爲 Mercurius。」(M. Weber, *Wirtschaft und Gesellschaft*, S. 430-1)——中註

同樣也見之於東方與遠東的城市。只不過，一個政治組織〔城市〕完全只建立在地區共同體的基礎上，特別是，此一地區共同體一直擴展到服屬在城市政治領域裡的整個農村地區，以使村落也正式地成爲直屬城市的下級分區，這種情形不僅未見之於中世紀，就是其他地區的一切城市也是聞所未聞的。demos 的劃分(原則上)是與村落區域相一致(無論此種村落區域爲歷史產物，或特別爲此而創置出來的)。其中設置有共同用地(Allmende)與地方性的行政當局。即此，形成**城市**基本制度的基礎。這在歷史上不僅是獨一無二的形態，並且逕足以徵示出古代**民主制的**城邦之特殊地位，此一特殊地位，吾人再怎麼強調也不爲過。

　　相反的，以**手工業的**團體作爲城市之構成要素的現象，在古代僅見於早期，並且只不過是與其他身分制團體相並存而已。這樣的團體，無非是爲了選舉目的而存在，諸如：羅馬的古老階級軍隊裡的兵工團(Centurie der fabri)與騎士團(Centurie der equites)，以及(雖然完全無法確定)，在雅典的前梭倫時代諸身分團體間妥協之下的 Demiurgen。此種現象的來源可以追溯到自由的聯盟團體(Einung)，就拿羅馬非常古老的商人社團(Collegium mercatorum)來說，情形也正是如此：此一社團所崇奉的是職業神 Mercurius，在政治制度上有其一定份量。或者，這種現象也可以在下述這種團體中找到其終極的根源，亦即：爲了軍事的目的而以賦役的方式建構起來的團體。究其實，古代城市原本就是靠著市民的賦役來滿足其本身需求的。

　　當然，也有某些類似行會的現象出現。例如：米拉圖斯(Miletus)的阿波羅神殿舞者所組成的祭祀團體，在城市裡具有其完全官式性的支配地位(雖然此種支配地位的詳細內容不得而知)，這從其首長的名

字被命爲年號一事可見一斑。與其最相類似者，一方面見諸中世紀北
歐的行會，另一方面則見諸美洲部落的巫術舞者、印度的巫師(婆羅門)
行會及以色列的利未人的行會。不過，我們不能把這個〔阿波羅神殿
舞者的〕祭祀團體想成是一種由職業的忘我者所組成的客族(Gast-
stamm)。在歷史時代，它毋寧更應被視爲有資格參加阿波羅祭典遊行
的望族所形成的俱樂部，因此最相當於科隆的富人行會(Richerze-
che)，只不過，其爲古代的典型現象而不同於中世紀者，在於祭祀的
特殊共同體之與支配性的政治市民組合相合一。

　　另一方面，儘管在古代**晚期**，利底亞一地又再度出現自有世襲性
首長的手工業經營者團體，並且好像也踞有政治性部族團體(phylai)
的地位；然而，這些團體必定是源自於古老的手工業客族，因此，其
所代表的，毋寧讓人回想到印度的情況，而與西方的發展正相對反。
在西方，再度出現以職業別來區分手工業者的現象，最早是在羅馬晚
期與中世紀早期的領主制手工業部門 officia 與 artificia 裡❶。後來，
在過渡到中世紀的期間裡，出現了城市手工業者的團體，這些團體雖
是爲市場而生產，但私下是從屬於某個領主，換言之負有納貢租的義
務，然而，就我們所知，它們似乎只專做徵收租稅的事，所以可能原
本是由領主所組成的賦役制的團體。不過，除了這些在後來一段時間

---

❶「……領主式的利用手工藝者，此即君侯或土地領主爲了私人或政治的目的，採取大家
計或"莊宅"式的專業化。此處的專業化也是在沒有交換的情況下出現的。個別的手工藝
者或整個手工藝階層皆在領主支配之下，而爲其服特定的徭役。這種方式在古代極爲盛
行。除"管事"(officia)──大家計的職員，如帳房，這些通常是由奴隸擔任──外，還
有職工(artificia)。後者主要是奴隸，不過也包括有爲滿足大領地自身需求而生產的、
屬於"佃戶家"(familia rustica)的某幾類手工藝者，例如冶匠、鐵工、建築工、車匠、
紡織工(特別是女子會館的女紡織工)、磨坊工、麵包師及廚師等。」(《經濟與歷史：韋伯
選集(IV)》，頁 95)──中註

裡消失了的團體之外，尚有可能同樣古老的一些、為了獨占目的而組成的**自由的**手工業者團體存在，它們在市民階層對抗門閥的運動中，扮演了決定性的角色。

相反的，在古代的古典民主制時期裡，所有這類的團體全然不存在。賦役制的手工業行會，在城市發展的早期或許曾存在過(雖然除了羅馬的軍事性與選舉性團體之外，實在無法確切指出這類組織的絲毫跡象)，惟有在古代晚期的君主制賦役國家裡才再度出現。相反的，自由的聯盟團體(Einung)廣見於古典民主制時期的其他〔亦即工業生產之外的〕一切生活領域裡，只不過，就我們所知，其中沒有任何一個具有或企求行會(Zunft)的性格。故而與我們目前的論述無關。設若這些自由的聯盟團體真要企求經濟性的行會性格，那麼，儘管有大量的非自由手工業者存在，它們也還是會和中世紀的城市一樣，並不區分自由與非自由成員間的差別。但若無此種分別，這些自由的聯盟團體就必然要放棄所有的**政治**意圖，如此一來，又會給經濟方面帶來重大的不利(關於這點，我們很快會談到)。古代的民主制是個**自由的**市民的"市民行會"(Bürgerzunft)，並且以此(正如我們就會見到的)決定了民主制的整體政治運作。因此，自由的行會或與其類似的自由聯盟團體之開始形成，就我們目前所知，正是在古代城邦的政治角色確**實走到盡頭**的時候。對非自由的或自由但並非完全市民的(被解放的、客居的)手工業勞動者加以壓制、驅逐、或者有效地限制其數量，這個想法根本不再可能為古代民主制所考慮，很明顯的，也因其無法實行。此種想法的萌芽，以一種非常醒目的方式出現在身分鬥爭的時代，特別是在立法者與僭主的時代，但後來，特別就在民主制獲勝之後，即完全消失。

　　正是在人民掌握絕對支配權的時代，投入國家建設與國需物資生產的，除了自由市民與客居人士之外，屬於私人奴隸主的奴隸也大量被利用進去，其程度明白顯示出：他們在這些生產建設上的不可或缺，或許也同時指出：他們的主人不願平白失去自他們身上攫取的利潤，並且有力量阻止他們被排除出去。否則的話，至少在上述公共事業上，奴隸必定不會被容許有所插足。總之，自由的完全市民的事業經營，根本無法滿足大規模國家需要的目的。即此，正顯示出：Demos 支配時代完全發展的古代城市，與 Popolo 支配時代發展完全的中古城市之間，根本不同的結構。

　　在重裝步兵軍隊支配下，早期民主制時代的古代城市裡，那些住在城市但並不是在自己世襲私有地裡(kléros)、且經濟上無武裝能力的手工業者，在政治上根本不扮演任何角色。在中世紀，城市則由城居的市民大企業家(popolo grasso)與小資產手工業者(popolo minuto)所主導。但這些階層，在古代的公民體(Bürgerschaft)裡，却**沒有**(至少沒有決定性的)**力量**可言——這點正顯現出當時的政治實況。古代的資本主義是**政治**取向的，正如同其民主制也是政治取向的一樣。在資本主義方面，其所關注的是：國家需求的收受納取、國家公共建設與軍事武備、國債發行(在羅馬，這在布匿克戰爭時代早已是個政治要素)、國家的擴張與掠奪(奴隸、土地及貢賦義務者)、以及在服屬的諸城裡的特權，諸如土地的取得與租借、商業與物資的吸納等。在民主制的政治取向上，農民，只要他們仍為重裝步兵軍隊的核心，所關心的是：靠著殖民戰爭以獲得土地；而城居的小市民則關注於：從隸屬的公社的腰包裡拿到直接或間接的年金(Renten)，換言之，國家從隸屬民那兒取錢來提供市民：公共建設、觀劇費、擔任法庭(heliaia)

法官的日薪、穀物及其他物品的配給等。大部分由農村的土地所有者
所組成的重裝步兵軍隊，在諸身分間的妥協——在雅典爲克萊斯提尼
(Cleisthenes)體制、在羅馬爲立法十人委員會(decemviri) ⓬的形式
——裡取得勝利的時代，由於其企求廉價給養的消費者利害關懷，是
絕不會讓中世紀那種方式的行會政策出現的。後來，希臘當家的人民
(demos)在特別是城居利益者的影響之下，很明顯的不再絲毫關切這
類政策，並且，恐怕也不再有施行這種政策的可能性。

四、早期民主制的擔綱者: 古代城市的農民與中世紀城市 的手工業市民階層; 希臘與羅馬在後續發展上的歧異

古代民主制的目標與手段，根本完全不同於中古市民階層的。這
也顯現在兩個時代(我們已數度提及)的不同城市構造上。在中世紀，
門閥並未逕自完全消失，而是被強制加入現今已成爲市民共同體之構
成單位的**行會**裡。這意味著: 他們有可能在行會裡被占多數的中產階
層所壓倒，並因而在形式上喪失其部分的影響力。當然，這樣一來往
往反倒促使行會走上成爲金權制坐食者團體的道路，就像倫敦的行會
(Livery)。不過，這樣的過程總是意味著一個在城市**內部**、直接參與
或間接有意於工商業的階層，亦即近代意義下的市民階層，在勢力上
的強化。

相反的, 在古代, 古來的私人關係性門閥團體(亦即氏族: phylai、

⓬decemviri一字多有所指，此處明顯的是指decemviri legibus scribendis(立法十人委員會)。西元前452年與451年曾兩次還出十人委員會，"十二木表法"即此一委員會的作品。——日註

phratriai)要不是被城市的**里區**(demos或tribus)所取代，就是與之並存，並且，一切政治權力僅掌握在里區的團體及其代表的手中。這具有兩層意義：第一，門閥勢力的破碎。因爲門閥的財產絕大部分是散在各處的土地(這相應於其土地的取得乃是藉著強制執行無法清償債務抵押而來的情形)，而如今已不再能發揮其整體的威力，只能在個別里區裡散發各部分財產的影響力。並且各個部分財產也必須在個別里區裡登記且課以稅賦。就剝奪大地主的政治勢力而言，這可比現今(1918年之前)將德國東部的騎士農場(Gutsbezirke)編入農村共同體的規定，意義深遠得多❸。第二，更重要的是，整個城市範圍被劃分爲各個里區，例如希臘的 demos，所有的議會職務及官職都由 demos的代表來擔任；或如羅馬的 tribus，人民大會是以 tribus 爲單位所構成(31個農村 tribus，4個市區 tribus)❹。此種安排，至少就其原先的意圖而言，是要使決定性的地位落在**並非城居**而是**鄉居**的階層身上，並由他們來支配城市。換言之，並不在於提升城市裡營利的**市民階層**的政治地位──有如中世紀的 popolo，正相反的，是在於**農民**在政治上的提昇。總之，"民主制"的擔綱者，在中古時期，一開始就是城市**工商業者**，而在古代的克萊斯提尼時代，則是**農民**階層。

　　然而，上述情形實際上只出現在羅馬，並且至少維持了相當一段

❸二十世紀初，在普魯士(以及德國其他一些邦)，有些大農場或幾個鄰近的農場往往可以脫離當地最低一級行政單位(農村公社或Gemeinden)的控制、而形成個別分離的"農場區"，並由農場主負責該社區的公共行政。騎士農場一直到 1927 年才廢止，當時還有 12000 個。──日註

❹羅馬的人民大會分爲 comitia curiata, comitia centuriata, comitia tributa 三種，各以 curia, centuria 及 tribus 爲單位(參見第三章註❹及註❺)。curia 人民大會是最貴族式的，tribus 人民大會則是最民主的，而 curia 與 centuria 人民大會分別自共和制及西元前一世紀以後即逐漸喪失實質的機能。──日註

時期。換言之，在雅典，人們一旦屬於某個里區，其里區成員的身分即爲一種永久的、世襲的資格，而此種資格又獨立於其住處、土地所有與職業；這和生而屬於某一門閥或氏族的情形沒什麼兩樣。派阿尼爾區市民(Paianier)的家族，例如德謨斯提尼斯(Demosthenes)家族⓯，歷經數百年仍屬於這個里區，由此里區課稅並抽籤擔任此里區的公職，而全然不管他們是否還因爲居住或擁有土地而與此一里區有所關連。如此一來，只要搬進雅典城內數代之後，里區自然就被剝奪了地方性**農民**團體的性格。這時，各式各樣的城居工商業者都被算作是農村里區的成員。實際上，里區因此成爲市民團體純粹私人關係性的組織，就像氏族團體 phylai 一樣。結果，經常能夠出席人民大會(ekklesia)的雅典市民，事實上不僅因爲此種出席而處於有利的地位，並且也隨著城市的成長而在形式上形成農村諸里區裡的多數派。

羅馬的情形則不同；儘管類似的原則似乎曾一時發生在四個城市的里區裡。然而，各個後來作成的農村里區卻只以那些一直在里區裡擁有土地且**定居**在那兒的人爲其成員。人們一旦放棄這塊擁有地而在他處購地，其所屬里區也跟著改變。例如克勞地亞氏族，後來即不再屬於那個以它命名的里區。結果，和雅典一樣──而且由於羅馬市的範圍擴張得如此之大，故而情況更有甚於雅典──，那些總是能夠出席人民大會的人，亦即居住在羅馬城內的各里區成員，獲居有利的地位。不過，和雅典不同的是，這樣的好處卻只能落在以下這種人身上，換言之，他不但是農村的**土地擁有者**，並且其產業規模大到足以供應

⓯派阿尼爾是阿提喀的一個里區。德謨斯提尼斯雖是以雅典的雄辯家(384-322 B.C.)而著稱，但韋伯所經常引用者則是此人之父，以其爲商人及作坊經營者的一個典型人物。
──日註

他在城市裡生活而其農村產業却可藉由他人的勞動力來經營，此即：擁有土地的坐食者。自平民獲勝之後，大大小小的農村土地坐食者即支配了羅馬的人民大會。

　　一方是羅馬的城居土地貴族家族的優勢，一方是雅典城居平民的優勢，兩者間保持著如此的差異。羅馬的平民絕非 popolo，換言之，並非工商業經營者行會的結合體，而毋寧是具備完全重武裝能力的農村土地所有者身分階層，而其中通常只有那些城居者支配著政治。所謂平民(Plebejer)，原非近代意義下的小農，更不是中世紀意義裡的農民階級，而是在經濟上力足以完全武裝的農村土地所有者階層。就社會的觀點言之，若不能謂之為"鄉紳"(gentry)，至少也是個"鄉村小地主"(yeomanry)，就其在平民上昇時期裡的土地所有規模與生活樣式觀之，實具中產身分階層的性格；即此，也就是個農耕的市民階層(Ackerbuergerschicht)。

　　隨著羅馬的擴張，城居的土地坐食者的影響力也越來越高。相反的，在城市裡從事手工業的人們全都被集結在四個城市的里區裡，因而沒有政治影響力。羅馬的官職貴族總是固守著這種狀態，甚至格拉古派的改革者也不願改變這種狀態並引進希臘式的民主制。羅馬軍隊的這種農耕市民的性格，使得有力的城居的元老院議員家族得以維持其支配。相對於希臘民主制之以抽籤來任命處理實際事務的議會議員，並且取消具有否決權的元老會議(Areopagus)——主要是由退職的官吏所構成，相當於羅馬的元老院——在羅馬，元老院仍維持其為城市之指導當局的地位，並且從未有改變此種現象的意圖出現過。在大擴張時代，軍隊的指揮權總是落在城市貴族出身的軍官手中。不過，到了共和制晚期，格拉古派的改革者，和典型的古代社會改革者一樣，特別意圖確保政治團體〔羅馬國家〕的軍事力量，並防止農村土地所有者的沒落與無產階級化及其土地之爲大地主所買占，且增加其人數以維持自行武裝的市民軍隊的軍力。所以，這些改革者根本就是個農村的政黨，格拉古兄弟毋寧更是如此：爲了無論如何實現點成果出來，不得不援引資本家階層——騎士(Ritter, equites) ⓰——來對抗官職貴族；這些資本家所在意的是從包辦國家事業與運交國需物資上獲取利益，但却因其商業經營而被排除在官職地位之外 ⓱。

伯里克里斯的工程建設政策，被認爲同樣也是爲了提供手工業者就業機會，或許沒錯 ⓲。由於建築工程是由取自同盟市的貢納來支付，所以這成爲手工業者的收入機會來源。然而，正如碑文所顯示的，客居者與奴隷也參與這些建設工程，故而獲益者絕非僅止於具有完全市民權的手工業者。此外，在伯里克里斯時代，下層市民眞正的"失業津貼"毋寧是水手薪資與**戰利品**，特別是海戰的戰利品。這就是爲什麼民眾如此容易被發動成爲贊成戰爭的勢力。這些沒落的市民在經濟上悠然自得，並且也沒什麼好損失的。反之，在整個民主制的發展裡，一個眞正的手工業生產者政策從未呈現出爲一種決定性的因素。

⓰equites 指的是上層的商人階級，他們的名稱、政治、經濟與社會特權皆源自下列此一事實：此即他們富有到足以充當騎兵。故在德文及英文裡皆將之譯爲"騎士"(Ritter, knight)。——中註

⓱格拉古曾經規定"肅貪法庭"(quaestio repetundarum, 見第3章註⓰)在每一次審判時，陪審員之中的五十人皆選自騎士階級，以爭取商人中產階級的支持。不過，此一政策在蘇拉(Sulla)掌權時被廢止，元老院貴族再度控制法院。——中註

⓲參見普魯塔克的 Pericles, chs. 13-14，受益的行業皆列舉了出來。——中註

五、古代與中世紀民主制的經濟政策；典型的古代城市之根本的軍事利益取向

如果說古代的城市政策是在於追求城市消費者的利益，那麼中世紀城市當然也是如此。只不過，在政策施行的程度上，古代比中世紀徹底得多。顯然這是因為像雅典和羅馬這樣的城市似乎不可能把穀物的供給只委託給私人的商業。另一方面，我們在古代也時而發現對於某些特別重要的出口物資有利的政策，然而這些有利政策却從來不是以手工業生產項目為主要對象。並且，任何一個古代城市的政策也從未被這種生產者的利益所支配。

決定古代城市政策之方向的，毋寧是以下各種利益關懷。最初，是古老的沿海城市裡的城市貴族的利益關懷：他們以海上商業與海上掠奪為其利益關注的重點，從中獲取財富，而成為居住在城裡的領主的與騎士的貴族。其次，是在城市民主制早期時代裡，居住在農村而具備重武裝能力的土地所有者的利益關懷。前者廣見於各處，而後者的這種形態則**僅**見於地中海古代。最後，一方面是貨幣與奴隸擁有者的利益關懷，另一方面是城市小市民階層的利益關懷。這兩者，無論其為大小企業者、坐食者，或是戰士、水手，皆寄其利益關懷於國家需求與**戰利品**上，只是關懷的方式不同而已。

在這方面，中世紀城市的民主制則有**根本**不同的表現。之所以有此種不同，原因早就存在於中古城市建立的同時，並在當時就已顯現出其影響力。換言之，原因即在於一般文化發展條件下的地理環境與軍事因素。**古代**的地中海城市在成立之際，從未有過與之敵對的、有

力的、特別是具有高度技術水平的、**非**城市的政治軍事力量。它們本身毋寧就是最高度發展的軍事技術的擔綱者。起先，是門閥城市擁有騎士的密集方陣的技術，後來，特別是又出現了紀律嚴謹的重裝步兵戰鬥的技術。中古時期，在此種軍事方面，舉凡情況與古代相類者，諸如中古早期南歐的沿海城市，以及意大利的城市貴族共和國，在發展上也顯示出與古代有相對而言廣泛的類似性。在中古早期的南歐城市國家裡，城市組織的貴族制結構早先即已被軍事技術的貴族性格所決定。正是那些沿海的城市，其次是那些(相對而言)**貧窮的**內陸城市——擁有諸多廣大的、由城居坐食貴族所支配的政治服屬地區的內陸城市，例如伯恩(Bern)，民主制走向的程度最小。

相反的，工業的內陸城市，特別是北歐**大陸**的城市，在中世紀時，發現有諸多國王的軍事─官職組織及其廣佈於歐陸內部的城居騎士封臣，與自己相對立。這些城市，在其建立之初，即奠立於政治的與莊園領主的——亦即被編制在封建的軍事─官職團體〔封建國家〕裡的——權力擁有者之認可上，並且，越往北、越向內陸，這樣的城市就占越高的比例。然而，隨著時代的推演，這些城市之所以被建構為"城市"，越來越不是基於地方性軍事團體的政治軍事利益，而純粹是出自於其建立者的**經濟**動機；因為權力擁有者希望藉此坐收關稅和類似的交易規費與租稅。對於權力擁有者而言，建設城市主要已變成一種經濟的事業，而不是軍事的措施；或者即使軍事方面曾扮演過某種角色，他們也意圖使之逐漸消退。

城市的自律(Autonomie)——程度儘管有所不同，但作為中古西方城市的特徵則一——唯有基於以下的因素，也唯有在以下的狀況下，才得以發展出來：亦即，城市外的權力擁有者尚未握有訓練有素的官職機構——這無論在何處皆爲唯一的決定性要素——以因應城市實務**管理**的需求，而足以令**其自身**在城市經濟發展上的利益關懷獲得滿足。中世紀早期的君侯行政與司法，無論就事務的性質而言、或就其擔綱者的地位而言，都未曾具備專業知識、延續性與理性訓練下的客觀性，也因而不足以規範及管制城市工商業利害關係者的諸多事務：這些事務與君侯鎮日忙煞的自身利益及其身分慣習，毋寧是非常不相干的。權力擁有者的利害關心，在早期唯其爲金錢收入。只要市民能設法滿足這種利害關心，那麼便很有可能使得城市外的權力擁有者不再插手干預市民的事務；特別是因爲此種干預，可能會使他自己建立城市所具有的魅力，在與其他權力擁有者之建立城市相競爭時，受到損害，因而也損害到自己的收入。權力擁有者相互間的勢力競爭，特別是中央權力與大封臣及教會的教權制權力之間的勢力競爭，對城市有利，尤其是在此種競爭裡，以市民的金錢力量來和任何一個競爭者同盟，都可能被應允一些好處。

　　因此，政治團體若越是被統一地組織起來，城市的政治自律性之開展度也就越低。因爲起自國王的一切封建權力，毫無例外的，都對城市的發展抱持著極度不信任的態度。只有當官僚制的官職機構付之闕如及金錢短缺之時，才會迫使菲利普·奧古斯特以來的法國國王及愛德華二世以來的英國國王向城市尋求支援，就像早先日耳曼國王之試圖向主教及教會財產尋求支援一樣。日耳曼國王在因主教敍任權之爭而失去此項支援之後，撒利安王朝諸王在一段短時間裡也優遇起城市來。不過，一旦國王或領邦君主的家產制權力獲得政治與財政的權力手段而足以發展出適當的官職機構之時，他們便又試圖再度毀棄城市的自律性。

　　在中世紀城市發展裡的這段城市自律性的歷史插曲，其蘊生的條件**完全不同於**古代。典型的古代城市、其支配階層、其資本主義、及其民主制的利益關懷，所有這些根本都是政治與軍事取向的，並且**越是如此**，其特殊的古代特性也就**越發**顯現出來。門閥的崩潰與過渡到民主制，是由於軍事技術的變遷所致。擔當起和貴族鬥爭、並將貴族從軍事上然後是政治上排除出去的，是自行裝備且訓練有素的重裝步兵軍隊。其所獲致的成果則極為不同：在斯巴達，這使得貴族完全被打倒；在羅馬，這導致身分制約在形式上的廢止、使得人們要求理性且易於利用的司法、法律對於人身的保護、以及去除債權法的苛酷等期望得到滿足，另一方面，貴族的實際地位則得以別種形式維持住；在克萊斯提尼時代的雅典，這導致貴族被編入里區裡，且城邦實行金權政治式的領導。不過，只要鄉居的重裝步兵仍為決定性的勢力，在大多數情況下，門閥國家的各種權威主義的制度仍然保持下來。

　　就制度的軍事化程度而言，強弱也極為不同。斯巴達的重裝步兵團將屬於戰士的所有土地及居住其上的非自由人都當作共同財產來處理，並給予具備武裝能力的戰士要求土地定期金收入的權力。沒有其他任何城邦走得這麼徹底。似乎比較普及且在後代留下部分痕跡的措施，也只不過是限制戰士份地──亦即市民行會成員的世襲地──的轉讓權；但即使是這樣的措施，也都還不是普遍性的，並且後來無論何處皆被廢止。所有的土地除了受制於子孫的繼承權之外，全都可以自由轉讓。在斯巴達，土地的積累雖不許握於男性市民的手中，但卻允許握於女人手中，這使得由"平等者"（Homoioi）所組成的戰士團──最初包含了大約八千名完全市民──的經濟基礎發生很大的改變，最後甚至只剩數百人力足以接受完全的軍事訓練，以及繳得起餐會(syssitia)的入會費，而這正是擁有完全市民權的條件。

　　相反的，在雅典，交易自由的實現，伴隨著里區制度，促進了土地的細分化，而此種細分化也與果樹栽培的逐漸增加相對應。在羅馬，基本上自十二木表法時代以來即已存在的來往交易自由，卻再度導致完全相反的結果，因爲值此之際，村落制度已被破壞❶。在希臘，重裝步兵民主制已在所有將軍事勢力的重點轉移到海軍戰力的地方消失了(在雅典，自從在柯隆尼亞被比歐提亞人打敗以來，即已如此)❷。自此之後，已往嚴格的軍事訓練遭受忽視，古來的權威主義的遺制也被廢止，而城市的政治與制度即此全落入**城居的**市民的支配之下。

六、典型的中世紀內陸手工業城市之根本的經濟利益取向

　　像這種純粹基於軍事因素的激烈變遷，在中古的城市裡是聞所未聞的。中古市民的勝利，最主要是基於經濟的因素。並且，典型的中古城市，亦即**手工業的內陸城市**，根本上全都是經濟取向的。中古時期的封建勢力主要並不是城市君主與城市貴族。他們並不像古代的城市貴族那樣關注於：將只能由**城市**來提供的特殊軍事手段，掌握爲己所用。因爲，中世紀的城市，除了擁有艦隊的沿海城市之外，並不是

---

❶ 韋伯在其他地方也提到，村落被摧毀以利於散居。參見韋伯早期有關羅馬鄉村制度的研究，《社會經濟史論文集》(*Gesammelte Aufsaetze zur Sozial-und Wirtschaftsgeschichte*)，pp. 195f. 222f. 229f.。──中註

❷ 海軍戰力與貧窮市民階層之間的關連，韋伯曾在他處強調其中的一個因素，此即：相對於重裝步兵，服海軍役，市民「只需支付少許的自行裝備費用」。參見韋伯前引書，p.40.。──中註

　　雅典於西元前447年在柯隆尼亞(Koroneia)被比歐提亞人(Boeotians)打敗，後來即遭到斯巴達人的入侵。──日註

那種特殊軍事權力手段的擔綱者。在古代，重裝步兵軍隊及其訓練，亦即軍事的關懷，一步步地成爲城市組織的核心點；相反的，中世紀的市民特權，大多是以限制市民之於守備的軍事義務爲起點。

中世紀的城市市民與日俱增的經濟取向，在於透過工商業的和平經營；這點尤以城市市民裡的下階層爲最，例子特別顯示於意大利城市裡的小市民（popolo minuto）所持政策之對立於高身分階層的政策。中世紀市民的政治狀態，使他們走上**經濟人**（homo oeconomicus）的道路，反之，古代的城邦，在其繁榮時期，保持著就技術觀點而言最爲先進的軍事團體的性格：古代市民乃是**政治人**（homo politicus）。

在北歐的城市裡，如我們已見到的，家士（ministerialen）與騎士，作爲一個身分團體，往往逕直被排除於城市之外。另一方面，**非騎士**的土地所有者，要不只是城市的隸屬民，否則就是被動的受保護客民，有時是有行會組織——但不具政治與社會勢力——的果園主人與葡萄種植者，他們對於城市政策僅扮演非常有限、或可說幾乎毫無份量可言的角色。對中世紀的城市政策而言，農村地區原則上只不過是城市經濟政策的對象，並且越往後越是如此。典型的中古城市，無論何處，皆未曾興起過致力於殖民擴張政策的念頭❷。

七、古代城邦的身分結構：與中古城市作比較

即此，我們觸及到一個非常重要的問題點：古代城市與中古城市

---

❷西洋上古時期的殖民運動，根據韋伯的說法，是由一群武裝市民在海外某個沿岸地區建立一個殖民城市。至於中古的殖民運動及殖民城市的建立，特別是在東日耳曼的斯拉夫人地區，一般而言乃是由土地貴族與騎士教團所進行的。——中註

之身分關係的比較。除了我們已討論過的奴隸之外，見諸古代城邦的各種**身分**階層，在中古時期，有的僅見於早期，有的根本沒有，或者只出現於城市之外。這些身分階層計有：㈠隸屬民，㈡債務奴隸，㈢客，㈣被解放者。其中，前三個集團一般是屬於重裝步兵民主制時代，後來僅見沒什麼份量的殘餘；被解放者則反之，越是到後期，扮演越重要的角色。

㈠家產制的**隸屬民**，在進入歷史時代後的古代城邦的範圍裡，主要是見之於征服地。不過，在城市發展早期的封建制時代裡，他們應當是分佈極廣的。他們的地位——就若干基本特徵而言，在全世界各地都是類似的，儘管在細節上有種種相當不同的差異——與中古隸屬民的地位，基本上並無不同。無論何處，隸屬民主要都是被利用在經濟上。在希臘地區，隸屬民身分保持得最完整的地方，正是城市組織尚未完全實現之處，特別是意大利，以及那些被嚴格建構為戰士組織的城市，在那兒，隸屬民毋寧是國家隸屬民，而不為個別主人所擁有。除了這些地方之外，隸屬民這個階層在重裝步兵支配的時代幾乎全都消聲匿跡於其他各處。到了希臘化時代，此一身分又再度復活於近東的西洋地區——在當時被組織為城邦的形式。仍然保持著部族組織的廣大農村地區，被分割到各個城市裡，這些城市的市民則組成一支維護後亞歷山大時代各分土君主之利益的希臘人（或希臘化的）守備隊。雖然如此，非希臘人的農村住民的這種純粹政治性的隸屬關係，在性格上根本不同於早期時代的家產制從屬關係，也不再屬於自律性城市的描述之內。

㈡**債務奴隸**，作為勞動力，曾扮演過相當顯著的角色。他們是在經濟上沒落的市民。在城居的城市貴族與鄉居的重裝步兵之間的古代

身分鬥爭裡，這些債務奴隸的狀況乃是特殊社會問題的**核心**所在。在
希臘人的立法❷、〔羅馬的〕十二木表法、〔禁止〕債務拘禁的相關法
令、以及僭主的政策裡，這些沒落的鄉居農民階層的利害問題皆經由
各式各樣的妥協而被加以解決。解決之道大相逕庭。債務奴隸並非出
自於隸屬民，而是自由的土地所有者，他們連同其家族及其土地，經
判決而處於永遠的奴隸狀態或受私人的債務拘禁，要不然就是爲了規
避法令的強制執行而自願處於此種狀態。他們被加以經濟性的利用，
特別經常是成爲在取自於債主的土地上耕作的小作農。這個階層的危
難顯見於以下這個事實：亦即，十二木表法中規定，被判決爲債務奴
隸者，不得留在國內，而必須被賣到國外去〔"trans Tiberim"〕❷。

　　㈢**客**(Klienten)必須與債務奴隸及隸屬民區分開來。一方面，他們
並不是像這兩者那樣受輕蔑的屈從者。相反的，他們形成主人的扈從
團，並且與主人保持著一種忠誠關係，也由於此種忠誠關係，使得主
人與客之間在法律上的事端成爲宗教性的違犯。他們與債務奴隸相反
的是，若主人將此種客屬關係加以經濟性的利用，就會被認爲有失身

---

❷例如梭倫即曾取消債務、並買回被賣到海外爲奴的市民。參見韋伯，《社會經濟史論文
集》, pp. 117f. 133ff.。——日註
❷根據十二木表法，接受判決者或承認債務者，有三十天的補償緩衝期；若在此期間內未
能有所補償，則由債權人將之逮捕到政務官面前。倘若政務官確認其不履行判決或債務
承諾的事實，則債務人——在沒有擔保人的情況下——被交給債權人，並由債權人在他
身上綑綁十五磅以下重量的鐵鍊，拘禁在自己家裡。債務人雖得以自費料理飲食，但當
其無此能力時，債權人必須每日供給一磅麵包。在六十天的拘禁期內，債權人可以於連
續三次的開市日裡將債務人押到市場去，物色願意代替債務人償還債務的人。若是六十
天內不出現這樣的人，那麼「債權人可以自由地殺掉債務人，或者將他賣給住在台伯河
彼岸地方的人」。根據韋伯的解釋，十二木表法之規定將債務奴隸殺死或賣到國外（台
伯河對岸）去，是唯恐他們留在國內會威脅到國內的安全。參見 M. Weber, *Gesammelte
aufsaetze zur Sozial-und Wirtschaftsgeschichte*, S. 209f, 220。——日註

分尊嚴。他們乃是主人個人的、政治的權力手段，而非經濟手段。客與其主子的關係是由誠實信義(fides)的原則來規制，而此一原則並非由法官來監督，而是由習俗法典，違反者要受宗教性的懲罰(被稱為infamis)❷。

　　客源自於騎士戰爭與貴族支配的時代，原本是主人的侍從，隨侍主人上戰場，有義務要貢獻禮物，主人有需要時得予以支援，有時或許還包括服勞役，而主人則提供給他土地，以及在法庭上代表他辯護(譯按：非羅馬公民無權在法庭上為自己辯護)。他們並非主人的僕役，不過如在中世紀，他們會被稱為領主的家士，其間當然有些許差異，因為，他們並非過騎士生活的人，也非騎士階級，而只不過是有塊農地的小老百姓，亦即，擁有軍事采邑的平民階層❷。所以，客並不參與在土地所有與地方性共同體裡，也因此不在軍事共同體裡，他們所加入的是(在羅馬，透過所謂的applicatio)與門閥之長(pater)或國王的恩護關係，並基於此一關係，從恩主那兒分配到武備與土地(羅馬的術語是adtribuere)。大部分情況下，此種恩護關係是從祖先那兒世襲下來的。以上是恩護關係的古代意義。正如同中世紀的貴族支配時代之產生被保護民(Muntmannen)的現象一樣❷，古代也在同樣的機緣

---

❷「規範保護主與其賓客之間的關係的，是傳統的且相當確立的習俗法典。不過由於此種習俗法典具有宗教的性格，所以和城市國家之市民的世俗的"地方法(Landrecht)"並無關係，並且，用地方法是無法加以掌握的。雖然如此，此種習俗法典大有實際的意味，所以也無法簡單地無視其存在。事實上，十二木表法即詛咒對賓客不守忠誠信實(fides)原則的保護主(保護主若對賓客不公正，則由神處置之Patronus si clienti fraudem fecerit, sacer esto〔第八表21〕)。這和兒子毆打父親之受詛咒是一樣的。無論如何，國家的法官是完全在此等事務之外的。」(韋伯前引書，S. 203)；另參見 *Wirtschaft und Gesellschaft*, S. 422。──日註

❷與此相關的，韋伯指出：中世紀所強調的是對獨立的封臣階層之封主的忠誠信實，而古代則傾向強調保護主對平民賓客的忠誠信實。──日註

下，導致大量的自由小農民步入恩護關係——爲的是在法庭上有貴族
爲其代理人。在羅馬，這或許是恩護關係後來具有較自由形式的泉源。
反之，古老的恩護關係，至少在羅馬，是將客完全委之於主人的手中。
直到西元前 134 年，西庇阿(Scipio)還以將軍的身分召集自己的客上
戰場 ❷。到了內戰時代，此一〔私人軍隊扈從的〕角色則爲大土地所
有者的部曲(coloni)所取代。

在羅馬，客在軍事大會裡具有投票權，並據李維所載 ❷，他們還
是門閥勢力的重要支柱。恩護關係可能從未在法律上被廢止過。不過，
隨著重裝步兵戰術的勝利，客在羅馬便喪失了軍事上的意義，到後期，
恩護關係只不過是作爲確保恩主之社會勢力的一種制度而存在。相反
的，希臘的民主制則將此種制度完全消滅。中古城市之於此種制度，
所知不過是如下的形式，亦即：一個完全市民對於一個委身於其保護
下的非完全市民的恩護權(Muntwaltschaft)。此種法庭上的恩護關
係，隨著門閥的支配而消失。

㈣最後，古代城市的**被解放者**。他們在數量上與角色上都相當顯

---

❷「"被保護人"(Muntmannen)，他們的人身雖然是自由的，但仍須托庇於一個完全市民，
代表他們出席法庭，故他們對此一保護者負有一定的勞役義務，作爲接受保護的代價」
(《經濟與歷史：韋伯選集(IV)》，頁 102)。此外，Munt 原來是"家長權力"的意思，此
種家長權力同時具有包括支配權與保護義務在內的性質，因此，包含保護與支配這兩種
契機的支配關係，逐漸被稱爲"Munt支配權"，從另一方面來看，此種支配關係亦可理
解爲親子關係之擴大到本來的"家"以外的情形。——日註

❷西庇阿(Publius Cornelius Scipio Aemilianus Africanus Minor Numantius, 185-129
B. C.)，羅馬的將軍。在第三次布匿克戰爭中打敗迦太基(西元前146年)，並平定西班牙
半島北部(西元前134-2年)。反對格拉古兄弟的改革法案，於西元前 129 年拉丁祭中的
民衆騷擾後殂死。——日註

❷李維(Titus Livius, 59 B.C.-17 A.D.)，羅馬歷史家，著有《羅馬史》鉅作，記載羅馬自
建國之初至西元前 9 年的歷史。——日註

著。主要是被利用在經濟上。根據意大利研究者仔細檢驗過的碑文資料，約有半數的被解放者是女性❷。在此情況下，解放多半是爲了締結有效婚姻的目的，因此，可能是由想成爲新郎者出資購得的。除此之外，我們在碑文裡發現爲數特別多的原先爲家內奴隸的被解放者，他們的被解放也因而是緣於私人的恩惠。這些人的數量是否果眞占這麼大的比例，當然是很值得懷疑的，因爲，正是這類被解放者，在碑文裡被提及的機會自然比其他人多得多。反之，若依卡爾多明尼(Caldomini)的見解，則相當可信的是：家內奴隸的解放，在政治經濟衰退的時期裡會增加，在經濟榮景時則減少。利得機會的受限，迫使主人縮減家計，同時將壞時機的風險轉嫁到奴隸身上，此時，奴隸不僅〔因被解放而〕必須自力更生，還必須履行對主人的義務〔繳納解放金〕。農業方面的撰述者曾提及將解放當作報償，以獎賞奴隸在經濟上的好表現❸。主人往往會將一名家內奴隸解放，而不是將之作爲奴隸來利用，因爲，正如史特拉克(Max Strack)所說的，如此一來，他就不必再爲這人負擔法律上(儘管是有限的)責任❸。

　　雖然如此，其他的奴隸階層必然也扮演了至少同等重要的角色〔作爲被解放者階層的來源〕。被奴隸主准許獨立經營工商業以支付貢租的奴隸，最有機會儲蓄金錢來贖身，正如俄羅斯的農奴所顯示的❸。不

---

❷Aristide Calderini, *La manomissionee la condizione dei liberti in Grecia*(Milano, 1908), pp. 200ff.。——日註

❸下列一些羅馬作家曾寫過有關農莊管理手冊：西元前二世紀中葉的小卡圖(Cato Maior)，與西塞羅及凱撒同時的瓦羅(Varro)，帝國早期的 Columella，第四世紀的 Palladius。韋伯曾仔細研究過這些作家的著作，上述這段話可能來自 Columella 的 *de re rustica*, bk. I, ch. viii.。——中註

❸Max L. Strack, "Die Freigelassenen in ihrer Bedeutung fuer die Gesellschaft der Alten,"*Historische Zeitschrift*, vol. 112(1914), 1-28, esp.26.。——日註

過，對主人而言，被解放者所需負擔的賦役與貢租，無論如何總是扮演著決定性的角色。被解放者及其子孫仍與其主人的家族保持著全然的家產制關係，直到數代後才終止。他們不僅要負擔先前與主人約定好的——往往是沈重的——貢租與賦役，他們的可繼承財產，和中世紀的非自由人一樣，仍服屬於主人相當大的處分權之下。除此之外，基於忠誠義務，他們還得服膺於各式各樣的私人性服從，以促進主人的社會聲望，並直接升高主人的政治勢力。結果，在貫徹民主制之處，例如雅典，被解放者被完全排除於市民權之外，而被算作外僑(metoikos)。反之，在官職貴族的勢力從未真正被打破之處，如羅馬，他們被算成是市民；只不過，在平民(plebs)的堅持下，他們被限制在四個市區內的里區裡，而官職貴族也出於恐懼而同意如此，以免他們成為有利於僭主制形成的基礎。監察官克勞地烏斯將被解放者分別配置到所有的里區去，並賦予他們和其他市民同樣的投票權，即被視為企圖樹立僭主制的作為❸❸。我們自不應如邁爾那樣，將此種獨特的作為理解為企圖創立一種"伯里克里斯式的"群眾領導❸❹。因為，伯里克里斯的統治並不是奠基於被解放者上，後者正是被民主制排除到一切市民權之外的人，反之，**完全**市民共同體之於城市**政治**擴張的利害關心，才是其政權的基礎所在。另一方面，古代大部分的被解放者乃是和平

---

❸❷被准許獨立經營工商業以支付主人貢租的奴隸或農奴，俄文稱為 Obrok。此種利用奴隸來作為年金收入來源的方法，是廣見於各處的現象。參見 M. Weber, *Wirtschaftsgeschichte*, S. 122f.(《經濟與歷史：韋伯選集(IV)》，頁 99 以下)；*Gesammelte Aufsaetze zur Sozial-und Wirtschaftsgeschichte*, S. 16, 55。——日註

❸❸克勞地烏斯(Caecus Appius Claudius)，西元前 307 與 296 年的執政官。西元前 312 年任監察官，將被解放者等卑賤出身者列為市民，靠著他們的支持與增稅措施，建設水道、街道與市場等等。另如本文所述，將羅馬的土地及市民分屬於全部的 tribus。——日註

❸❹Ed. Meyer, *Kleine Schiften*, Bd. 1, 1. Aufl., S. 264, 372-3, 2. Aufl., S. 246, 354f.。——日註

的營利人階層，亦即，經濟人，他們在一極爲特殊的程度上——比起古代民主制的任何完全市民平均更高的程度——與中世紀及近代的營利市民相接近。因此，羅馬的問題毋寧在於：是否要借助他們來蘊生出中世紀式的人民首長制❸。從克勞地烏斯的嘗試被拒絕這點看來，和先前一樣，農民軍和城市的官職貴族——通常是由官職貴族來支配農民軍——仍是決定性的因素。

　　讓我們將被解放者的特殊地位再弄得更清楚些。在某種意義上，他們是古代裡最現代的、與"市民階級"(Bourgeoisie)最爲相近的一個階層。然而，無論在何處，被解放者從來未曾獲得官職與教士職的就任權、完的通婚權、參與軍事訓練(Gymnasion)權——儘管緊急時他們也會被徵召入伍——以及司法參與權。在羅馬，他們不能成爲騎士，並且，他們在訴訟上的地位，幾乎無論何處，不管怎樣都比自由人來得不利。這種特殊的法律地位，在經濟上意味著：他們不僅被排除於由國家所提供的或基於**政治**條件而來的市民收入之外，並且特別是被斷絕了取得土地與擁有抵押權的機會❸。因此，很鮮明的，**地租收入**(Grundrente)正是在**民主制**時期成爲**完全**市民特殊的獨占品。

---

❸一直到十三世紀爲止，意大利(主要是在北部)的城市還控制在封建貴族的手中，然而當時意北工商業已日漸發達，爲了保障自己的利益，富商及企業家乃聯合起來組織稱爲popolo的團體，以對抗貴族。popolo在意大利文即"人民"之意。到了十三世紀末，他們已成功控制了一些城市。popolo的組織原則有二：1.以地域爲選舉代表的單位；2.以行會爲單位；或者兩種方式皆採用，佛羅倫斯即爲著名的例子。popolo有自己的行政官員，其中capitano del popolo(人民首長)是最重要的，掌握了軍事權與司法權，不過通常皆由外地人擔任此一職務，因此實際上控制popolo的人是地方代表——an-ziani(長老)。popolo跟今日議會尚有距離。當時有兩種階級存在：popolo grasso——"肥仔"，指富有的中產階級，包括富商及企業家等人，他們控制了城市的經濟與政治；popolo minuto——"小人"或"平民"，包括小商人或甚至靠工資過活的無產者，他們沒有參政權。韋伯認爲popolo是非正當性政治團體的典型。——中註

在羅馬，被解放者是第二級的市民，被排除於騎士身分之外，這意味著：他們(至少作爲自主的企業者)無法參與爲騎士所獨占的大規模租稅承包與國需物資供應的業務。如此，被解放者乃是以一種平民的市民階級形式與騎士相對立。

以上這兩點在實際上意味著：被解放者這個階層遠遠被摒之於古代典型的、政治取向的資本主義之外，並因而步上一種相對而言近代的、市民的營利之路。以此，他們乃是最能顯示出近代性格的諸多營利形式之最重要的擔綱者，並且最最類似於我們現在的小資本主義的(在某些情況下也能累積巨大財富的)中產階級。換言之，他們和基於政治條件而獨占**年金**——國家津貼、當職日酬、抵押金、土地租金——的希臘城市完全市民之典型的 demos 形成決定性的對比。奴隸的勞動訓練，結合著隨訓練而來的贖身機會，對於古代的非自由人的營利慾而言，乃是一股強烈的刺激力量，正和近代俄羅斯的情形一樣。反之，古代 demos 所關心的是軍事與政治。作爲一個純粹經濟利益關注的階層，被解放者毋寧是奧古斯都崇拜的現成團體——好比帶來和平者。奧古斯都所設置的奧古斯都崇拜團(Augustales)的地位，相當於現今宮廷承辦商所扮演的角色㊲。

㊱在希臘，抵押權扮演著非常重要的角色：當時的抵押權，原則上是採取在保留回買權給債務人之下將土地賣給債權人的形式(有時是單純地將土地所有權讓渡給債權人的形式)，因此，無法取得土地所有權即意味著無法取得抵押權。關於這點，參見 M. Weber, *Gesammelte Aufsaetze zur Sozial-und Wirtschaftsgeschichte*, S.130f.。——日註

㊲奧古斯都雖然禁止羅馬人將自己當作神來崇拜，不過卻稱自己爲尤利烏斯神之子(Divii Iulii filius)，在東方則有謂其生前即已與女神羅馬結合的奧古斯都崇拜，亞歷山大城的貨幣上則有"神子"(theou huios)的銘刻。西元前 12 年以後，意大利及羅馬皆有奧古斯都崇拜，並設有職司此種崇拜的被解放者團體(Augustales的團體)。由於被解放者並無公職就任資格，所以對他們而言，被給與 Augustales 的地位也就是就任公職的一種代用品。——日註

　　被解放者作爲一特殊的身分階層，在中世紀只存在於城市形成之前的早期時代。在城市裡，遺產全部或部分歸於主人所有的人身奴隸階層，基於以下兩點，即在城市發展的最初時期便已爲數有限，到了手工業行會支配的時代更是全然消失了，亦即：一、城市的空氣使人自由，二、皇帝所賦予的城市特權：禁止領主攫取城市市民的遺產。在古代，城市乃是一軍事團體，故而包含完全市民與被解放者及非自由人等所有手工業者在內的行會組織，根本無緣成爲城市的政治基礎；反之，中古的行會制度則以不管城市之外、各種身分間的差異爲出發點。

八、作爲戰士行會的古代城邦：與中古內陸手工業城市形成對比

　　要言之，古代城邦，在重裝步兵紀律創建之後，即爲一種戰士行會(Kriegerzunft)。任何城市若想遂行陸上的積極政策，就必然或多或少要倣行斯巴達的範例，亦即：創建由市民所組成的、訓練有素的重裝步兵軍隊。阿格斯與底比斯(Thebes)在其擴張時期也創立了精銳戰士的部隊；在底比斯，這更由個人的愛慕關係而加強 ❸。並未擁有此種軍隊而只有市民重裝步兵的城市，例如雅典及其他大部分城市，在陸上不過採取守勢。不過，在門閥崩潰之後，無論何處，市民重裝步兵即成爲完全市民的支配階級。類似於此的一個階層，不僅未見之

---

❸本文所謂的"個人的愛慕關係"云云，是指軍隊並不是以 phylai 或 phratriai 爲單位所組成，而是利用當時的風尚裡少年愛的關係，將愛慕者與被愛慕者編組在一起而成戰列的情形。據說守衛底比斯衛城的三百名精銳部隊是由同性戀者所組成的。參見 Plutarch, *Pelopidas*, ch. 18ff.──中註

於中世紀，其他各地亦未曾發現過。

　　即使是斯巴達以外的希臘諸城，無論如何也總帶有一定程度的永久性軍營的性格。因此，在重裝步兵城邦的早期，各城市越來越往對外閉鎖的方向發展──而與赫希歐德時代廣泛的遷徙自由形成對比❸；並且，大大地限制戰士份地的可讓渡性。不過，此一制度在大部分城市裡很早就崩解了，並且，隨著僱傭兵及沿海城市船艦勤務的登場，此種制度也就再無用武之地了。雖然如此，對於城市內部的政治支配而言，軍事勤務依然是最終的決定力量，城市仍維持著軍國主義共同體的性格。對外方面，在雅典，支持其擴張性對外政策──甚至遠及埃及與西西里，就其有限的市民人數觀之，毋寧是匪夷所思的──的正是激進的民主制。對內方面，城邦作為一軍國主義的團體，具有絕對的主權。市民團不管在哪一方面皆可自由地處置個別的市民。惡劣的家計──特別是蕩盡世襲的戰士份地(在羅馬的禁制文告裡稱為bona paterna avitaque〔父祖傳下來的財產〕)、通姦、子不教、親不侍、瀆神(Asebie)、不遜(Hybris)等等，總之，一切危害軍事與市民之紀律與秩序的行為，以及可能招惹神怒而不利於城邦的行徑，在雅典都會遭到嚴厲的懲罰──雖然伯里克里斯在其著名的葬禮演說辭中保證：任何人都可以在雅典過其隨心所欲的生活❹。在羅馬，這類

❸赫希歐德之父自小亞細亞遷居到 Boeotia，再以海上商業取得財富，並成為擁有土地的農民。在韋伯看來，這毋寧是承認私法的、特別是土地法的移動自由的狀態，和這種狀態比較起來，後來民主制時期，行會的市民權政策與土地政策，是增大了對土地與人的束縛。──中註

❹伯里克里斯在其葬禮演說辭中曾說：「我們的制度之所以被稱為民主政治，乃是因為政權是在全體公民手中，而不是在少數人手中。解決私人爭執的時候，每個人在法律前面一律平等；……正因為我們的政治生活是自由而公開的，我們彼此間的日常生活也是這樣的。當我們隔壁鄰人為所欲為的時候，我們不致於因此而生氣；我們也不會因此而

不端的行徑則會招致監察官的干涉。因此，個人生活樣式的自由是沒有的，如若果眞有的話，例如在雅典，那麼便要付出減低市民兵戰鬥力的代價。在經濟上，希臘城市亦得以無條件地處置個人的財產：當債務的情況發生時，城市可以將其市民的私有財產與人身抵押給債權人，並且直到大希臘化時代時仍是如此。

市民主要仍爲士兵。根據帕珊尼亞斯(Pausanias)的記載❹，一個城市除了水源、市場、官府、劇場之外，還需備有體育場。此一設施無處不有。市民在市場與體育場裡消磨他們大部分的時光。古代的雅典市民之爲出席人民大會、擔任陪審員、參加議會、出任輪職的市府官員、以及特別是出征——數十年裡一夏復一夏的出征——等勤務而忙煞的程度，在歷史上，無論較之於哪一個文化，皆屬空前絕後。

民主制的城邦向所有達到一定程度的市民財產伸手。諸如 Trierarchie 的賦役(戰船的裝備與船員的補給❹)、Hierarchie 的賦役(大祭典的籌備與戲劇的上演❹)、緊急時的強制借款、阿提喀的 Antidosis 制度❹等等，是皆致使市民的財產形成處於不安定的狀態。人民法

給他以難看的顏色，以傷他的情感，儘管這種顏色對他沒有實際的損害。在我們私人生活中，我們是自由的和寬恕的；但是在公家的事務中，我們遵守法律，這是因爲這種法律深使我們心悅誠服。」參見 Thucydides, *Peloponnesian War*, bk. II, ch 37；中譯文參見《西洋史學名著選》(李弘祺編譯)，頁29，30。——中註

❹帕珊尼亞斯是西元二世紀希臘旅行家，曾遍歷希臘、羅馬、意大利、巴勒斯坦、埃及等地，著有《希臘誌》(*Periegesis tes Hellados*)十卷，敍述各主要城市及其週邊的歷史、地理、社會、宗教、美術等。——日註

❹參見第一章註❹。——中註

❹包括choregia(籌措音樂與戲劇祭典裡的合唱)、estiasis(籌措祭典時的宴會)、arch-theoria(派遣參加祭典的代表團)、gymnasiarchy(主持與監督競技)。——日註

❹antidosis 原意爲"交換"。在雅典，被課以 trierarchie 與 hierarchie 賦役的市民可以指出比他更爲富裕的市民，然後由那人來負擔賦役，倘若那人不願負擔此種賦役，則可申請與那人交換財產。——日註

庭絕對恣意的卡地裁判(在數百名法律素人陪審員之前的民事訴訟)、危害形式的法律安定性如此之大,以致於值得驚異的倒不是每次政治災變過後皆有的財產急遽變遷,財產的繼續維持才是令人覺得不可思議的。政治災變之所以具有毀滅性的影響力,乃在於:作爲最重要的財產要素之一的奴隸,往往會趁此機會集體逃亡,而致使奴隸財產銳減⑮。

另一方面,民主制需要資本家來承包其物資輸納業務、建築工事、及租稅的徵收。然而,希臘却未曾發展出像羅馬的騎士身分階層那樣的、純粹的民族資本家階級。大部分的城市毋寧正好相反,試圖藉著容許與招引外來的謀利者以加強他們之間的競爭。此外,個別的城市領域也都太小而不足以提供充分的利得機會。擁有土地、擁有奴隸(多半數量不是很大,這些奴隸或者向主人繳納貢租,或者被當作勞動者出租——如尼基亞斯之所爲⑯)、擁有船隻、將資本投入商業等等,這些都是市民典型的財產投資方式。此外,霸權城市裡的市民也有機會投資外地的抵押權與土地資產,不過只有當當地的支配性市民共同體對於土地所有的獨占權被打破時,方有可能⑰。因此,由國家取得土地再將之出租給雅典人或分配給克里婁士兵⑱,以及爲雅典人打開取

⑮根據修昔底地斯(Thucydides)的說法,西元前413年斯巴達攻佔提西利亞(Decelea)後,雅典逃亡的奴隸有兩萬人,其中「絕大多數爲職工」。現代學者對於這兩萬人到底是一次逃亡、還是在九年佔領期間陸續逃亡的,仍有爭議。——日註

⑯尼基亞斯(Nikias, c. 470-413 B.C.),伯羅奔尼撒戰爭中葉時的雅典富人、政治家、軍事領袖。根據贊諾芬(Xenophon)的記載,尼基亞斯擁有一千個奴隸,這些奴隸被當作勞動力出租給勞瑞翁山銀礦的採掘業者。參見 Plutarch, *Nikias*, ch.4; Xenophon, *Vectigalia*, IV. 14-15。——日註

⑰例如第二次阿提喀海上同盟裡(成立於西元前378年),雅典即與同盟城市約定,雅典人在同盟城市裡購入土地時不以抵押權來償付。相反的,第一次海上同盟(成立於西元前477年)即意味著「在同盟城市裡,富裕的雅典人之根據抵押權的一種領主支配」。——日註

得被征服城市裡的土地之道，便成爲雅典的海上支配的根本目的。擁有土地及人身資產，在民主制裡，對於市民的經濟狀態而言也扮演著決定性的角色。足以將所有這些財產關係整個翻覆過來的戰爭，是長期性的，並且，不同於門閥時代的騎士戰爭樣式，此時的戰爭已演變成異常苛酷的形態。幾乎任一次的勝戰都帶來俘虜的大量屠殺，任一城市的征服皆以全體市民之喪命或被奴役作終結。每一次的勝利都使得奴隸的供應量突然增加。像這樣的一種市民(demos)，根本不可能以**和平的**經濟營利及**合理性的**經濟經營爲取向。

在這方面，中古的城市市民早在其發展的最初階段就已抱持著完全不同的態度。中古時期，最類似於上述古代現象者，主要見之於沿海城市——威尼斯、尤其是熱內亞，這些城市的財富乃繫於其海外殖民地的勢力。不過，這類中古城市却將其重心置於：經營大農場或莊園領地，以及商業上的特權和手工業殖民，而不像古代那樣專注於克里婁份地、戰士給付、和市民大眾因殖民地貢納而來的津貼。中古的**工業內陸城市**則全然不同於古代的類型。當然，在平民獲勝之後，上層行會的企業家階層往往抱持著異常強烈的軍事意識。不過，此時，扮演決定性角色的却毋寧是：掃除討厭的競爭者、取得商業通路的支配權或關稅自由、以及確立商業上的壟斷和互市強制權等等。確實，中古城市裡也有因對外戰爭的勝利、及城市內部黨派支配的變更而引起的、土地所有狀態的劇烈變動，特別是在意大利：落敗或敵對黨派

㊽約自西元前五世紀以來，雅典將其貧民移往海外，給與他們在當地定額的份地(克里婁 kléro)並課以軍事義務，建立起一種屯田兵制的殖民城市。這種做法，一方面是爲確保軍事上與商業上的要地，另一方面則爲試圖解決雅典本身的社會問題。此種殖民市的制度稱之爲 kleruchien。——日註

的土地資產，會讓當時的支配黨派有機會去租借、或直接買入在國家
強制管理之下的土地；征服外地也會增大服屬領域及增加市民共同體
之取得土地的可能性。雖然如此，此種資產變更的劇烈程度，到底無
法與古代(甚至到了末期)任一次的革命、外戰或內戰的勝利所引起的
巨大資產變革相比擬。特別是，**土地所有**〔在中世紀〕已不再居於對
外擴張時之經濟關懷的前導地位。

中世紀的城市，在行會的支配之下，是一個透過合理的經濟爲其
營利取向的構成體。此種合理的利益關懷取向，遠非古代——至少在
城邦的獨立性還維持的時期裡——任何一個城市所能相比。直到希臘
化時代及羅馬晚期，城市自主性的失落——由於藉城市軍事政策而爲
市民獲取經濟利得機會之喪失——才使得此種情況有所改變。當然，
在中古時期，也有某些城市是陸戰技術之進步的擔綱者，特別是佛羅
倫斯：在其軍隊裡，首次出現砲兵隊。倫巴底之徵召市民以對抗腓特
烈一世〔1152-90在位〕，已顯現出軍事技術上的重要革新。不過，整
體而言，騎士軍隊至少仍與城市軍隊同等重要，並且平均說來——特
別是在平地野戰裡——他們明顯地占優勢❹。對城市市民而言，軍事
力量或許確實是股支柱，然而在內陸地帶便不再扮演作爲其經濟營利
之基礎的角色。既然最強勢的軍事力量所在地並不是城市，那麼市民
爲營利之故，也就不得不走上**合理性的經濟手段**之路。

古代城邦裡有四大勢力形成：戴奧尼索斯的西西里帝國❺、阿提

---

❹反過來說，他們在山區裡可就不一定占優勢，瑞士的市民軍與農民軍即曾在十四世紀時
　幾度擊敗過哈布斯堡王朝的騎士軍。——中註

❺Dionysios I.(c. 430-367 B.C.)，西西里的僭主。他將迦太基的勢力逐出西西里，並擴展
　勢力於南意大利，占領數個城市。後來將支配權擴大到亞德里亞海，建立起許多殖民城
　市。——日註

喀同盟❺、迦太基帝國、羅馬—意大利帝國。至於伯羅奔尼撒同盟❺與比歐提亞同盟❺，我們可略而不談，因為其巨大勢力不過是曇花一現。以上四大勢力各自奠定於不同的基礎上。戴奧尼索斯的帝國是個以傭兵輔以市民軍為基礎的純粹軍事王國，故而並非典型的，也不特別令人感興趣。阿提喀同盟是民主制的產物，亦即市民共同體的產物。這必然導致一種市民權至上的政策，另一方面，也必然致使加入同盟的各民主制的市民共同體完全服屬於支配城市的市民共同體之下。由於貢納的額度並非事先商定，而是由雅典單方來決定(即便不是由雅典市民本身，也是經由被選舉出來的委員會和對手諮商談判後決定)，並且同盟城市的一切訴訟皆移送到雅典處理，因而雅典小小的市民共同體便成為廣大帝國無所約制的支配者。尤其當同盟城市自己分內要籌措的船舶與兵員(除了少數之外)改以金錢來支付，而使得整個海軍勤務全都由支配的市民共同體來擔負之後，情況更是如此❺。因此，一旦這個支配城邦的艦隊遭受到致命的一擊，整個支配體制也於焉告終。

　　迦太基市的強權地位奠基於傭兵軍隊，而城市本身則為大門閥以一種嚴格的金權制方式所支配。這些大門閥在古代典型的模式下，一併掌握著商業—海戰的利得與大土地所有——只不過在此處是使用奴

---

❺阿提喀同盟共有二次，第一次又稱提洛同盟，時為西元前478-404年，第二次則為西元前377-338年。前者主要是針對波斯而成立，後者則針對斯巴達。阿提喀同盟為雅典的霸權打下基礎，然而正是雅典的此種霸權致使其他城市與雅典反目成仇，造成同盟的解體。——日註

❺伯羅奔尼撒同盟是伯羅奔尼撒半島各城市以斯巴達為盟主而成立的同盟，約形成於西元前六世紀後半葉。——日註

❺比歐提亞同盟是以底比斯為盟主的比歐提亞地區(希臘中部，靠近阿提喀)各城市的同盟，約成立於西元前447年。——日註

❺有關首次阿提喀同盟(或稱之為提洛同盟，西元前478-404)裡、貢納制度之經濟層面的探討，參見 French, *The Growth ofthe Athenian Economy*, pp. 82-106。——日註

隸、且以資本主義的方式來經營的大農場所有。(唯因海外擴張政策的需要，迦太基才開始貨幣的鑄造) ⑤。軍隊的指揮者——軍隊與其保持個人依從關係、且軍隊的戰利品獲得機會唯繫於其一己的成敗與命運——與城市門閥之間，從來未曾紓解過緊張的關係，而此種緊張關係，一直到華倫斯坦的時代 ⑤，也還存在於個人籌組軍隊的指揮者與其僱用者之間。這種平息不了的不信任感，削弱了軍事作戰的效果，而傭兵職業軍隊相對於意大利市民徵兵軍隊在戰術上的優越性，也無法永遠維持下去——一旦市民軍隊裡也設置常任的部隊指揮官，而且其士官與士兵的戰鬥力亦提昇至可與傭兵相匹敵的程度時。

迦太基的金權制與斯巴達的攝政官(ephors)對於獲勝將領的不信任，完全相對應於阿提喀城市市民所抱持的態度、及其所發展出來的陶片流放制度。支配階層惟恐軍事王朝的成立也必將迫使他們陷入臣服的外族所處的奴隸狀態，此種意念癱瘓了古代城邦向外擴張的力量。古代所有的重裝步兵層，基於本身的利益——可用於經濟利得上的強力政治壟斷——，一致不願有以下的事情發生，亦即：完全市民共同體——由具有完全權利的市民所組成的、自己的政治特殊團體

---

⑤「迦太基之開始鑄造貨幣，是為了建立新的軍事組織——傭兵軍隊。此種軍事組織將古代地中海導入迦太基的大侵略時代。」M. Weber, *Gesammelte Aufsaetze zur Sozial-und Wirtschaftsgeschichte*, S. 109. ——日註

⑤華倫斯坦(Albrecht von Wallenstein, 1583-1634)，三十年戰爭時神聖羅馬帝國皇帝這邊的名將。他於 1625 年創建自己的軍隊，並以皇帝軍之總司令的身分率此軍隊加入戰事，擊敗丹麥軍隊後，戰爭暫時結束(1629年)，由於招惹舊教徒的反感，於翌年退出宮廷。後來，他與皇帝的敵人瑞典國王 Gustav Aldolf(1594-1632)相通，而瑞典國王更以擁護新教徒之名侵入北日耳曼，最後則進入南德的巴伐利亞地方。此時，皇帝再度起用華倫斯坦，瑞典國王送戰敗而死(1632年)。不過，宮廷內部對於華氏的不信任也因而加大，再度將他免職(1634年)；後來在他計劃與瑞典及薩克森勾結時，被部下謀殺。——日註

(Sondervergemeischaftung)——由於市民權限制的開放而被擴大，並且其權利被消融爲一種（由許許多多個別的城市共同體所組成的）帝國的單一的市民權。一切往超越個別城市以形成單一市民權及大共同體形式的發展走向，皆未能完全掃除此種基本的傾向。因爲，市民所享有的一切，包括其權利、其作爲市民的威信與意識上的自得、及其經濟利得機會，在在皆取決於其身爲軍事性市民共同體之一員的事實。此外，祭祀共同體相互之間嚴格的排他性，更是阻止統一國家之形成的要素。

正如比歐提亞同盟國家所顯示的，以上所有的這些障礙並非全然無法克服。此一同盟除了保留各個城市作爲共同體的自主性之外，同時發展出共通的比歐提亞市民權、共通的官吏、由各個市民團的代表所組成的決議集會、共通的貨幣與共通的軍隊。不過，這在希臘世界裡，幾乎可說是個孤例。伯羅奔尼撒同盟絲毫不具類似的意涵，而其他所有的同盟關係則顯示出完全相反的方向。羅馬之所以能夠在這方面採取一種極不同於古代之類型的政策，乃是基於一連串全然特殊的社會條件。

九、羅馬望族寡頭制的家產制與封建制結構

在羅馬，具有強烈封建性格的望族階層，一直是支配權的擔綱者，其強烈程度是任何一個古代城邦都無法望其項背的，並且儘管有一時的波折，但總能東山再起。此事明顯地表現在各種制度上。平民(plebs)的勝利並沒有帶來希臘式的里區劃分，而是在形式上造成一種居住在tribus裡的農民的支配，而實質上是**居住在城市裡的**農村領主的支配，

因爲唯有他們才有辦法不斷地參與城市的政治生活。也唯有他們在經濟上是"有餘暇"的，因而有能力就任官職。作爲高級官吏之代表的元老院，乃是**官職貴族**之形成的擔綱者。

此外，封建與半封建的從屬關係，在此具有異常重大的意義。對客的恩護關係(儘管已逐漸蛻去其往日的軍事性格)，作爲一種制度，在羅馬一直到極晚期都還扮演重要的角色。此外，我們看到，被解放者實質上正是處於一種類似奴隸的、法庭上的隸屬關係：凱撒下令處死一名隸屬於他的被解放者而未招致任何異議。羅馬的官職貴族與日俱進地成爲這樣的一個階層：就其土地所有的規模而言，唯有希臘早期跨地方性的貴族，像米爾泰底那種有時被惡意稱爲"僭主"的人物，差可比擬。老卡圖(Cato)時代被算作是適度的土地財產，都還遠遠超過阿奇比阿德斯(Alkibiades)所繼承的遺產，或贊諾芬(Xenophon)所認爲可算作普通規模之限度的土地財產❺。然而，各個貴族家族在當時無疑皆已聚積了許多如此規模的土地，此外，還參與全世界所有種類的事業：凡與其身分相應的事業即直接參與，與其身分不相應的事業則由其被解放者及奴隸爲中介間接參與。羅馬共和制末期的門閥

---

❺老卡圖(Marcus Porcius Cato Censorius, 234-149 B.C.)，羅馬的政治家、將軍，主張維持中小土地所有、排除希臘文化，是保守陣營的代表。著有敍述羅馬歷史的《起源論》(Origines)以及《農業論》(De agricultura)。在老卡圖的想法裡，經營的大小約當二、三百 Morgen(每一Morgen約2500平方米)。參見 M. Weber, Gesammelt Aufsaetze zur Sozial-und Wirtschaftsgeschichte, S. 244。然而，阿奇比阿德斯(在他的時代裡被認爲是很富有的一個年輕人，參見第四章註❷)所繼承的財產只不過 30 ha(Hektar, 公頃)，遠比老卡圖所預想的來得少(參見韋伯前引書，S. 137, 209)。贊諾芬(ca. 430-360 B.C.)，有名的希臘作家，著有《蘇格拉底的辯論》及《饗宴》等名著之外，尚有許多關於哲學、歷史、政治、財政等著作。他所認定的土地經營規模不詳，但根據韋伯的說法，比老卡圖所認定的要小，雖然韋伯認爲他對農業的了解「不比一個定居在騎士農莊裡的退休的普魯士軍官來得多」(參見韋伯前引書，S. 148f.)。——中註

所具有的經濟與社會水平，是遠非任何希臘貴族所能企及的。隨著羅馬貴族土地所有的增大，部曲的數目也跟著增加，他們由主人供給生產設備，並接受主人的經營監督，在每一次的危機之後，就背負更沈重的債務，而事實上是世襲性地被留滯在領地裡而完全從屬於主人；在內戰時，他們便被其黨派的首領徵召去協助軍事──與奴曼提亞(Numantia)戰役時，將軍召集他的客的情形一樣❸。

然而，不止是大量的個人處於客屬關係之下。獲勝的將軍尚且將同盟的城市與農村納入其保護之下，並且將此種恩護關係保留在其氏族手中：就像克勞地亞氏族將斯巴達與帕加蒙(Pergamon)置於其恩護關係之下❹，而其他的氏族將其他的城市置於他們的恩護關係下，並且接受這些城市的使節，在元老院裡代表他們提出要求。像這樣的政治恩護關係被集中在形式上純粹私人性的個別氏族手中的情形，全世界唯此僅見。在君主制成立的很早以前，即已存在著這種應該只有君主才有辦法握有的私人的支配者權力。

民主制從未能打破官職貴族這種奠基於各式各樣主客關係上的勢力。像阿提喀那樣，為了打破門閥團體的勢力而將門閥編整到里區團體裡，並將里區團體提升為政治團體之構成單位的企劃，是羅馬根本

---

❸奴曼提亞位於西班牙多羅河(Duero)最上游地方。第二次布匿克戰爭之後，迦太基的勢力被完全逐出西班牙，但多羅溪谷的部族集團繼續頑強抵抗羅馬的支配，展開路西塔尼亞戰爭(154-138 B.C.)與伊貝利亞戰爭(133 B.C.)，特別是後一戰爭是以奴曼提亞為抵抗的據點。西庇阿於西元前134年被選為執政官，繼而於西元前133年攻下奴曼提亞。──日註

❹出身於克勞地亞氏族者，諸如制定十二木表法的立法十人委員會委員之一的 Appius Claudius，僭主 Caecus Appius Claudius，皇帝 Tiberius Germanicus Claudius(41-54 在位)、Nero Claudius Germanicus(54-68在位)、Marcus Aurelius Claudius(268-270 在位)。──日註

未曾慮及的。同樣的，羅馬亦不曾試圖建置、像阿提喀的民主制在打倒氏族元老會議（Areopagus）後所設置的機構，亦即：全體市民經由抽籤制、組成委員會以構成行政當局，同時也以抽籤的方式選出陪審員以構成司法當局。在羅馬，與 Areopagus 會議最相近且作爲官職貴族之代表機構的元老院，相對於被選舉出來交替上任的官吏，乃是一常設性的團體，掌握了對行政的統制權，而勝利的軍事王權也未立即意圖排除這些門閥，而只是將他們解除武裝，並將之限制於已安定的屬州的行政上❻。

支配階層的家產制結構也在官職事務的執行方式上顯現出來。起初，官府的僚屬恐怕無論何處皆是由官員本身來提供。後來，在平時的行政裡，官員確實被大幅地剝奪了自由任命僚屬的權力，然而，軍事將領在其職務的遂行上，必得眾人的援奧，諸如：他的客與被解放者，以及由出身各同盟氏族的私交友好和政治友人所形成的自由扈從團。因爲，在軍事勤務上，將官方職務授與個人的下屬，是很被認可的。軍事王政早期的元首（Prinzeps）也大量借助其個人的被解放者來遂行其統治（儘管後來逐漸受到限制），結果，此一被解放者階層，就在素來即擁有大量客屬民的克勞地亞氏族的支配時代裡，達到其勢力的頂點，而克氏家族的一個皇帝❼，乃得以藉此威脅元老院要正式將整個行政全都移交在其個人隸屬者的手中。

正如同共和制晚期的貴族門閥一樣，軍政元首之經濟力量的最重

---

❻奧古斯都於西元前 27 年將治安已確立的各屬州交還給元老院統治，但尚未安定的屬州則仍保留爲皇帝直轄的屬州。正規軍團只屯駐在皇帝直轄的屬州，元老院屬州原則上不置正規軍。——日註

❼具體而言是指尼洛。——日註

要支撐點在於：㈠莊園領地（Grundherrschaften），特別是在尼洛的時代裡顯著增加；㈡在其個人家產制支配下的領地，特別是像埃及這個地方，儘管在法律上並非如此（大家是這麼認為），但至少事實上是以一種家產制的方式受其個人統治的領地。羅馬共和制及其望族行政所帶有的這種家產制與封建制的色彩，一直到很後來都還發揮出影響力；這樣的特色，在一從未完全被打斷的傳統裡，自往昔以來即已存在──雖然最初規模自是小得多。這也正是羅馬與希臘世界之間有相當重大分歧之處的關鍵。

外在的生活樣式即已顯示出彼此特徵性的差異。在希臘，如我們所見的，貴族在車戰的時代裡已開始活躍於競技場上。競技（Agon）❷，個人的騎士戰與對騎士的軍事英雄性之讚美的產物，乃是希臘教育之決定性特徵的泉源。中世紀雖然也有騎士比武，而且戰車和馬也同樣扮演著重要的角色，但是一開始就有重大的不同：在希臘，某些特定的官方祭典總是只以此種競技的形式來展開。並且，重裝步兵技術的進步，只不過是使得競技的範圍更加擴大。所有在體育場上進行的競技，諸如：標槍、格鬥、拳擊、特別是競走，全都採取此種形式，並且藉此成為"社交的"活動。即使是禮讚神的歌詠，也被附加上音樂的競技。當然，貴族自是藉其資產──為其競賽的戰車與戰馬──的品質優越而增添其光彩。然而，至少在形式上，平民的競技也必須被承認為同其等格的。競技的組成，包括了獎賞、裁判與競賽規則，並且滲透到整個生活領域裡。連同英雄史詩，競技成為希臘世界不同於所有野蠻人的、最重要的民族紐帶。

---

❷Agon 原來意指集會、集會場、比武、競技，衍生為"於集會裡進行的競技"或"競技集會"。
　──日註

　　希臘人在雕刻作品上出現的最早例子似乎已證明裸體──除武器外，一絲不掛──乃是希臘人的特徵。從軍事訓練達到最高程度的斯巴達開始，裸體之風普及於希臘世界；甚至連纏腰布都省了。世界上沒有任何一個共同體曾將競技這樣一種制度發展到具有如此重要性的地步，換言之，它支配了一切的關注、一切的技藝訓練與會話──甚至是柏拉圖的對話論爭。直到拜占庭支配的晚期，競技上的黨派仍是民眾組織分裂的表現形式，也是君士坦丁堡及亞歷山大城的革命的擔綱者。

　　此一制度所具有的此等重要性，是意大利人所不曾知道的，至少就其在古希臘時代所採取的獨特發展方式而言，確是如此。在伊特利亞(Etruria)，由盧庫蒙(Lukumonen)所構成的城市貴族❻，支配著被蔑視的平民，並花錢找鬥技士到他們跟前表演。在羅馬，支配的貴族階層也拒絕和大眾一起、或在大眾面前表演這種作賤自己的事情。羅馬貴族的威望感，絕對無法忍受"希臘佬"(Graeculi)那種裸體競技祭典所意味的欠缺距離與品位淪喪；同樣的，也無從忍受祭典的歌唱舞蹈、戴奧尼索斯的狂宴，或者忘我的心神喪失。羅馬人的政治生活裡，在市場(Agora)和人民大會上演說與交際的重要性遠不如希臘，正如同其之完全沒有體育場上的競技一樣。演說直到後來才有，並且主要是在元老院裡，因此其性格與阿提喀人民領袖的政治辯論術完全不同。傳統與耆老的經驗，特別是曾任官吏者的經驗，決定政治。決定社交的色調與品位感之方式的，是老年人，而非年輕人。在政治上起決定性作用的，是合理性的考量，而非人民因演說而被激起的掠奪慾或年

---

❻Lukumon 源於拉丁文 lucumo(有資產者)，伊特利亞人的貴族之稱，握有世俗與祭司的雙重權力。──日註

輕戰士的感情性狂熱。羅馬處於經驗、考量、與望族階層之封建勢力
的指導之下。

西中名詞對照表

Abimelech	亞比米勒，城堡侯
abrogent statutis omnibus et semper ultima intelligantur in Brescia	在布瑞西亞這被理解爲破除一切條例的最高者
Abu-Yusuf	阿布—約書弗
Achilles	阿基里斯
Ackerbürgerstadt	農耕市民城市
Acropolis	(雅典)衛城
aediles	(羅馬)監察官
Aeneas	乙尼斯
Agamemnon	阿加曼農
agon	(希臘)競技
agora	(希臘)市場
agriokos	(希臘文)農民
Ahmedabad	亞美達巴德
aisymnetes	(希臘)仲裁者
Akzise	城市租稅

aldermen (aldermanni)	(倫敦)區長
Alessandria	亞歷桑德利亞
Alexios	亞力克歐斯
Ali	阿里
Alkibiades	阿奇比阿德斯
Allmende	共同用地
Amortisationsgesetze	死手財產取得禁止法
amphictyony	鄰保同盟
Anstalt	機構
Anstaltsrecht	機構法
antidosis	(雅典)賦役交換制
anziano	(意大利)長老
Appius Claudius (Atta Clausus)	克勞地烏斯
apud iudicem	審判人程序
Aquila	亞奎拉
arbitrium generale	一般權能
Archon	(雅典)執政官
Areopagus	(雅典)元老會議, 元老院, 長老會議
Argos	阿格斯人
Arnhem	阿納姆
Arte di Calimala	(佛羅倫斯)毛織品商人行會
arti	(意大利)行會
arti maggiori	上層行會
arti minori	下層行會

artificia	職工
Asebie	(雅典)瀆神
astoi	(雅典)貴族，城裡人
Attica	阿提咯
Auer	奧爾
Augustales	奧古斯都崇拜團
auri sacra fames	神聖的黃金慾
auspicia	神占，鳥占，神諭
autokephal	自治的
autonom	自律的，自主的
Bacchiadae	巴奇阿德家族
banausos	(希臘文)匠人
Banngewalten	禁制權
Basel	巴塞爾
bazaar	(回敎國家的)市場
Bedouins	貝都因人
Berber	巴巴爾人
berith	(與耶和華之)契約
Bern	伯恩
Berufsinnungen	職業公會
Beyerle, Konrad	拜爾
Bochum	波鴻
Boeotia	比歐提亞

Bombarden	(佛羅倫斯)射石砲隊
bona paterna avitaque	(羅馬)父祖傳下來的財產
Book of the Covenant	(猶太人)契約之書
Brabant	布拉邦
Brescia	布瑞西亞
Brun, Rudolph	布倫
Bürgertum	市民
Buergerzunft	市民行會
Bundesbuch	(猶太人)契約之書
Burgermeister	市長
burgesses	鎮民
Burglehen	鎮戍采邑
Burgmannen	鎮人團體
burh	鎮
Busse	贖罪金
Caldomini	卡爾多明尼
Caliph	(回教)哈里發
Candiano	康迪阿諾
capitano del popolo (capitaneus populi)	(意大利)人民首長
capitulare de villis	莊園管理條例
castellani	城主
castelli	小城堡

Catania	卡達尼亞
Catilina	加提利納
Cato	卡圖
Celts	克爾特人
centuria	(羅馬)百人團
centuria equites	騎士團
centuria fabrum	兵工團
Charondas	卡隆達斯
cheber	(以色列)同胞愛
chelek	(以色列)份地
Chersonese	克什尼茲
Chrysobullon	金印憲章
Cicero	西塞羅
Ciconians	西科奈人
cimatori	(佩魯吉亞)剪毛工
Ciompi	齊歐皮，(佛羅倫斯)梳毛工
Citystadt	商業城
Cleisthennes	(雅典)克萊斯提尼
client	客
Clovis (Chlodovech)	克洛維
collegia cultorum	祭典社團
collegium funeraticium	(羅馬)喪葬社團
collegium mercatorum	商人社團
coloni	部曲

comitia centuriata	(羅馬的)軍事會議，人民大會
Commenda	康曼達
commendatio	托身
comune	共同體，自治體
comune Venetiarum	威尼斯共同體，威尼斯自治市
condottieri	傭兵隊長
confraternitas	兄弟盟約，兄弟會
conjuratio	誓約共同體
conjuratores fori	市場誓約者
consiglio maggiore	大評議會
consiglis de credenza	小評議會
Constaffel	廐舍者
consules	(羅馬)執政官
Corinth	科林斯
Crisa	克利薩
Cruickshank, B.	克魯克桑克
curia	(羅馬帝國城市)市議會
Cyprus	塞蒲路斯
Cyrene	塞利尼
Dandolo	但多羅
Deboralied	底波拉之歌
Decelea	提西利亞
decemviri legibus scribendis	(羅馬)立法十人委員會

defensor	(羅馬帝國城市)護民官
dei gratia	聖寵
deisidaimonia	(對神祇)敬畏之心
Delphi	德爾菲
Demagogue	(雅典)群眾煽動者
Demeter	黛密特(神)
demos	(希臘)人民
Demosthenes	德謨斯提尼斯
Demotionidai	德摩提歐尼太
Dewis	華族
diakrioi	(雅典)小農
dictator	(羅馬)狄克推多
Dienstland	服務領地
Dinggenosse	司法集會人團體
dioikisiert	散居
Dionysos	戴奧尼索斯，酒神
Dissenters	(英國)非國教徒
Divii Iulii filius	尤利烏斯神之子
dominium	支配權
domus civium	市民之家
domus divitium	富人之家
domus mercatorum	商人之家
Dorians	多利安人
Draco	德勒科

Dschafariden	薩發利德家族
Duero	(西班牙)多羅河
Düsseldorf	杜塞爾多夫
dux (doge)	(威尼斯)總督
echtes Ding	定期司法集會
ehrsame Muessigganger	(日耳曼)富貴閒人
Eidhelfer	宣誓輔助者
Eigenkirche	私有教會
Eigenwirtschaft	自給經濟
Einung	聯盟
ekklesia	(雅典)人民大會
Elis	乙里斯
Emir	(回教)領導者，氏族長
Entzauberung	除魅
Ephialtes	埃菲阿提斯
ephors	(斯巴達)攝政官
Epidamnos	伊比丹諾斯
equites	(羅馬)騎士階級
Erechheion	伊瑞克黛翁(神殿)
ergasteria	作坊
Essen	埃森
Estate	身分團體
Este	埃斯特

Etruria	伊特利亞
Etruscan	伊特拉士坎人
eupatrides	門閥成員
Exarchat Ravenna	拉弗那總督領
Ezra	以斯拉
Fadak	法達克
familia rustica	佃戶家
Fanti	(非洲)番地族
Fatima	法蒂瑪
Ferrara	費拉拉
fides	誠實信義
filatori	(佩魯吉亞)男紡織工
filatrici	(佩魯吉亞)女紡織工
firma burgi	包稅市鎮
franchise	市政特權
Freiburg	福萊堡
Fronhof	官邸
Fronhofsverfassung	莊園徭役制
fundus	(羅馬)份地
Gastvolk (Gaststamm)	客族
Gathas	祆教經典
Gebietskoerperschaft	地域團體

gebotenes Ding	臨時司法集會
Gefolgschaft	扈從
gelag	(丹麥)行會
Gemeinde	共同體
Gemeindereligionsitaet	教團宗教
gens Claudia	克勞地亞氏族
gentes	城市門閥，氏族
gentilizische Verband	氏族化的團體
gentry	鄉紳
Gerichtsherr	司法領主
gerim	(希伯來文)外僑
gerochoi	(斯巴達)長老
gerousia	(斯巴達)元老院，長老會議
Gesamtgilde	全體市民行會
Geschlechterherrschaft	門閥支配
Ghibelline	皇帝黨
gibborim	(以色列)武士
Gilde	行會
Goldene Buch	(威尼斯)金冊
gonfaloniere della giustizia	正義的旗手
Gothein	戈泰因
Gottesfriede	神之和平
Gracchus	(羅馬)格拉古
Graeculi	希臘佬

gratia emendi et vendendi	買與賣的權利
Gregory VII	葛列格里七世
Grimaldi	格里馬爾迪
Grundherr	莊園領主
Grundherrschaft	土地領主制
Guelf	敎皇黨
Gutsbezirke	(德國)騎士農場
Gymnasion	(希臘)體育場，軍事訓練權
Hadrian	哈德連(羅馬皇帝)
Hanauer, G.	韓瑙爾
Hanse parisienne de la mar- 　chandise de l'eau	巴黎水運行會
harmost	(斯巴達)總督
Harun al-Rashid	拉席德
Hasanid	胡笙氏族
Hastings	哈斯丁斯
Hatschek, Julius	哈薛克
haw	武裝住宅
heliaia	(雅典)陪審法庭
helots	(斯巴達)俘虜，被征服者
Hesiod	(希臘)赫希歐德
hetairoi	(希臘)扈從
heterokephal	他治的

heteronom	他律的
Hittite	西台人
Hohenstaufen	霍亨斯陶芬王朝
homo novus	(羅馬)新人
homo oeconomicus	經濟人
homo politicus	政治人
Homoioi	(斯巴達)平等者
Honoratioren	望族
Hoplit	(希臘)重裝步兵
Hortensius	霍坦西烏斯
hospes (hostis)	外人，敵人，客
Hundertschaft	(日耳曼)百人團
Hurgronje, C. S.	胡格傑隆
Husain	胡笙
Hybris	(雅典)不遜
Iliad	伊利亞德
illiterate	無識者
Imam	(回教)教主，伊瑪姆
imperium	(羅馬)命令權
in iure	法庭程序
institor	(羅馬)代理人
interrex	(羅馬)攝政王
Ismaro	伊斯馬羅

Ithaca	伊薩卡
Janissaries	(土耳其)新軍
Judah	猶太
jurati	誓約者
Justinian	查士丁尼(拜占庭皇帝)
Kadi	(回教法官)卡地
kahal	(以色列)聚會
kasbeh	(回教國家的)軍營
Khaibar	海拔爾
kléros	(希臘)份地，克里婁
Klienten	客
Köln	科隆
Konsul	市長，執政官
Koroneia	柯隆尼亞
Korporation	社團法人
Kriegerzunft	戰士行會
kshatriya	剎帝利
Kypselos	基普塞洛斯
Lacedaemonier	拉凱戴蒙人
Laertes	拉厄特斯
Laienbruder	俗人修士

magnati	(意大利)豪族
Mailand	米蘭
Maitland, F. W.	梅特蘭
Majer	市長
Makkaebaer	馬卡比
Mannerhaus	男子集會所
Mannerschaft	男子團體
Matilda	瑪提爾達
Mazarin, Jules	馬查琳
Medschlis	(回教)會議
meliores	(城市)有力人士，豪族
Mentor	門托
mercanzia	商人行會
mercatores	商人
merx peculiaris	(羅馬)特有商品
Messenian	梅森尼亞
metoikos	(雅典)外僑
Meyer, Eduard	邁爾
Mezzadria	分益制
Middlesex	密得爾色克斯
Miletus	米拉圖斯
Miltiades	米爾泰底
ministeriale	家士
Mir	(俄國)密爾

Modena	摩登拿
Mommsen, Theodor	蒙森
Moor	摩爾人
Muenster	明斯特
Muntmannen	被保護人
Muntwaltschaft	恩護權
Nachfahre	子孫
Nahrungspolitik	救濟政策
Nehemiah	尼希米
Nika	尼卡(勝利)
Nikias	尼基亞斯
nobili	(意大利)貴族
nomos	(雅典)法律
nomothetai	(雅典)陪審員會議，立法者
Numantia	奴曼提亞
numerus	(威尼斯)軍隊
Oberhof	上級法庭
Odysseus	奧德修斯
officia	管事
Oikos	莊宅
Oktroi	(城市)自有租稅
Ordinamenti della giustizia	(佛羅倫斯)正義之法規

Padua	帕多瓦
Paianier	派阿尼爾
Pamphylai	(雅典)所有部族人的結合
paralioi	(雅典)商人
paratici	(意大利)行會
parlamentum	市民大會
Parma	帕瑪
Parnassus	帕納舍斯山
partricius	門閥成員
pater	(羅馬)氏族、門閥之長
Patroklos	派楚克拉斯
Pausanias	帕珊尼亞斯
pax Dei	神之和平
pediakoi	(雅典)地主
Peisistratos	佩西斯特拉圖斯
Pergamon	帕加蒙
perioikos	(希臘文)農民
Perugia	佩魯吉亞
Pfrunde	俸祿
Phaaken	腓埃基人
Philipp August	奧古斯特(法國國王)
phylobasileus	(希臘)phylai 之王
Piacenza	皮亞森薩

plactia	（威尼斯總督）會議
Plantagenet	金雀花王朝
plebeius (plebs)	（拉丁文）平民
podesta	治安首長
Pontus	龐圖斯
popolo	（意大利）群眾，人民
popolo grasso	富裕市民
popolo minuto	下層市民，小企業經營者
portreeve	（英國）長官
possessore	（羅馬）大地主
Post, A. H.	柏斯特
potentes	（城市）有力量者
praetor	（羅馬）執政官
Prevot	（法國）按察使
Priam	普利安
primus inter pares	同儕間第一人
Prinzeps	（羅馬）元首
priore	（意大利）首長
Privy Council	（英國）樞密院
probouleuma	預決
Provence	普洛文斯
prytan	（雅典）代表
prytaneion	（希臘）聖餐
psephisma	（雅典）決議

pyrgoi　　　　　　　　　　　　　(提奧斯)城樓區

quaestio repetundarum　　　　　肅貪法庭
quarta pars et dimidia　　　　　(拜占庭帝國的)八分之三
Quo warranto Prozess　　　　　權限開立訴訟
Quraysh　　　　　　　　　　　古拉敍家族
Qutadah　　　　　　　　　　　闊塔達

Rat　　　　　　　　　　　　　市議會
Rathgen, Karl　　　　　　　　拉特根
Ratsgeschlechter　　　　　　　市議會門閥
Ratsmanner　　　　　　　　　市議員
Regensburg　　　　　　　　　雷根斯堡
Reichsstadt　　　　　　　　　帝國城市
Rentner　　　　　　　　　　　坐食者
Rialto　　　　　　　　　　　　利雅特島
Richerzeche　　　　　　　　　富人團體

sacramentalis　　　　　　　　　宣誓輔助者
sacro sanctus　　　　　　　　　神聖不可侵犯
Salier　　　　　　　　　　　　(神聖羅馬帝國)撒利安王朝
Salzer, Ernst　　　　　　　　　薩爾徹
Samnite　　　　　　　　　　　薩曼尼提
Sapientes　　　　　　　　　　賢者會議

sarim	(以色列)官吏
Savonarola, Girolamo	薩凡羅拉
scabinus	(拉丁文)審判人
Scala	斯卡拉
Scaliger	斯卡里格
Scherif	(穆罕默德的)後裔，(麥加)長官
Schoeffen	審判人(團)
schofetim	(以色列)士師
Schreschth	(印度)世襲長老
Schultheiss	行政長官
Schutzgilde	保護行會
Schwurgemeinschaft	誓約共同體
scioperati	(意大利)怠惰者
Scipio	西庇阿
Shafi	(回教)薩非學派
Shahr Banu	夏巴努
sheriff	郡長
Shi'ah	什葉派
Siena	西耶拿
Sipahis	(土耳其)希帕士
Societas maris	海外貿易公司
Solon	梭倫
Sondereinung	特殊誓約共同體
Squirearchie	土豪支配

Stadtburgerrecht	市民權
Stadteinung	城市聯盟
Stadtherr	城市君主
Stadtluft macht frei	城市空氣使人自由
Stadtrechtsfamilien	城市法家族
Stadtwirtschaft	城市經濟
Stadtwirtschaftspolitik	城市經濟政策
Stand	身分團體
Statuskontrakt	身分契約
Stephen	史提芬
Stiftung	合作社
Strack, Max L.	史特拉克
Sulla	(羅馬)蘇拉
Sunni	桑尼派
synoikismos	(希臘)聚居
Syracuse	敍拉古斯
syssitia	(斯巴達)餐會
Telemachos	特勒馬卡斯
Tell-el-Amarna	特萊爾—阿瑪那
Teos	提奧斯
terra ferma	(威尼斯)屬地
Territorialstadt	領邦城市
Test Acts	宣誓法案

Thebes	底比斯
theou huios	神子
Thersites	塞西特斯
Thorarolle	(猶太人)律法卷軸
Thucydides	修昔底地斯
Thutmose	圖特摩斯
Tiryns	第倫斯
Toscana	托斯卡那
tote Hand	死手
tribuni	(威尼斯)軍官
tribuni plebis	(羅馬)護民官
tribus	(羅馬)里區，部族
Tulunids	吐魯尼德家族
Tuscany	突斯卡尼
Tyre	泰爾
Tyrrenian Sea	第倫尼安海
Umstand	見證人
universitas civium	全體市民
Urteilsfinder	判決發現人
Urteilsfrage	判決質問
Urteilsschelte	判決非難
Urteilsvorschlag	判決提案

valvassores	下級封臣
Varro	瓦羅
Veda	《吠陀經》
Verbandscharakter	團體的性格
Verbandshandeln	團體行動
Vergemeinschaftung	共同體關係
Vergesellschaftung	結合體關係
Verlagssystem	代工制
Verona	佛隆納
Verwaltungsstab	管理幹部，行政幹部
vicecomes	(米蘭)副首長
Visconti	威斯康提
Vogteigewalt	俗人司法權
Volkswirtschaft	國民經濟
Vollbuerger	完全市民
von Below	馮貝羅
von Zaehringen, Berthold	馮傑林根
Vroedschap	(荷蘭)賢者會議
Wakuf	(回教)宗教性基金
Waldrada	瓦德拉達
Wallenstein, Albrecht von	華倫斯坦
Weichbild	市鎮領域
Welf	偉爾弗

Wergeld　　　　　　　　　　　　人命金

Westfalen　　　　　　　　　　　威斯特法倫

Wiesbaden　　　　　　　　　　威斯巴登

wirtschaftregulierender　　　　經濟統制團體
　　Verband

Wirtschaftsverband　　　　　　經濟團體

Worms　　　　　　　　　　　　沃爾姆斯

Xenophon　　　　　　　　　　　贊諾芬

yeomanry　　　　　　　　　　　鄉村小地主

Zain al-'Abidin　　　　　　　　阿比丁

zehn Besten　　　　　　　　　(雅典)十名賢者

zekenim　　　　　　　　　　　(以色列)長老

Zeus herkaios　　　　　　　　氏族祭祀中心，祠堂

Zunft　　　　　　　　　　　　手工業行會

Zunftherrschaft　　　　　　　行會的支配

Zweckkontrakt　　　　　　　　目的契約

索 引

六畫

十二畫

國立中央圖書館出版品預行編目資料

非正當性的支配：城市的類型學／韋伯著；
康樂,簡惠美譯.
--初版. --臺北市：遠流，民82
面；　　公分. --(新橋譯叢；33)

含索引

ISBN　957-32-1974-3(平裝)

1.都市

545.1　　　　　　　　　　　　　82007307

【遠流學術書編輯室】

沈默但堅定

1989 年，遠流出版公司成立**第三編輯室**（負責學術性圖書與工具書的策劃、編輯工作），正式踏進**學術出版**的領域。

學術出版是無法急切求功的，我們深知這個特性，願意一點一滴匯聚中文世界的學術資源，與學術界密切合作，階段性地提出一部分成績給讀書界。

1991 年開始，我們已有能力每年出版學術圖書 100 種，我們還會不斷努力⋯⋯

遠流學術圖書書訊暨郵購

如果您担心錯過遠流出版的學術圖書，請填寄一張「讀書社群索閱單」，我們會經常將最新的出版消息提供給您。

《讀書社群》索閱單 我希望能獲得更多有關遠流學術書的出版消息，請寄贈《讀書社群》給我。 姓名：_____ 性別：□男□女　年齡：_____ 住址：_____ 學校或服務機關：_____	＊請剪下或影印索閱單，填好各項後寄「台北市汀州路三段184號7樓之5遠流出版公司讀者服務部收」即可。

如果您在書店找不到書目上所列的書，可以利用郵撥 0189456-1 遠流出版公司帳戶郵購（九折優待）。請在劃撥單上填明所要的圖書暨寄書地址，書款在新台幣 200 元以下者，請依定價再加 20 元郵費暨手續費，書款在 200 元以上者，無需再付郵雜費。郵撥購書處理時間約需 2～4 週。

【遠流學術書編輯室】

新橋譯叢

康樂主編

＊本書目所列定價如與書內版權頁不符，以版權頁定價爲準。

【遠流學術書編輯室】

西方文化叢書

高宣揚主編

＊本書目所列定價如與書內版權頁不符，以版權頁定價爲準。

歐洲百科文庫

吳錫德主編

		作 者	譯 者	售價
L4001	歐洲文明	Delmas	吳錫德	140
L4002	政治生活	Braud	張台麟	95
L4003	女權主義	Michel	張南星	95
L4004	脫軌	Jaccard	許連高	95
L4005	革命社會學	Decouflé	賴金男	95
L4006	迷信	Askevis-Leherpeux	曾義治	95
L4007	自由業	Vagogne	胡疊根	95
L4008	勞工衝突社會觀	Reynaud	尹 沆	95
L4009	生態主張	Simonnet	方勝雄	140
L4010	意識型態	Servier	吳永昌	140
L4011	歐洲青少年文學暨兒童文學	Escarpit	黃雪霞	95
L4012	羣體心態	Mucchielli	張龍雄	95
L4013	多國籍企業	Ghertman	林銘勳	95
L4014	社會主義	Bourgin&Rimbert	陳三井	95
L4015	電影美學	Betton	劉 俐	140
L4016	壓力團體	Basso	陳 浩	95
L4017	種族歧視	Francois de Fontette	王若璧	95
L4018	文學社會學	Escarpit	葉淑燕	95
L4019	文化理念	Hell	翁德明	95
L4020	居住條件與住宅	Havel	黃發典	95
L4021	資產階級	Régine Pernoud	黃景星	140
L4022	同 居	Mireille D-F	許連高	140
L4023	人類生態學	Georges Olivier	賴金男	140
L4024	比較文學	Yves Chevrel	馮玉貞	140
L4025	同性愛	Jacques Corraze	陳 浩	140
L4026	性關係社會學	André M-D	張龍雄	140
L4027	社會安全制度	Georges D. et André G.	賴金男	140

＊本書目所列定價如與書內版權頁不符，以版權頁定價爲準。

比較文化叢書

		作　者	譯　者	售價
L5001	生存及生存者	Levinas	顧建光等	100
L5002	薩摩亞人的成年	Mead	周曉虹等	130
L5003	三個原始部落的性別與氣質	Mead	宋踐等	170
L5004	文明經受著考驗	Toynbee	沈輝等	180
L5005	文化與自我	Massella等	任鷹等	170
L5006	文化科學	White	曹錦清等	200
L5007	新幾內亞人的成長	Mead	蕭公彥	220

人與社會名著譯叢

		作　者	譯　者	售價
L5101	論人的天性	Wilson	林和生等	140
L5102	尋求靈魂的現代人	Jung	蘇克	170
L5103	人類動物園	Morris	周邦憲	140
L5104	存在的勇氣	Tillich	成顯聰等	130
L5105	超越自由與尊嚴	Skinner	王映橋	140
L5106	我們時代的神經症人格	Karen Horney	馮川	160
L5107	禪宗與精神分析	Fromm等	王雷泉	150

＊本書目所列定價如與書內版權頁不符，以版權頁定價爲準。